JN116501

感動経験を創^{つく}る ［第3版］

ホスピタリティ・マネジメント

山口一美［著］

創 成 社

はじめに

　2020年1月以降，新型コロナウイルス感染症の世界的な拡大は，国際観光に大きな影響を及ぼした。「観光白書2021」によると2020年の世界全体の国際観光者数は3億9,400万人となり，前年度よりも約10億7,200万人減（前年度比73.1%減）となり，2010年以降，10年連続で増加していた国際観光者数は，新型コロナウイルス感染症拡大防止のための渡航制限などにより大きく減少した。日本においては，訪日外国人旅行者数が前年度比87.1%減の412万人になり，日本人国内宿泊旅行者数は延べ1億6,070万人（前年度比48.4%減）に減少している。感染症の拡大は，旅行，運輸，宿泊，飲食などを含む観光ビジネスへ甚大な影響を与えており，企業は厳しい状況の中での新たな対応に追われている。また，人々は不要不急の外出自粛が求められ，さまざまな行動が制限されている。そのため人々はストレスが高まり，他者との交流がしづらくなるとともに，感染予防を念頭に入れた行動を求められている。このような状況に置かれている人々に対して，企業はどのようにホスピタリティあふれるサービスを提供すればよいのであろうか。

　企業において，顧客を受け入れる精神であり，心遣いでもあるホスピタリティは，コロナ禍においてストレスを抱えた顧客にとって今まで以上に重要であると思われる。従業員がホスピタリティあふれたサービスを顧客に提供するためには，組織としてホスピタリティを育てていくマネジメントが必要である。そのためにホスピタリティ・マネジメントを学ぶことで，企業と従業員，従業員と顧客，顧客と企業とのそれぞれの新たな関係性を築くための示唆を得ることができる。また，経済システムが進化している現在，企業は思い出に残る経験という価値を顧客に提供することが求められており，その際にホスピタリティが重要な役割を果たすと思われる。しかし，ホスピタリティ・マネジメ

ントに関する書籍は多いとは言えず，また，専門書も限られているのが現状である。

　そこで，本書ではホスピタリティ・マネジメントについて学び，企業がどのようにホスピタリティ・マネジメントを行っているのかについて，最新の情報から具体的な理解を深めることを目的としている。とりわけ企業がコロナ禍において，ホスピタリティを提供するためにどのような取り組みを行い，Withコロナ期を乗り越えようとしているのかを知ることは必要である。そのため，本書は，2019年に改訂した『［改訂版］感動経験を創る！　ホスピタリティ・マネジメント』の主に第1部「ホスピタリティ・マネジメント」第6章，第2部「ホスピタリティ産業の主要ビジネス」第7章，第8章，第9章，第10章ならびに「コラム9」を大幅に改訂し，加筆，修正を行った。

　本書は，ホスピタリティ・マネジメントに関心を持っている学生，ビジネス・パーソン，企業としてホスピタリティ・マネジメントを推進していきたい方々や一般読者の方々を対象とする入門書である。これらの目的を達成するために，本書は3つの特色をもって書かれている。第一に，第1部でホスピタリティ・マネジメントについて理解するために必要と思われる基本的な項目をとりあげ，関連する先行研究を紹介し，明らかにしていることである。また，人と人とのさまざまな関わりの一般的な法則を考える社会心理学の視点からも企業，従業員，顧客の三者の新たな関係性を築くために関わりのある理論を用いて，説明を試みている。第二に，第2部で取りあげている企業について，改訂第3版では新たに調査を行い，そこから得た知識や情報によって，それらの企業が実際にどのように交流を生み出し，新たな関係性を築き，顧客に思い出に残る感動経験を提供しているのかが理解できるようになっている。また，Withコロナ期において，ホスピタリティを提供するための取り組みや工夫についても加筆してある。事例研究を通して，企業と従業員，従業員と顧客，顧客と企業との関係性を理解することが可能となるであろう。第三には，各章に有益なコラムを配していることである。第1部のコラムでは，社会心理学から各章にかかわりのある尺度を掲載していることから，読者自身の適性やそれぞ

れの興味に応じて自分の行動や心の状態を知ることや，研究に活用してもらうことが可能となっている。また第2部のコラムでは，それぞれの章で取り上げた企業とかかわりのある別の企業（コラム8を除く）を取り上げ，そこでのホスピタリティあふれるサービスを提供する仕組みについて，最新の情報をもとに明らかにしていることから，企業間の比較検討することも可能であろう。

　本書は二部構成となっており，第1部では，ホスピタリティ・マネジメントの基礎知識に関わる内容であり，第2部は，事例研究として，それぞれのビジネスにおける代表的な企業を取り上げ，どのような仕組みで交流を生み出し顧客への感動経験を提供しているのかについて明らかにしている。具体的には第1部で，「ホスピタリティとサービス」，「経営管理─サービスマーケティング」，「サービス・リカバリー，エンパワーメント，リーダーシップ」，「顧客満足」，「従業員満足」，「従業員とコミュニケーション」について，第2部では，「旅行ビジネス：株式会社JTB」，「航空ビジネス：日本航空株式会社」，「宿泊ビジネス：星野リゾート」，「テーマパークビジネス：合同会社ユー・エス・ジェイ」を取り上げている。

　ホスピタリティ産業が顧客に感動経験という価値を提供していくためには，ホスピタリティ・マネジメントは，今後ますます研究していくべき重要な課題である。本書がその理解の一助となることを祈ってやまない。

　最後に，本書の調査にご協力くださった企業の皆様方，改訂版においてご指導いただいた大塚勝利氏（ホノルルフェスティバル財団日本事務局），改訂第3版にあたって新たな情報を提供し，情報に間違いがないかをチェックしてくださった企業の皆様方，武藤修一氏（株式会社JTB），三ツ橋朋子氏（日本航空株式会社），鈴木麻美氏（星野リゾート），南方章孝氏ならびに山田純平氏（帝国ホテル），中井彰基氏（合同会社ユー・エス・ジェイ）（順不同，敬称略）には心よりお礼を申し上げる。また，研究者としての道へとご指導くださった立教大学名誉教授の押見輝男先生，立教大学小口孝司先生に心より感謝を申し上げたい。先生方のご指導をいただいたことで研究者として学ぶことや研究することの意味と楽しさを学ぶことができた。

　本書の改訂第 3 版にあたって創成社の塚田尚寛氏，西田徹氏には，初版，改訂版に続き大変お世話になった。ここに感謝を申し上げる。

　2022 年 3 月

山口一美

目　次

第 1 部

ホスピタリティ・マネジメント

第1章

ホスピタリティとサービス

　西村さんは，友人の崎山さんの誕生祝いをするために，以前食事をしてサービスがとても良かったレストランに行くことに決めた。レストランの予約をいれる際に，西村さんは前回担当してくれた担当者に，誕生日ケーキを依頼した。当日レストランに行った２人は，担当者の感じの良い笑顔の出迎えを受け席に案内された。テーブルには，それぞれの名前を印刷したカードがおいてあった。友人の崎山さんの席には一輪のピンクのバラの花と誕生日カードが添えられていた。これを見た崎山さんは，ピンクのバラが一番好きだと言って大喜びだった。期待通りのおいしい食事がすむと，店内の照明がすこし暗くなり，担当者たちがお誕生日の歌を歌いながら，ケーキを運んできた。崎山さんがケーキのキャンドルの火を消したとき，店内には拍手とお祝いの言葉が飛び交った。食事が終わりレストランを後にするとき，崎山さんは，「ピンクのバラが特にお好きだとお聞きしましたので。」と担当者からピンクのバラの花束をプレゼントされていた。このような経験をした崎山さんは，次の日，西村さんにお礼のメールを出した。そのメールには，「この間は私のお誕生日を祝ってくれてありがとう。レストランでは，ホスピタリティあふれるサービスを受けてとても感激しました。両親の結婚記念日には，あのレストランに行こうと思っています。」と書かれていた。

　このような印象に残るサービスを受けたとき，ホスピタリティという言葉が使われることが多い。顧客満足が高いといわれているホテルや旅館などのホームページにも，「ホスピタリティあふれるサービスを提供することを理念とし…」，「ホスピタリティの心で接する」，などの言葉がならぶ。このように企業がうたっているホスピタリティとは何なのか。またホスピタリティにあたる日本語として取り上げられることの多い「もてなし」とは何か。ホスピタリティとサービスにはどのような違いがあるのだろうか。
　これらの疑問に答えるために，本章では，ホスピタリティの歴史について

触れ，その上で，ホスピタリティとサービスの語源および定義，「もてなし」について，加えてホスピタリティ産業が提供しているサービスの特性について，先行研究を通して考える。その上で，ホスピタリティ・マネジメントとは何かについて明らかにする。

1．ホスピタリティとは

（1）ホスピタリティの歴史
　ホスピタリティの歴史について明らかにする前に，ホスピタリティの起源について少し触れておこう。
　古代の時代にさかのぼって考えていくと，夫婦から家族へ，そしていくつかの家族が集落をつくるようになり，村落という共同体が形成された。そこに村落に所属していない見知らぬ人，異邦人が訪ねて来たとき，その異邦人を歓待し，宿泊や食事を提供するという風習があった。これがホスピタリティの起源であるといわれている (cf. 德江, 2011)。この風習は，社会秩序を保つ上での伝統的社会通念であった。異邦人を歓待し食事を提供することは，同じものを食べる，共飲共食することであり，それらを通じて，歓待する側と歓待された側との間に連帯の絆が生じるという思想があった。また，異邦人は飲食と宿泊を提供され，これに対して村落の主人は異邦人と飲食や宿泊を共にすることで，異邦人から異文化や情報を得ることができるという効用があった。人間社会の基本的原則としての互報性または互恵性の概念から，村落の主人は飲食や宿泊を提供することで将来的に何らかの返礼を期待するとともに，歓待を受けた異邦人は歓待に対する返礼義務を負うことで交換関係が成立することになるのである。このようにして，ホスピタリティが醸成されてきたといわれている。
　西洋のホスピタリティの歴史としては，11世紀中頃，ヨーロッパで巡礼が盛んになり，また十字軍の聖地遠征が始まったことで，多くの巡礼者や兵士が過労や病気を患い，教会や修道院が彼らに宿泊を提供したり，看病をしたことに由来するといわれている。ホスピタリティはキリスト教において，たとえば，

新約聖書の中では,「貧しい聖徒を助け,努めて旅人をもてなしをしなさい」
(ローマ人への手紙Ⅱ第12章13節),「かえって旅人をもてなし,善を愛し,慎み
深く,正しく,信仰深く,自制するものであり」(テトスへの手紙第1章8節) な
ど,がみられる (cf. 浅野・菊地, 2010)。このように,ホスピタリティは異邦人
を助け,もてなすこととして重視されてきたのである。

　東洋のホスピタリティの歴史としては,紀元前4世紀ごろに形成された仏教
に,ホスピタリティに相当する言葉として「施」がある (cf. 前田, 2007;cf. 千,
2013)。仏教の教えとして,日常生活の中で行うことができる善行として,7つ
の教え「無財の7施」が記されている。そこでは,たとえば他者に席を譲って
あげること (牀座施:しょうざせ),他者にやさしい表情で接すること (和顔施:
わげんせ),他者を家に迎え,寝る所を提供すること (房舎施:ぼうしゃせ) など
が記されており,これらが人々の行動規範となっていた。また,古代中国の周
の時代に書かれた書物,三礼 (さんらい) には,公共の宴席での作法や儀礼的
行為が記載されており,このような規定があることから,古代中国の行政機構
において異邦人との接触が政治的にも重要だったということが推測できよう。

　日本のホスピタリティの歴史として,日本書記に共飲共食によって互いの心
が等しくなることが記載されている。昔,日本では,はるばる遠方から長い旅
をしてきた異邦人を「まろうど」,「まれびと」(稀な人) と呼び,彼らを歓待,
もてなすという風習があった (cf. 山上, 1999) という。中世以前の日本でも,
異人歓待の習慣が存在するとともに,異邦人は畏怖されると同時に神霊的な訪
問者として扱われ,宿や食事を提供することによって,幸福がもたらされると
いう逸話が多く残されている (服部, 2004)。

(2) ホスピタリティの語源

　ホスピタリティの語源としては,「ローマ領の住人で,ローマ市民と同等の権
利義務をもつ者」という意味をもつ古ラテン語であったホスティス (hostis)
と,「可能な,能力のある」という意味をもつラテン語のポティス (potis) が
合成されて,ラテン語のホスペス (hospes) という言葉が造られ,これがホス

ピタリティの起源としてあげられている（cf. 服部，2004）。このホスペスは客
人の保護者という意味をもち，この形容詞形がホスピタリス（hospitalis）であ
り，「歓待する，手厚い，客を厚遇する」という意味をもつ（cf. 古閑，2003；
Powers, 1988）。このホスピタリスの派生語として，ホスピタル（hospital；病
院），ホテル（hotel），ホスト（host：主人），ホステス（hostess；女主人）があげ
られる。このホスピタリスからホスピタリティ（hospitality）という言葉に発
展したのである（図1−1）。

　このように語源から，ホスピタリティとは，（主人が）お客を歓待するという
意味をもっていることがわかる。歓待する過程で，主人とお客との間に相互作
用が行われ，新たな関係が生まれてくるのであろう。

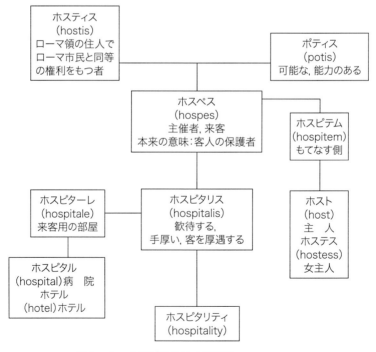

図1−1　ホスピタリティの語源

（服部，2004 を一部改変削除。山口・椎野，2010, p. 69）

（3）「もてなし」

　鎌倉時代や室町時代に「もてなし」は，客を招待し，共飲共食や贈り物をすることで人間関係を強化する目的で戦略的に行われたといわれている。また，儒教思想における「義を至上とし，礼をもって人をもてなし，仁愛をもって世に対処し，国を守り民に尽くす」という観念の影響を受け，「もてなし」の作法や儀礼的な形式が支配階層や武士階級社会で発展した。これに対して，庶民階級では，「袖振り合うも多生の縁」といった，たまたま出会った人に対するよい対応の大切さの教えと考え方は，行動規範として，また社会慣習として定着していたものと考えられる。さらに，商業の発展とともに，無縁の多くの人びとの中から馴染み客や顧客をつくるためには，誰にも分け隔てない良い対応が大切だとする実利性を伴った庶民思想が根づいたといわれている（cf. 前田，2007）。

　茶の湯において，「もてなし」は様式化されており，主人が客をもてなす配慮はお茶の入れ方，立ち居振る舞い，空間，しつらえに至るまで決められている（cf. 浅野・菊池，2010）。この茶の湯における「もてなし」は，「ある相手に対しての自分にしかできないもてなしをする」ということが前提にあり（cf. 千，2013），主人の一定のコンセプトのもとでの真剣勝負のおもてなしとなり，そこに細心の気配りや相手を敬う心遣い，もてなしの工夫が徹底されなければならないとされる（cf. 山上，2011）。もてなす側の主人が気配り，心配りをして，どのようにすれば客に喜んでもらえるのかを考え，もてなす。そこには主人がもてなすための充分な知識とスキルをもっていることが必要となる。茶の湯において，お客に対する心入れが作法の根本にあり，作法はその表れた形式（cf. 久松，2014）にすぎないのである。

　千（2011）によれば，茶の湯は身心（じきしん）の交わり，つまり心と心の交わりを茶の湯の方法論によって実現することでもあるという。主人としては，茶事を催し，考え抜いた趣向によってお客様に満足してもらい，そのことで「人を招く悦び」を享受する。客としては，修練と教養を積んで，主人のもてなしを察し，的確に応じることができる。主客間に，人間的で，深いコミュニ

ケーションが成立し，それは双方にとって喜び楽しみになるという。茶の湯における もてなしは，お茶を振る舞う過程で，主人と客との間でコミュニケーションが成立しそこに双方に喜びが生まれ，その結果，新たな人間関係が創られるということなのであろう。

　「もてなし」は，「もて」と「なし（成し）」が合成された言葉である（服部，2004）。その意味は，①とりなし，取り繕い，たしなみ，②振る舞い，挙動，態度，③取扱い，あしらい，待遇，④ご馳走，饗応，などの意味をもつ（新村，1993）。

（4）ホスピタリティの定義

　ホスピタリティの定義については，研究者によってさまざまな定義がなされている。そこで，多くの研究者が行っている定義[1]の中でも，①精神に焦点を当てた定義，②人に対する行動に焦点を当てた定義を紹介する。

　①　精神に焦点を当てた定義

- 「生あるもの，特に人間の尊厳と社会的公正をもって，互いに存在意識と価値を理解し，認め合い，信頼し，助け合う相互感謝の精神。伝統や習慣をのり超え，時代の科学の進歩とともに新しい喜びの共通意識としての価値を創造するものである」（日本ホスピタリティ推進協会，2013）
- 「社会的不確実性の高い環境において，主体間の関係性マネジメントによって，不確実性をむしろ利用しつつお互いの主観にアプローチし，単独では不可能な新しい価値を創出しようとすること」（徳江，2011）
- 「他者を快く受け入れる精神」（前田，2007）

　②　顧客を含む人に対する行動に焦点を当てた定義

- 「ゲストへの思いやりある心からの対応」（Bardi, 2003）
- 「すべての他者（社会的弱者を含めて）に対する心のこもったおもてなし」（平井，2000）
- 「見返りや代償を超えた親切」（平野，2001）

- 「顧客をゲストとして扱い，サービス組織とのインタラクションの間中，顧客のニーズに対応したきめ細かい行き届いた快適さを提供するものである」(Lovelock & Wright, 1999)
- 「限りない慈しみと敬愛の念を表明することにより安らぎと満足感を与える所作の総称（歓待と厚遇の意味を内包）」(吉田・名東，1994)。
- 「同時に起こるであろう人的交流であり，お互いに幸福な状態になり，さらに一層幸福な状態になろうとお互いが自発的に意図し，寝床，食事，飲み物のそれぞれ，またはいずれかを提供することである」(Brotherton, 1999)
- 「触れ合い行動，発展的人間関係を創造する行為」(古閑，2003)

　以上の定義からは，「ホスピタリティとは，人（ゲスト）を受け入れる精神を表し，その精神からうまれる行為を表している。またその行為を通して，新たな人間関係を創造する可能性をも含んでいる」ことが示されている。

　これに対してサービスとは何か，次節で明らかにしてみよう。

2．サービスとは

（1）サービスの語源

　サービスの語源は，「奴隷，戦利品として獲得した外国人」という意味をもつラテン語のサーヴス（servus）から派生した語で「奴隷の身分・状態，奉公，服従」という意味をもつサーヴィティウム（servitium）という語に由来するといわれている。この言葉が変化をして，サービス（service）という言葉が生まれたのである。また，サーヴァント（servant；召使，使用人）もサーヴスから派生した言葉である（図1-2）。

（2）サービスの定義

　サービスの定義についても，研究者によってさまざまな定義がなされている。それらの中からいくつか取り上げ，明らかにする。先行研究から，サービスの

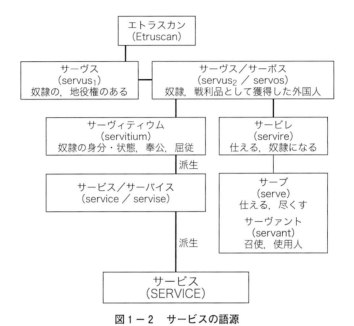

図 1 − 2 　サービスの語源

（服部，1994，p. 67，より一部削除して作成）

定義を，①活動や便益に焦点を当てた定義，②顧客に対する満足に焦点を当て
た定義に大別して考えてみたい。

　①　活動や便益に焦点を当てた定義
- 「顧客の欲求を満足させるためになされる無形の活動である」（高橋，
  1998）
- 「活動であり，無形性と顧客との相互作用性という基本的な性質に
  よって特徴づけられる」（飯嶋，2001）
- 「他者のために行う人の活動であって，独立に取引の対象となるもの
  （今枝，2010）」
- 「人間や組織体に何らかの価値をもたらす活動である」（近藤，2013）
- 「他者に対して提供される活動もしくは便益であり，本質的に無形で
  あり，購入者に所有権を一切にもたらさないもの」（Kotler, 1996）

- 「サービスとは，無形性という特徴を少なからず備えた活動，もしくは一連の活動であり，通常は顧客がサービス提供者，物的資源や財，およびサービス提供システムと相互作用を与えることによって生まれるが，必ずしもそのようにして生まれるとは限らない。サービスはまた，顧客の抱える問題に対して提供されるものでもある」(Grönroos, 1990)
- 「無形であり，サービス提供者と消費者の相互作用を必要とするあらゆる経済活動」(Looy, Gemmel & Dierdonck, 2004)

② 顧客に対する満足に焦点を当てた定義

- 「ある便益または満足を顧客に与えるものである。そして，その活動は顧客が自分ではなしえない，またはしたくないと思うようなものである」(Besson, 1978)
- 「販売を目的に提供され，モノの形態に物理的な変化をもたらすことなく，便益と満足を与える活動」(Blois, 1975)

　これらの定義から，「サービスとは，顧客に対して提供される活動であるとともに顧客との相互作用の中で行われる一連の活動であり，顧客に便益と満足を与える活動であり，有償性をもつ」ということがいえよう。

　第1節や第2節で，先行研究からホスピタリティとサービスの語源と定義について考えてきた。その結果，本書では，「ホスピタリティは人を受け入れる精神であり，その精神から生まれる行為であり，その結果，発展的な関係性を築く可能性をもつもの」という立場をとる。これに対して，「サービスは顧客との相互作用の中で行われる一連の活動であり，顧客に便益と満足を与える活動であり，有償性をもつもの」として扱っていく。

　最後に，ホスピタリティ産業とはどのような産業をさすのであろうか，確認しておこう。ホスピタリティ産業とは，人的対応を不可欠な要素とするサービス産業（前田，1995）であり，具体的には，観光産業（旅行と旅行関連産業），宿泊産業，飲食産業，余暇産業，その他，前述の5つの特徴を有する産業である（福永・鈴木，1999）といわれている。また，山上（1999）によれば，ホスピタリ

ティ産業は，人的対応の重要度に応じて4つの対象領域，最狭義の対象領域（宿泊，飲食業），狭義の対象領域（観光；旅行，交通，宿泊，料飲，余暇産業関連事業），広義の対象領域（観光，教育，健康産業，関連事業），最広義の対象領域（人的対応，取引するすべての産業，ホスピタリティを媒介する産業）と分けることができるという意見もある。

　以上のようなホスピタリティ産業で提供しているサービスには，どのような特性があるのか，次節で検討する。

3．ホスピタリティ産業で提供しているサービスの特性

　サービスの特性について，その多くはマーケティングの立場から検討が行われている（表1-1）。

　サービスの特性について，フィスク，グローブ，ジョン（Fisk, Grove & John, 2004），飯嶋（2001），小宮路（2012），ローイら（Looy et al., 2004），竹内・片山

表1-1　サービスの特性

	①無形性	②同時性	③不均質性	④消滅性	⑤顧客の参加	⑥過程の重要性	⑦所有権の移転（使用権の移転）
浅井（2003）	○	○（不可分離性）	○	○	○		○
Fisk et al.（2004）	○	○	○（異質性）	○			
Fitzsimmons & Fitzsimmons（2006）	○	○	○	○	○		
飯嶋（2001）	○	○	○	○			
今枝（2010）	○	○	○	○	○	○	
近藤（1995）	○	○			○		
小宮路（2012）	○	○	○（変動性）	○			
Looy et al.（2004）	○	○	○	○	○		
竹内・片山（2011）	○	○（不可分性）	○（変動性）	○			
徳江（2013）	○	○	○		○		

（筆者作成）

(2011) は，①無形性，②同時性，③不均質性，④消滅性をあげている。また，フィッツシモンとフィッツシモン（Fitzsimmons & Fitzsimmons, 2006）は，サービスの特性として，上記の 4 つにサービスの提供過程における⑤顧客の参加をあげている。近藤（1995）は①無形性，②同時性，⑤顧客との共同生産をあげ，それらがサービスの基本的特徴であるとしている。今枝（2010）は，①〜⑤に加えて，⑥過程の重要性（サービスを提供する過程が重要である）を特性としてあげ，浅井（2003）は，①〜⑤²⁾に加えて，⑦所有権の移転をあげている。これらに対して徳江（2013）はサービスの特性を，サービスがプロセスであることから直接的に生じる特性，1 次特性（①無形性，②同時性）と，そこから派生する特性である 2 次特性（②不可分性，⑤協働の必要性：主客の協働（顧客の参加）），さらにそこから派生する特性，3 次特性（③変動性（不均質性））と段階に分けて，特性を明らかにしている。

　以上の先行研究から，共通する特性としてあげられている，①無形性（intangibility），②同時性（simultaneity），③不均質性（heterogeneity），④消滅性（perishability），⑤顧客の参加（customer participation in service process）を取り上げ明らかにする。

①　無形性とは，サービスが無形であるため，それ自体をモノのように示すことができないことをいう。つまり，サービスは人の行為，活動の提供であるため無形である。購入しても家にもって帰ることができない。もって帰ることのできるものはサービスの効果，サービスから得た経験なのである。無形であるため，顧客はそのサービスを購入する前に見たり，触ったり，試してみたりできない。たとえば，あなたがホテルに宿泊しようと思った場合，事前にその活動を経験することはできず，そのホテルのホームページで見たり，そのホテルに泊まったことのある友人の意見を聞いて想像することはできるものの，実際にはどのようなサービスを受けることができるのかは，宿泊してみないとわからない。また，サービスが提供される際には，有形財を使って提供されることが多い。たとえば，ホテルでは顧客に快適な滞在を提供するために，その清

潔な客室や快適なベッドなどの有形財は重要な役割を果たす。

② 同時性とは，非分離性ともいい，サービスの生産と消費が同時に行われることから，人と活動を分離できないことをいう。したがって，サービスの提供過程において，従業員は顧客との相互作用を行い，顧客も生産過程に参加し同時にそのサービスを消費する。そのため，サービスの提供の際には，人材管理が非常に重要となる。サービスを提供する従業員は企業の代表であり，顧客は従業員の行動や態度から企業の良しあしを判断する。たとえば，ホテルでは，顧客はフロント担当者からのサービスの提供過程で，フロント担当者との相互作用を行う。そのときにフロント担当者が清潔な服装で，感じの良い対応をしてくれたとすれば，このホテルで受けるサービスは評価の高いものになると顧客に推測させることができる。

③ 不均質性とは，品質管理が難しく，商品のようにいつも同じ商品を顧客に提供できないことをいう。サービスはプロセスであり活動であるので，サービスを提供する従業員，顧客，さらには環境的条件などによっていつも同じとは限らないのである。サービス提供に関わる従業員のその時の体調によってもサービスの提供の仕方が異なるであろうし，時にはミスを犯すこともあるであろう。また，顧客の個人的な状況は，顧客の行動と顧客が知覚するサービスの評価に影響を及ぼす。たとえば，いつも宿泊しているホテルに泊まっていた顧客がその日は寝坊してしまい会議に遅れそうなときは，いつものゆったりしたサービスではなく，簡単にチェックアウトできることを望むであろう。また，さらに別の顧客の行動によって，サービスの提供が影響を受けることもあろう。このようにサービスは，いつも同じとは限らないのである。

④ 消滅性とは，提供されるサービスがその場で生産，消費されるため，保存，保管，在庫ができないことをいう。つまり需要の変動に対応するのが難しい。夏休みに満室であったホテルは，夏休みが終わるとともに空室が増える。ではこのときの空室を次年度の夏休みまで保管しておくこ

とができるかといったら不可能である。航空会社でもその便に空席があったとしても，その便は予定通りに離陸し，空席は保存されることなく，消滅してしまうのである。それは，サービスの提供から得られるはずの収入の機会が失われてしまうことを意味している。

⑤　顧客の参加とは，サービスの過程で顧客が参加をすることをいう。サービスはその特性，同時性から生産と消費が同時に行われる。たとえば，ホテルのギフトショップで顧客が買い物をするときに，笑顔で店員からのサービスを受け，その対応を受けて顧客が礼をいって品物を受け取る。その時の円滑な相互作用はサービスの品質を高めるなど，顧客はサービスの生産過程に参加をするのである。

　第3節では，ホスピタリティ産業で提供されるサービスの特性について，先行研究を整理した上で，5つの特性があることを明らかにした。次節では，これらの特性をもつサービスを従業員はどのように顧客に提供していくのか，ホスピタリティ産業におけるホスピタリティ・マネジメントとは何かについて検討を行う。

4．ホスピタリティ・マネジメント

（1）ホスピタリティあふれた従業員と固定的サービス，応用的サービス
１）ホスピタリティあふれた従業員

　まず最初に，どのような従業員がサービスを提供していくことで顧客との関係性を築くことができるかについて，冒頭にあったレストランのケースを取り上げ考えてみたい。

　西村さんが友人の崎山さんには内緒で誕生日ケーキを注文し，当日，従業員（担当者）がそれを誕生日の歌とともに提供してくれたというのは，通常どのレストランでも行っているサービスであろう。誕生日ケーキの代金は当然，請求書に加算されている。サービスは，顧客との相互作用の中で行われる活動であり，顧客に便益と満足を与える活動であり，有償性をもつことから，これらの

従業員の行動はサービスを提供していることになる。ただ，西村さんが注文しなかったもの，一輪のバラの花や誕生日カード，そして，従業員が崎山さんの言葉を聞いて，そこからバラの花束を贈ったということはどうだろうか。これらは請求書には加算されないものである。当然，マニュアルにも記載されていないものであろう。とりわけ，バラの花束については，従業員が崎山さんの言動に注意を払い，喜んでもらいたいと考えていないとできない行動である。このような従業員の行動があったことで，崎山さんは今までにない喜びや感動を経験したのである。従業員と西村さんたちとの相互作用が円滑になり，そこに新たな関係性が生まれる。西村さんたちはこの関係性を維持したいと思い，再度そのレストランを利用しようと考えるであろう。従業員にとっては顧客に喜んでもらいたいと思って行った行動が顧客に受け入れられたことで，従業員自身の満足度や仕事へのモチベーションもあがると思われる。

　相手を心から受け入れ，相手のために何をしてあげられるだろうかと考えることのできる，つまりホスピタリティあふれた従業員であれば，このような顧客との新たな関係や円滑で継続した関係を作り上げようと試みるであろう。このことから，ホスピタリティ産業において，ホスピタリティあふれた従業員（詳細は第6章従業員とコミュニケーションを参照のこと）を採用することは重要な要件の一つであることが示唆されている。

2）固定的サービスと応用的サービス

　ホスピタリティあふれた従業員が，顧客との関係性を生み出し，深めていくためには，マニュアルで決められたサービスをするだけでなく，その場の状況や顧客のニーズに合わせたサービスが必要であろう。

　徳江（2013）は，企業が提供するサービスには2種類のサービス，固定的サービスと応用的サービスがあり，顧客との関係性を深めるためには応用的サービスが重要となることを指摘している（図1-3）。

　固定的サービスは，事前にどのようなサービスをどのように提供するかをある程度決めておき，顧客のニーズにあったサービスを数種類用意しておき，顧

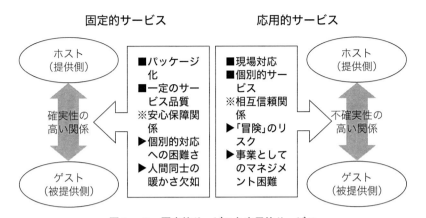

図1-3　固定的サービスと応用的サービス

（徳江，2013 より一部追記して作成，p. 141）

客は自分のニーズにあったサービスを選択する。たとえば，旅行会社の海外
パック旅行は，日程，料金，宿泊ホテル，観光する場所，食事の場所などすべて
が決められている。顧客はいくつかのパック旅行のうち，自分の都合の良い日
程と予算にあった料金，観光する場所を確認して，選択すればよい。したがっ
て，固定的サービスを主として提供する場合は決まったサービスのやりとりと
なるため，サービス提供時での失敗は少なく，顧客との関係は不明瞭な点や不
安がないため，その関係は確実性の高いものとなる。しかし，顧客によっては
固定的サービスだけでは満足できず，異なったニーズがでてくる場合があり，
そのときには固定的サービスでは対応できない。たとえば何回も海外旅行に行っ
ている顧客にとっては，パック旅行は魅力に乏しく，今までに行ったことのな
い場所や経験をしたことのないことができる場所に旅行したいと思うであろ
う。そのようなときには，旅行会社に個人旅行として個別対応を依頼する，つ
まり応用的サービスをしてもらう必要がある。固定的サービスがマニュアルに
あるサービスを提供しているのに対して，応用的サービスはマニュアルにはな
いサービスを行うことであり，顧客との相互作用を通して関係性を深める中で
顧客のニーズを探り，顧客のニーズにあった個別的対応をするサービスであ

る。したがって顧客は，どのようなサービスを得ることができるか予想できない場合も多く，そこには不確実性が伴うのである。

　このように応用的なサービスを提供し，不確実性が高まっているときに，重要なキーワードとして，信頼とコミットメントがあげられるという。それらについて，以下で明らかにする。

（2）信頼とコミットメント

　山岸（1999；2011）によれば，不確実性が高い状態の場合，信頼とコミットメントが重要であると指摘している。まず，信頼は2つの種類，「能力に対する信頼」と「意図に対する信頼」とに分けて考える必要があるという。冒頭のレストランの例でいうと，「能力に対する信頼」はレストランのシェフが素敵な誕生日ケーキを作れるかどうかの能力に対する信頼であり，「意図に対する信頼」は素敵な誕生日ケーキをつくる気持ちややる気に対する信頼である。レストランのシェフであれば，通常はお誕生日のケーキを作る能力はもっているであろう。しかし，今回の誕生日ケーキは，電話で注文したケーキである。そのため，本当に友人が喜んでくれるケーキを作ってくれる気持ちがあるかについては，不確実性が高い。しかし西村さんはそのレストランには一度行ったことがあることからも，おそらく素敵なものをつくってくれる気持ちがあるだろう，という「意図に対する信頼」をもち，注文をしたと思われる。先の旅行会社の個人旅行についていえば，担当者から応用的サービスを受ける過程で，自分の希望を伝えたり，観光場所を確認したりすることで，この担当者ならよい旅行計画をつくるサポートをしてくれる気持ちがあると「意図に対する信頼」をもつことができるであろう。このように不確実性の高い状態の場合は，「意図に対する信頼」が重要となるのである。

　次にコミットメントとは，短期的利益を逃すことになっても同一の相手との関係を継続すること（山岸，2011），共通のリレーションシップを維持したいと願う永続的な願望（余田，2000）と定義されている。したがって，顧客と従業員あるいは企業との間にコミットメント関係を作ることで，顧客にとっては従

業員やその企業に対する情報を蓄積することができるため，正確な「意図に対する信頼」をもつことができる。従業員や企業にとっては，顧客のニーズを知ることができるため，より顧客の希望にそったサービスを提供する機会を得ることができる。冒頭のレストランの例では，崎山さんは自分の誕生日祝いのときに，あのような心のこもったサービスを提供してくれたという情報を得たことから，両親の結婚記念日のお祝いには素敵な記念日にするための気持ちをもってくれるレストランだと「意図に対する信頼」をもち，関係を続けたいと思ったのであろう。個人旅行では，応用的サービスを受けて計画した旅行が素晴らしいものであったら，再度同じ担当者に依頼をすることが考えられる。コミットメント関係を形成することで，お互いに相手の行動に対する予測可能性が大きくなる（山岸，1999）ため，コミットメント関係を作り上げることは双方にとって利益が大きい。

　ハンとヨング（Han & Jeong, 2013）は，高級レストランにおける顧客の企業に対する信頼とコミットメントが企業に対するロイヤルティのある態度に及ぼす影響を検討している。結果は，高級レストランのサービスやイメージが顧客の満足度を向上させ，それが企業に対する信頼とコミットメントに影響を及ぼし，それらの高いことが再度訪問したいという態度に影響を及ぼすという結果であった。主に固定的サービスを行うファーストフードレストランに比べて，高級レストランでは個別的な応用的サービスを行っていることが多い。それだけに，不確実性の高い状況ではあるものの応用的サービスによって，相互作用がなされ，より良い関係性が作られたことで顧客の満足度が向上し，それが信頼とコミットメントに影響を及ぼし，その結果，再度来店したいという態度が生まれたことが示されている。

　以上のように，ホスピタリティ産業において，ホスピタリティあふれる従業員が顧客との接点において応用的サービスを行うことで，顧客との関係性を生み出し，それが顧客の信頼とコミットメントに影響を及ぼし，再度関わりをもちたいという行動や態度に影響を及ぼすことが明らかになった。このような従業員と顧客との関係性を生み出すためには，どのような組織のマネジメントが

必要となるのであろうか，次項で検討する。

（3）ホスピタリティ・マネジメントとは

　ホスピタリティ産業で提供する応用的サービスは，マニュアルにそった固定的サービスを提供するだけでなく，従業員自身が自分で考えたサービスを提供することである。それは，事前にどのようなサービスを提供するのかを決定することから始まり，顧客との相互作用の過程で，顧客が最も欲しているサービスを見つけ提供すること，また，個別的対応のサービスを提供している過程で，顧客自身の気づかなかったニーズを発見することも可能となるであろう。これらを行うことができるのは，ホスピタリティあふれた従業員であろう。

　しかし，有償性の経済行為であるサービスの世界に，無償性を本質的特徴とするホスピタリティの原理を無理やりあてはめ，顧客に不満が生じた場合，その原因を従業員のホスピタリティの欠如に求めることもみられるようになってくる（cf. 前田，2006）と問題である。そうしないためには従業員の精神性だけに頼るのではなく，企業に求められることは，従業員のホスピタリティを育てる環境づくりを行うことが重要となる。つまり，新たな関係性を生み出す行動を個人的行為として行うには限界があるため，ホスピタリティの精神によって，組織としてマネジメントを行うことが必要となる。

　従業員が顧客との新たな関係性を作り出すことができるように，従業員を方向づけてサービス・エンカウンター[3)]における接点をマネジメントすることが必要であり，それがホスピタリティ・マネジメントである（cf. 徳江，2013）といえよう。

　また，顧客との接点において従業員が応用的サービスを行い，ホスピタリティを育てる環境を組織でつくっていくためには，組織内での情報の蓄積と開示，充実した教育制度，エンパワーメントの提供，そして管理者のリーダーシップのあり方などが重要となると思われる。これらを組織で行っていくことが，ホスピタリティ・マネジメントであるといえる。そこで，次項では，これらの要件がなぜ必要かについて簡単に説明する。

（4）ホスピタリティ・マネジメントで行うべき要件

　ホスピタリティを育てる環境をつくるために，ホスピタリティ・マネジメントとして行うべき要件として，①情報の蓄積と開示，②充実した教育制度，③エンパワーメントの提供（詳細は第3章サービス・リカバリー，エンパワーメント，リーダーシップを参照のこと），④管理者のリーダーシップを取り上げ，考えてみたい。

　①情報の蓄積と開示については，顧客の家族構成や出身地などの個人的情報や過去に提供したサービスに関する情報が蓄積，管理されていること，そしてそれを誰もが見ることができる仕組みを組織が整えていることをさす。応用的サービスを行う際に，過去の似たような顧客に関する情報を知り，どのようなサービスを行ったらよいのかを事前に決めたり，リピーターの顧客に関して，その顧客の好みやニーズを知り，関係性を深めるための新たなサービスの提供を企画するときなど，そのための材料となる情報が重要となる。②充実した教育制度については，組織が固定的サービスと応用的サービスを行うために必要な研修や教育の機会を，従業員に提供していることをさす。企業の理念やビジョンを理解したり，基本の固定的サービスを行うための新入社員研修や，新たなサービスを企画したりする際に必要となる知識やスキルを学ぶ研修の機会が提供されていなくてはならない。自信をもって応用的サービスを企画，提供していくために，これらは不可欠な要件であろう。③エンパワーメントの提供とは，従業員1人ひとりが自分の判断でサービスを決めることができるエンパワーメントが与えられているということである。エンパワーメントを与えている組織では，従業員が応用的サービスを提供する際に，上司の判断を仰ぐことなく自分の判断で提供するサービスを決めることができ，それは，従業員の内発的なモチベーションのアップ，つまりやる気を向上させることにつながるのである。④管理者のリーダーシップとは，従業員が応用的サービスを行う際に，それを励まし支援するような適切なリーダーシップの必要性を意味する。従業員が応用的サービスを行う際に，自分の判断でサービスを決定することを励ましたり，必要な情報を与えたり，意思決定の場面に参加をさせるなどのリーダー

シップのあり方が，重要となると思われる。

　上記にあげたホスピタリティ・マネジメントで行うべき要件である，①情報の蓄積と開示，②充実した教育制度があり（Cohen & Olsen, 2013 ; Sasser, Heskett, Schlesinger, Loveman & Jone, 1994），③エンパワーメントが与えられ，④上司のリーダーシップのあり方が（Jung & Yoon, 2013 ; Spinalli & Canavos, 2000），従業員のサービスの質，従業員満足に影響を及ぼし，それが顧客満足に影響を及ぼすことは多くの先行研究から明らかにされていることでもある。

　組織の中で従業員がホスピタリティを育てていけるような要件が整っている組織は，ホスピタリティあふれる企業ということができよう。これらの企業については，その代表的なビジネスにおける企業を取り上げ，第2部で明らかにしていきたい。

【注】

1）ホスピタリティの定義に関する研究について，岸田・山上（2012）がその研究領域の類型化を行っている。それらは，立ち居振る舞いなどに思いやりの行為があるか否かを問う研究領域の類型として「行為の実体性（狭義）」，ホストとゲスト双方の満足度を問いつつビジネスの視点から精神的関係性の重要性を問う研究領域の類型として「精神的関係性（広義）」，地球全体の共存共栄や環境との共創がなされているか否かを問う研究領域の類型として「環境共創性（最広義）」をあげている（表1-2）。

表1-2　ホスピタリティの研究領域の類型化

広　狭	概　要
行為の実体性（狭義）	マナー，エチケットを含め，立ち居振る舞いにおける接客スキルを専ら研究対象とする。それは思いやりの行為があるか否かを問う。
精神的関係性（広義）	もてなす（ホスト）側ともてなされる（ゲスト）側との双方の満足度を求めつつ，ビジネスの視点から精神的関係性の重要性を問う。
環境共創性（最広義）	モノ（空間）・コト（時間）・ヒト（人間）という広い観点，特に地球全体の共存共栄や環境との共創がなされているか否かを問う。

（岸田・山上，2012より転記，p. 17）

2）浅井（2003）は，特性を7つあげている。それらは，①物質性・非物質性，②生産と消費の分離性，③生産への消費者の参加性，④需要と供給の調整過程，⑤一過性と

非一過性，⑥規格化・基準化，⑦所有権の移転である。本書では，その特性の内容から④と⑤については，消滅性として分類している。

3）サービス・エンカウンターとは，サービス提供の際，そのサービスを提供する企業と顧客の接点になる場面のことをいう。

引用文献

浅井慶三郎　2003　サービスとマーケティング（増補版）　同文館

浅野浩子・菊地史子　2010　ホスピタリティの表現研究―ビジネス・マナー編―

Bardi, J. A. 2003 *Hotel from office management*, 3ed. John Wiley & Sons.

Besson, R. M. 1973 Unique aspects of marketing of services. *Arizona Business Bulletin*, **9**, Nov., 9.

Blois, K. J. 1975 The marketing of services : An approach. *European Marketing Journal*, **1**, 153.

Brotherton, B. 1999 Hospitality management research ; Towards the future? B. Brotherton (Ed.), *The handbook of contemporary hospitality management research*, John Wiley & Sons.

Cohen, J. F., & Olsen, K. 2013 The impacts of complementary information technology resources on the service-profit chain and competitive performance of South African hospitality firms. *International Journal of Hospitality Management*, **34**, 245-254.

Fisk, P., Grove, S. L., & John, J. 2004 *Interactive services marketing*. Houghton Mifflin Company　小川孔輔・戸谷圭子（監訳）　2005　サービス・マーケティング入門　法政大学出版局

Fitzsimmons, J. A., & Fitzsimmons, M. J. 2006 *Service management*. McGraw-Hill, Fifth ed.

Grönroos, C. 1990 *Service management and marketing : Managing the moments of truth in service completion*.　Lexington : Lezington Books, 27.　白井義男（監修）　平林祥（訳）　2004　サービス・マネジメント―統合的アプローチ　上　ピアソン・エデュケーション

Han, H., & Jeong, C. 2013 Mult-dimensions of patron's emotional experiences in upscale restaurants and their role in loyalty formation : Emotion scale improvement. *International Journal of Hospitality Management*, **32**, 59-70.

服部勝人 2004 ホスピタリティ・マネジメント入門 丸善

平井誠也（編） 2000 思いやりとホスピタリティの心理学 北大路書房

平野文彦 2001 ホスピタリティ・ビジネスⅡ 税務経理協会

久松真一 2014 茶道の哲学 講談社

飯嶋好彦 2001 サービス・マネジメント研究 文眞堂

今枝昌宏 2010 サービスの経営学 東洋経済新報社

Jung, H. S., & Yoon, H. H. 2013 Do employees' satisfied customers respond with an satisfactory relationship? The effects of employees' satisfaction on customers' satisfaction and loyalty in a family restaurant. *International Journal of Hospitality Management,* **34,** 1-8.

岸田さだ子・山上徹 2012 サービス対ホスピタリティの本質的な相違性 山上徹（編著） ホスピタリティ・ビジネスの人材育成 白桃書房 Pp. 16-27.

古閑博美 2003 ホスピタリティ概論 学文社

小宮路雅博 2012 サービスの特性とサービス・マーケティング 小宮路雅博（編著） サービス・マーケティング 創成社 Pp. 1-15.

近藤隆雄 2004 サービス・マネジメント入門 生産性出版

近藤隆雄 2013 サービス・マネジメント入門 ものづくりから価値づくりの視点 第3版 生産性出版

Kotler, P., Bowen, J., & Makens, J. 1996 *Marketing for hospitality & tourism.* Prentice-Hall, Inc. ホスピタリティ・ビジネス研究会（訳） 1997 ホスピタリティと観光のマーケティング 東海大学出版会

Looy, B. V., Gemmel, P., & Dierdonck, R. V. 2003 *Services management an integrated approach.* Pearson Education Limited. 白井義男（監修） 平林祥（訳） 2004 サービス・マネジメント—統合的アプローチ上 ピアソン・エデュケーション

Lovelock, C., & Wright, L. 1999 *Principles of service marketing and management.* Prentice-Hall. 小宮路雅博（監訳） 高畑泰・藤井大拙（訳） 2002 サービス・マーケティング原理 白桃書房

前田勇 1995 観光とサービスの心理学 学文社

前田勇 2006 ホスピタリティと観光事業 観光ホスピタリティ教育, 1, 4-16

前田勇 2007 現代観光とホスピタリティーサービス理論からのアプローチ 学文社

新村出（編） 1993 広辞苑第四版 岩波書店

Pine, Ⅱ, B. J., & Gilmore, J. H. 1999 *The Experience economy*. Strategic Horizons LLP. 岡本慶一・小高尚子（訳）　2013　経験経済脱コモディティ化のマーケティング戦略　ダイヤモンド社

Powers, T. 1988 *Introduction to the hospitality industry*. John Wiley Sons.

Sasser, W. E. Jr., Heskett, J. L., Schlisinger, L. J., Loveman, G. W., & Jones, T. O. 1994 Putting the service-profit chain to work. *Harvard Business Review*, March-April. 小野譲司（訳）　1994　サービス・プロフィット・チェーンの実践法　ダイヤモンド・ハーバード・ビジネスレヴュー　ハーバードビジネス

千宗屋　2011　茶　利休と今をつなぐ　新潮新書

千宗屋　2013　もしも利休があなたを招いたら―茶の湯に学ぶ"逆説"のもてなし　KADOKAWA

Spinelli, M. A., & Canavos, G. C. 2000 Investigating the relationship between employee satisfaction and guest satisfaction. *Cornell Hotel and Restaurant Administration Quarterly*, December, 29-33.

高橋秀雄　1998　サービス業の戦略的マーケティング　第2版　中央経済社

竹内慶司・片山富弘　2011　市場創造―マーケティング　顧客満足とリレーションシップ　学文社

徳江順一郎　2011　関係性とサービス・ホスピタリティ概念　徳江順一郎（編著）　サービス&ホスピタリティ・マネジメント　産業能率大学出版部　Pp. 35-53.

徳江順一郎　2013　ホスピタリティ・マネジメント　同文館出版

山上徹　1999　ホスピタリティ・観光産業論　白桃書房

山上徹　2011　ホスピタリティ精神の深化―おもてなし文化の創造に向けて―　法律文化社

山岸俊男　1999　安心社会から信頼社会へ　中公新書

山岸俊男　2011　信頼の構造　こころと社会の進化ゲーム　東京大学出版会

山口一美　2010　ホスピタリティ・マネジメント　山口一美・椎野信雄（編著）　はじめての国際観光学　創成社　Pp. 67-77.

余田拓郎　2000　カスタマー・リレーションの戦略論理　白桃書房

吉田勇・名東孝二（編）　1994　ホスピタリティとフィランソロピー――産業社会の新しい潮流　税務経理協会

参考文献 URL

http://hospitality-jhmaorg/hospitality/　日本ホスピタリティ推進協会　2013 年 10 月 10 日閲覧

コラム 1　対人関係を円滑にするために

　友人が多く，誰とでも仲良くつきあうことができ，顧客からの良いコメントをもらうことが多い人がいるかと思うと，友人が少なく，誤解されやすいため顧客から良いコメントをなかなかもらえない人がいる。前者の人は，人との良い関係を築くためのスキルが高く，後者の人は低いといえる。このスキルを社会的スキルという。

　社会的スキルは，他者との円滑な関係を保持するために必要な認知的判断や行動（堀毛，1994）と定義されている。この社会的スキルは，①自分の意図や感情を相手に正確に伝えることができる「記号化」，②相手の意図や感情を正確に読み取ることができる「解読」，③感情をコントロールする「統制」の 3 つに大別される（cf. 本田・安藤，2012）。つまり，社会的スキルの高い人は，顧客との対応場面においても，顧客のニーズを理解し，適切な対応を行うことができ，顧客に無理な注文をつけられたときにも，自分の感情をコントロールして対応することができるといえよう。そこで，まずはあなた自身の社会的スキルがどの程度高いのか知ることから始めてみよう。

社会的スキル尺度（Kikuchi's Scale of Social Skill : KiSS-18）

　ゴールドステイン，スプラフキン，ゲーショウとクレイン（Goldstein, Sprafkin, Gershaw & Klein, 1980）によって作成された，若者にとって必要な 6 つのスキル，「初歩的スキル」，「高度なスキル」，「感情処理のスキル」，「攻撃に代わるスキル」，「ストレスを処理するスキル」，「計画のスキル」を参考に菊地（1988）が作成した尺度である。

実施手続き：合計点を算出する。

結果の解釈：得点が高いほど，社会的スキルが高いことを示す。

〈社会的スキル尺度〉・・・・・・・・・・・・・・・・・・・・・・・・・

　以下の文章を読んで，自分にどれだけ当てはまるか，当てはまる数字に○をつけてください。

いつもそうだ／たいていそうだ／どちらともいえない／たいていそうではない／いつもそうではない

① 他人と話していて，あまり会話が途切れないほうですか ……… 1 — 2 — 3 — 4 — 5

② 他人にやってもらいたいことを，うまく指示することができ
ますか …………………………………………………………… 1 — 2 — 3 — 4 — 5

③ 他人を助けることを，上手にやれますか ……………………… 1 — 2 — 3 — 4 — 5

④ 相手が怒っているときに，うまくなだめることができますか … 1 — 2 — 3 — 4 — 5

⑤ 知らない人とでも，すぐに会話が始められますか …………… 1 — 2 — 3 — 4 — 5

⑥ まわりの人たちとの間でトラブルが起きても，それをうまく
処理できますか ………………………………………………… 1 — 2 — 3 — 4 — 5

⑦ こわさや恐ろしさを感じたとき，それをうまく処理できます
か ………………………………………………………………… 1 — 2 — 3 — 4 — 5

⑧ 気まずいことがあった相手と，上手に和解できますか ……… 1 — 2 — 3 — 4 — 5

⑨ 仕事をするときに，何をどうやったらよいか決められますか … 1 — 2 — 3 — 4 — 5

⑩ 他人が話しているところに，気軽に参加できますか ………… 1 — 2 — 3 — 4 — 5

⑪ 相手から非難されたときにも，それをうまく片付けることが
できますか ……………………………………………………… 1 — 2 — 3 — 4 — 5

⑫ 仕事の上で，どこに問題があるかすぐに見つけることができ
ますか …………………………………………………………… 1 — 2 — 3 — 4 — 5

⑬ 自分の感情や気持ちを，素直に表現できますか ……………… 1 — 2 — 3 — 4 — 5

⑭ あちこちから矛盾した話が伝わってきても，うまく処理でき
ますか …………………………………………………………… 1 — 2 — 3 — 4 — 5

⑮ 初対面の人に，自己紹介が上手にできますか ………………… 1 — 2 — 3 — 4 — 5

⑯ 何か失敗したときに，すぐに謝ることができますか ………… 1 — 2 — 3 — 4 — 5

⑰ まわりの人たちが自分とは違った考えをもっていても，うま
くやっていけますか …………………………………………… 1 — 2 — 3 — 4 — 5

⑱ 仕事の目標を立てるのに，あまり困難を感じないほうですか … 1 — 2 — 3 — 4 — 5

引用文献・参考文献

Goldstein, A. P., Sprafkin, R. P., Gershaw, N. J., & Klein, P. 1980 *Skill streaming the adolescent : A structured learning approach to teaching prosocial skills*. Research Press.

本田周二・安藤清志　2012　なぜ友だちとうまくいかないのか？　永房典之（編著）　なぜ人は他者が気になるのか？　人間関係の心理　金子書房

堀毛一也　1994　恋愛関係の発達・崩壊と社会的スキル　実験社会心理学研究　**34**, 116-128.

菊地章夫　1988　思いやりを科学する─向社会的行動の心理とスキル　川島書店

菊地章夫（編）　2007　社会的スキルを図る─ Kiss-18 ハンドブック　川島書店

菊地章夫　2014　さらに・思いやりを科学する─向社会的行動と社会的スキル　川島書店

—————————————— 第2章 ——————————————
経営管理
―サービス・マーケティング―

　企業において顧客を獲得するためには，マーケティングが重要だといわれている。では，マーケティングはどのように顧客の心を捉えるように機能するのだろうか。

　今年の夏休みに海外に行きたいと考えていた佐藤さんは，ある旅行会社の「イタリアの世界遺産をめぐる旅」の新聞広告を見つけた。佐藤さんは世界遺産に興味をもっていたので，さっそく電話をし，そのパッケージツアーの詳細について聞いた上で旅行の申し込みをした。千後さんは航空会社のフリークエント・フライヤー・プログラム[1]の会員である。そのため，千後さんはその航空会社の飛行機を極力利用する。なぜならば，利用するたびにマイルが貯まり，ある一定のマイル数でもらった無料の航空券で，また旅行に行けるという楽しみがあるからである。

　このように佐藤さんや千後さんがある特定の企業を利用することになったのは，その企業のマーケティング[2]の力が大きい。このマーケティングによって，佐藤さんは自分が興味をもっていた旅の情報を得ることができ，千後さんは会員制のプログラムが提供する無料の航空券で自由に旅行を楽しんでいるのである。このようにマーケティングは顧客のニーズを探り，それに応える製品やサービスを創り出し，その情報を発信し，販売する仕組みづくりを行う。そこで，この章では，企業のマーケティングの中でも，サービス・マーケティング，ならびに顧客との関係性の維持・強化を目的としているリレーションシップ・マーケティング（Relationship Marketing）に焦点をあて考えていきたい。また，サービス・マーケティングの中でもサービスのプロモーション，価格を取り上げ検討する。

１．サービス・マーケティングとリレーションシップ・マーケティング

（１）サービス・マーケティング

１）サービスの特性

　サービス・マーケティングは，第1章で明らかにしたように，サービスがもつ特性のうち，とりわけ①無形性，②同時性，③不均質性，④消滅性によって生じる特徴的な課題をもっている。

　①　無形性

　サービスは人の行為や活動の提供であるため，それ自体が無形である。しかし，サービスの提供の際には，無形である活動と共に，目に見える形である有形財も一緒に提供される。つまり，サービスはそれを提供する際の場所や空間，あるいは，サービスを提供する人など形にあるものを使って提供される。したがって，サービス・マーケティングでは，無形であるサービスを象徴するような有形財をいかに顧客に示すかが課題となる。

　②　同時性

　物の提供は，企業が生産した製品を別の流通企業に卸し，顧客が消費するという一方通行のプロセスの中で行われる。しかしサービスの提供は生産，流通，消費が同時に行われる。サービスの提供者である従業員と顧客はその場に居合わせ，双方向のプロセスの中でサービスの生産，流通，消費を行う。そのため従業員はサービスの一部であり，また，顧客もサービスの一部を担うことになる。たとえば，高級レストランでのサービス提供時の従業員の礼儀正しい態度はサービスそのものの品質を向上させるであろうし，またレストランの雰囲気に合った顧客の服装もそこで提供されるサービスの品質を向上させる。したがって，サービス・マーケティングでは，どのようにサービスの生産，流通，消費が行われることで，顧客満足を向上させ，そのサービスを提供するシステムをどのように管理するのかが課題となる。

③　不均質性

サービスは，生産と消費が同時に行われるため品質の管理が難しい。同じ従業員によって提供されるサービスは，その日の従業員の体調によっても微妙に異なることもあるし，同じようなサービスを受けても，顧客によっては良いと評価し，あるいは良くないと評価することも起こる。そこで，サービスの不均質性をなるべく排除し，提供するサービスの品質管理を行う必要がでてくる。サービス・マーケティングは，提供するサービスの一貫性を保つためにどのような管理を行うのかが課題となる。

④　消滅性

サービスは，貯蔵することができない。たとえば，その日の航空機には100席の空席があったとしても，100席分の顧客が不在のままで離陸しなくてはならない。その結果，顧客に提供できたであろうサービスとそこから得られる収益を失うことになる。決められた場所と時間で提供されるサービスは，物財と比較して需要と供給の一致が難しい。サービス・マーケティングは，この特性から，需要と供給を管理することが課題となる。

以上のように，サービス・マーケティングはサービスのもつ特性から，従来のマーケティングにはない特徴的な課題をもつ。

2）サービス・マーケティングとサーバクション（servuction）・フレームワーク

具体的にサービス・マーケティングとして企業が市場に働きかける活動として，従来のマーケティング・ミックス[3]である4P，①Product（製品），②Price（価格），③Promotion（販売促進），④Place（流通経路）に加えて，3P，つまり⑤Participant（参加者），⑥Process of service assembly（サービスの組立て），⑦Physical evidence（物的な環境）が重要だといわれている（Booms & Bitner, 1981）。これらは，サービス・マーケティング・ミックスと呼ばれている。

①　Product（製品）とは，品質や商標名，包装，保証などを含めて，どのようなサービスを作れば顧客のニーズを満たすことができるのかを考え

る領域である。製品とは，注目，取得，使用，消費を目的として市場に
提供されるものであり，有形・無形財，パーソナリティ，場所，組織，
そしてアイデアを含むものと定義されている（cf. Kotler, 1980）。

② Price（価格）とは，提供するサービスに対する価格のことをさす。価格
の設定方法とその管理運営について考えることである。サービスが無形
であるため，顧客は価格をみてどの程度のサービスを受けることができ
るのかを想像する。また，サービスのもつ消滅性から，たとえば航空会
社ではその日に売れ残った航空券を次週に売ることはできないことから，
閑散期や繁忙期など需要に合わせて価格設定を変えている。

③ Promotion（プロモーション）とは，顧客にサービスについての情報を
提供することで，その購入を促す活動をいう。既存顧客や新規顧客を獲
得するために，広告，パブリシティ，人的販売，展示会やショーなどの
販売促進を行って，顧客にどのようなサービスを受けることができるの
かを示し，サービスの購入を促す活動をする。

④ Place（流通経路）とは，サービスを流通させる経路をさし，マーケティ
ングの目標にそってどのような経路を使うことで，サービスが顧客に届
くのかを考える領域である。たとえば，旅行会社や航空会社では自社の
HPを使って，あるいは系列の宿泊施設や旅行会社を経由するなどさま
ざまな流通経路を考える必要がある。

⑤ Participant（参加者）とは，サービスの生産と消費に関わるすべての人
をさしている。航空会社では直接顧客に対応する地上職員やキャビンア
テンダントをはじめとして，パイロット，整備員など，移動という活動
を安全に快適にするために多くの人々が重要な役割を担っている。顧客
もサービスの生産と消費に関わっており，機内で騒いでいる顧客がいた
としたら快適な空の移動が妨げられてしまうというように，顧客の適切
な参加によってサービスの品質は左右される。

⑥ Process of service assembly（サービスの組立て）とは，サービスを提
供する活動の手順や流れを意味している。サービスはそれを提供してい

るときに，顧客に評価されることが多い。したがって，どのような手順
と方法でどの程度まで提供するのかなど，活動のプロセスを決める必要
がある。たとえば，航空会社では顧客に対して，荷物検査 → カウンター
でのチェックインの荷物の預り→空港の待合室での搭乗案内 → ゲート
での挨拶と搭乗券のチェック → 機内での挨拶と席の案内 → 離陸前の機
内アナウンス → 飲み物のサービス → 機内販売の案内など，サービスを
提供する活動は続き，それぞれのサービス提供のプロセスで均質で心地
よいサービスを提供できるように，その手順や流れを決める必要がある。

⑦ Physical evidence（物的な環境）とは，サービスの生産と消費に関わる
物理的な環境要素を意味し，サービスの品質を裏付ける役割を果たすも
のすべてを含む。航空会社のチェックインカウンターが開放的で清潔で
あるとともに，笑顔で対応している地上職員がいるのを見たとき，顧客
は機内でも気持ちのよい時間を過ごせるのではないかと推測する。機内
の椅子のポケットにいれてある雑誌や機内食のメニューが汚れていたり
すると，顧客は清掃が終わっていないのではないか，この航空会社の運
営はうまくいっているのだろうかと不安になる。旅館やホテルで ISO
9000 [4] などの品質保証の認定書をフロントに飾っているところがある
が，これも顧客にサービスの品質を示唆する一つの方法である。

　以上のように，サービス・マーケティングでは，⑤参加者，⑥サービスの組
立て，⑦物的な環境の要素が加わり，物財とは異なったマーケティングが必要
である。これら 3 P によって顧客が経験するサービスの品質が左右される。

　このような顧客が経験するサービスについて，ランギアード，ベイソン，ラ
ブロックとイーグリアー（Langeard, Bateson, Lovelock & Eiglier, 1981）がサー
バクション・フレームワークを明らかにしている（図 2 - 1 ）。

　そこでは，顧客が経験するサービスの要素として，顧客が直接目に触れるこ
とのないサービスを生産するために必要な不可視的な組織とシステム，さらに
顧客の目に見える可視的な要素として，物的な環境と顧客との接点をもつ従業
員があげられている。加えて，可視的要素であるそのサービスを受ける顧客 A

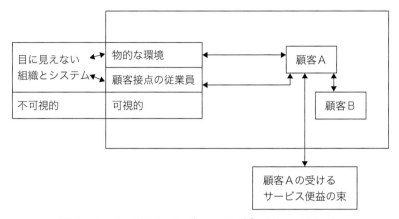

図 2 - 1　サーバクション（servuction）*・フレームワーク

（Langeard et al., 1981 より作成，p. 38）
*servuction は service production system の造語

　と，そこに居合わせるその他の顧客 B があげられている。顧客 A は従業員との相互作用，物的な環境から，サービスを経験し便益を受ける。また，サービスを支える従業員や物的な環境は，組織のあり方やシステムの影響を受ける。たとえば，レストランの従業員が人材管理システムが不充分なため，きついシフトの中で仕事をしているとしたら，疲れている従業員は顧客との相互作用を適切に行うことが難しいであろう。あるいは，組織の環境管理が不十分であれば，テーブルクロスにシミがあったり，床が汚れているなどが生じ，そのような環境のレストランで顧客が受けるサービスの便益は損なわれるであろう。さらにサービスが提供されている場に居合わせる他の顧客も，顧客が経験するサービスの品質に影響を及ぼす。顧客 A が静かに食事をしたいと思っていたにもかかわらず，顧客 B が大声で話をしていたとしたら，そこで経験するサービスの品質は損なわれるであろう。このように顧客が受けるサービス便益の束は，さまざまな要素の影響を受ける。このフレームワークは，サービスがその遂行に関係する多くの要素を積み上げた結果であることを示している。

　以上のように，サービス・マーケティングを行う際には，顧客の受けるサービスがさまざまな要素を積み上げた結果であることを認識した上で，顧客との

長期的な関係性を築く必要がある。このように顧客と従業員の関係性に注目し，長期的な関係を築くことを目的としたマーケティングとして，リレーションシップ・マーケティングがあげられる。そこで，次はリレーションシップ・マーケティングについて明らかにしてみよう。

（2）リレーションシップ・マーケティング

　リレーションシップ・マーケティングとは，売り手と買い手，提供者と顧客との関係性に注目し，顧客獲得，顧客満足，長期的な関係を維持させることを主眼としたマーケティングの考え方である（cf. 竹内・片山，2011）。リレーションシップ・マーケティングが必要となってきた理由として，第一に市場が成熟化し，さまざまな製品やサービスが増え競争が激化してきたため，新規顧客を獲得することが難しい時代を迎えていることがあげられる。第二に情報技術の発展によって，大量のデータの収集，蓄積，加工ができるようになったことから，個々の顧客の特性などについての情報を収集し，それを利用して，既存顧客に新たなサービスを提供することなどが可能となったことがあげられよう。

　リレーションシップ・マーケティングを行い，既存顧客との良い関係を長期的に築くことで，企業の利益率は大きく向上する。サッサー，ヘスケット，シュレシンガー，ラブマンとジョーンズ（Sasser, Heskett, Schlesinger, Loveman & Jones, 1994）は，サービス・プロフィット・チェーン・モデル（詳細は第 5 章従業員満足を参照のこと）から，顧客満足と顧客ロイヤルティが企業の利益率に影響を及ぼすことを明らかにしている。既存顧客に再購入をしてもらうためにかかる費用は，新規顧客を獲得するための費用の 5 分の 1 であるという報告もある（Heskett, Sassar & Hart, 1990）。

　マッコールとヴァーヒーズ（McCall & Voorhees, 2010）は，リレーションシップ・マーケティングとして，顧客のロイヤルティ（詳細は第 4 章顧客満足を参照のこと）を高めるためのロイヤルティ・プログラムの効果を検討した先行研究を概観し，そのプログラムの成功動因と効果を明らかにしている（図 2 − 2）。

　ロイヤルティ・プログラムの成功動因となる要素として，①ロイヤルティ・

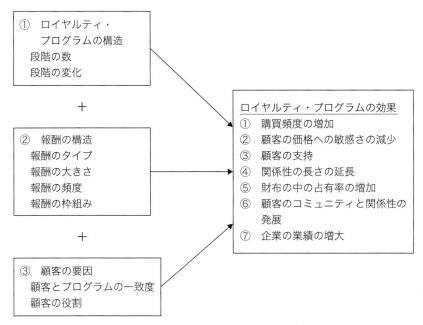

図 2 - 2　ロイヤルティ・プログラムの効果の概念モデル
（McCall & Voorhees, 2010 を一部修正して作成，p. 38）

プログラムの構造，②報酬の構造，③顧客の要因をあげている。

　①ロイヤルティ・プログラムの構造では，いくつの段階にすることで顧客の満足度があがり，段階の変化が顧客にどのような行動変化をもたらすのかを考慮する必要があることが示されている。プログラムに段階があることを示すことで，顧客は企業のプログラムや会社へのコミットメントが芽生えるという。会社にとっては，段階によって顧客に適切な報酬を提供することも可能となる。顧客に提供する段階は 2 段階よりも 3 段階にする方が効果的であるといわれている（Dreze & Nunes, 2009）。

　②報酬の構造では，報酬のタイプや大きさ，頻度，どのような枠組みで報酬を提供するかをあげている。報酬のタイプとして，顧客はホテルの無料宿泊券などの直接的なものを好む（Verhoef, 2003）が，顧客と企業との関係性の質と

いう点で限界がある（Kristof, Oderkerken-Schroder & Iacobucci, 2001）。つまり，無料宿泊券をもらってそれを使ってしまったあとは，別の企業を利用するということも起こりうるというのである。報酬の大きさや頻度は，顧客の企業に対する態度やプログラムへの参加に直接影響を及ぼし，企業に満足している顧客は，報酬が遅れても価値のある報酬を望む（Keh & Lee, 2006）といわれている。これに対して，ホテルのサービスに不満をもっている顧客ほど，すぐに報酬を受ける方が顧客ロイヤルティが高くなることも明らかにされている（図2−3）（Hu, Huang & Chen, 2010）。ただちに渡す報酬は顧客の不満を鎮める機能をもつ（Mazur, 1993）のである。

　③顧客の要因では，プログラムが顧客のニーズにあっているか，顧客のもつどのような特徴がプログラムの評価に影響を及ぼすのかの要因を検討する必要があるとする。最初にそのプログラムに参加をするかどうかは，その報酬が好きかどうかで決まる（Kivetz & Simonson, 2002）ことから，顧客の特徴やニーズを把握する必要があるというのである。これらの要素が適切に検討されることでロイヤルティ・プログラムは，①購買頻度の増加，②顧客の価格への敏感さの減少，③顧客の支持，④関係性の長さの延長，⑤財布の中の占有率の増

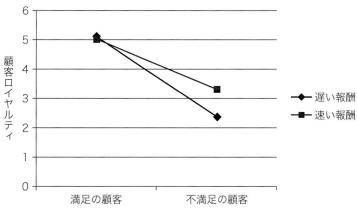

図2−3　報酬のタイミングと顧客ロイヤルティ，満足度との関わり
(Hu et al., 2010 より作成, p. 133)

加，⑥顧客のコミュニティと関係性の発展，⑦企業の業績の増大などの効果を
うむことが明らかにされている。

　ロイヤルティ・プログラムの効果性について，ディケイ，トーとラベン
(DeKay, Toh & Raven, 2009) が航空会社とホテルを取り上げ，検討している。
アメリカのシアトルにあるホテルの宿泊客304名に質問紙調査を行った結果，
ホテルをよく利用する顧客はそのホテルと航空会社のロイヤルティ・プログラ
ムの会員であり，その会員であるか否かは年収と関わりがあることが明らかに
されている。また，顧客はホテルよりも航空会社のプログラムの会員になって
いる方に，より好感をもっていることも明らかにされた。このことからロイヤ
ルティ・プログラムの効果性は，航空会社の方が顧客に浸透していることが示
されている。

　リレーションシップ・マーケティングの実施は，2つの段階で行うべきであ
るといわれている (Kristof et al., 2001)。第一段階は，価格インセンティブに
よって，顧客を維持することである。つまり，航空会社のフリークエント・フ
ライヤー・プログラムや格安航空券のキャンペーンなど無料あるいは低価格で
既存顧客の再購入を促すマーケティングである。しかし，この価格インセン
ティブは競合他社に模倣されやすく，さらに安い航空券の提示があった場合，
既存顧客がそちらの航空会社に乗り換えてしまうことが考えられる。価格イン
センティブは顧客の維持には効果があるが，顧客の態度を変えること，つまり
顧客ロイヤルティの向上には効果が低いといわれている。第二段階は，顧客と
定期的にコミュニケーションを図ることによって，既存顧客との親交を促す
マーケティングである。個々の顧客の特性とニーズを見極めて，それに対応す
ることでその企業と既存顧客との間に信頼関係が生まれ，それは顧客ロイヤル
ティを育てることになるのである。また，リレーションシップ・マーケティン
グをさらにすすめて，既存顧客を維持し，ロイヤルカスタマーを創出するだけ
でなく，顧客の意欲を動機づけ，積極的参加行動を継続的に引き出し続けるも
のにするためには，パートナーシップ・マーケティングが必要であるともいわ
れている (浅井, 2003)。

　顧客との定期的なコミュニケーションには，企業からの適切なサービスに関する情報提供が欠かせない。そこで次節では，顧客にサービスについての情報を提供し，その購入を促す活動であるプロモーションについて考える。

2．サービスのプロモーション

　冒頭で述べた佐藤さんは，たまたま見た新聞広告で旅行の情報を得ることができた。千後さんはフリークエント・フライヤー・プログラムの会員なので，航空会社のダイレクトメールから自分の有効マイル数やその航空会社のキャンペーン情報を知ることができるであろう。また，佐藤さんも千後さんもそれぞれの会社のホームページから情報を得るかもしれない。このように企業は，顧客にどのようなサービスを受けることができるのかを知らせるために，さまざまなプロモーションを行っている。

（1）プロモーションの種類と特徴

　サービスのプロモーションでは，無形の活動であるサービスを可視化することで，サービスやそのイメージを顧客に伝える。そのプロモーションの種類としては，主に①広告，②販売促進，③人的販売，④広報活動などをあげることができる。

　①　広　告

　広告とは，特定のスポンサーによるアイデアや財，サービスの非人的プレゼンテーションおよびプロモーションである（Kotler, Bowen & Makens, 1996）と定義されている。広告の種類には，テレビ・ラジオ広告，新聞・雑誌広告，折りこみ広告，インターネット広告，ポスター・看板，交通広告，ダイレクト・メールなどがある。使用するメディアによっては大量の情報を顧客に提供することができる。

　②　販売促進

　販売促進とは，セールス・プロモーションと呼ばれるもので，製品やサービ

スの購入を促す短期的誘引で構成されている。種類としては，割引きクーポンや値引き，おまけや景品などのプレミアム，小物類，記念品のようなノベルティ，カタログやパンフレット，デモンストレーションなどがあげられる。

③　人的販売

人的販売とは，提供するサービスについて説明し，顧客の購入の意思決定を促し，実際に購入してもらう諸活動である（小宮路，2012）。種類としては，販売員や営業担当者による説明やカウンセリング販売がある。双方向性のコミュニケーションが可能となるため，人的販売を担当する従業員のコミュニケーション能力が重要となる。

④　広報活動

広報活動とは，パブリック・リレーション（Public Relation ; PR）といわれるもので，個人や組織がその実態や自らの主張を相手に知ってもらい，相手のそれまでの自分たちに対する考え方を変えてもらったり，修正してもらうための計画的な情報提供活動である（竹内・片山，2011）。したがって，広報活動の対象者は顧客のみならず，従業員，株主，取引先や地域コミュニティである。種類としては，プレス発表や記者会見，展示会や発表会，スポーツやコンサートなどの協賛やメセナ活動[5]，社会貢献活動[6]，社内報や年次報告などがある。加えてパブリシティ（publicity）という活動は，テレビ・ラジオ，新聞・雑誌などメディアに自社の活動内容やイベント，新製品などの情報を提供することで，メディアにニュースや記事として取り上げてもらうことを目的とした情報提供活動である。パブリシティは原則無料であり，第 3 者であるメディアが取り上げることから，顧客への情報への信頼性が高い。しかし，必ずしもメディアが取り上げてくれるとは限らないことやその内容や紹介方法について，十分にコントロールできないことを理解しておく必要がある。

以上のように，プロモーションにはさまざまな種類と方法がある。それらのうち一つを選択してプロモーションを行うことはあまりなく，通常はいくつかの手段を組み合わせて行うことが多い。このようにプロモーションの手段を組み合わせて相乗効果を狙うことをプロモーション・ミックスという。次節では

上記のプロモーションの種類の中でもプロモーションの基礎といわれる広告について詳しくみてみよう。

（2）広告とは

　広告は，AIDA，つまり Attention（注意），Interest（興味），Desire（欲望），Action（行動）という4つの目標をもつ（Fisk, Grove & John, 2004）。広告によって，顧客の注意を引き，顧客の興味をかきたて，その上で，サービスに対する欲望を刺激して，利用する，宿泊してみるなどという顧客の行動に結びつけるようにするのである。

　では，実際に顧客が広告を見たとき，どのような評価をし，感情的な反応をして，そのサービスを利用したいと考えるのであろうか。ヒエン，キムとリー（Hyun, Kim & Lee, 2011）が，レストランの広告に対する評価とその広告から生じる感情的反応，顧客が認知した価値と再来店との関わりを検討している。そこでは広告に対する評価として，6つの評価側面（「適切な情報」，「ブランド強化」，「刺激」，「共感」，「親しみやすさ」，「混乱」）[7]を取り上げている。その結果，広告の評価側面のうち，「適切な情報」，「刺激」，「共感」，「親しみやすさ」の評価の高いことが，感情的反応である喜びの感情を引き起こし，それが実利的な価値や面白いなどの価値に影響を与え，再来店に影響を及ぼすことが明らかになっている。つまり，レストランの広告では，提供する料理の値段や料理についての適切な情報があり，食べてみたいという刺激や共感を覚えさせ，親しみやすさを感じさせることが必要であり，その結果，楽しそうでレストランに行く価値があり，再度行こうと考えることが示されている。

　サービスの広告を行うときの注意すべきガイドラインとして，6つの項目がある（George & Berry, 1981）という。それらは，①有形な手がかりを与える，②口コミを利用する，③サービスを理解してもらう，④広告の継続性を確立する，⑤従業員に向けて広告する，⑥何ができるか約束する，である。①有形な手がかりを与えるとは，無形であるサービスを顧客に見える形で示すことである。ホテルの客室の写真を広告で示すなどは，顧客にどのような部屋なのかな

どサービスの手がかりを与える。②口コミを利用するとは，サービスのもつ不均質性から，信用のおける個人からのサービスの経験についてのコメントを載せることで，顧客にサービスへの信頼感をもってもらうことをさす。③サービスを理解してもらうとは，どのようなサービスを提供しているのかをわかりやすい形で説明することである。④広告の継続性を確立するとは，顧客の心の中に広告に記載した情報を継続して残すことである。たとえば，ポスターやメディアでの広告だけでなく，ロゴやシンボルなどさまざまなものに使用することで顧客の印象に残るようにすることである。⑤従業員に向けて広告するとは，顧客のみならず従業員に対しても，広告を通して自社企業を理解してもらう広告製作をするということである。自社の従業員を広告に登場させるなどは，企業が従業員をどのように捉えているかを従業員に知らせることができる。⑥何ができるか約束するとは，できない約束をしないということでもある。誇大広告をしたことで生じる不十分なサービスは，否定的な口コミを招く。

　以上のようなガイドラインに沿って提供される広告だが，その効果の持続性などについては，長期間持続する（Yiannaka, Giannakas & Tran, 2002），長期間持続するかどうかは疑問（Wang, Zhang & Ouyang, 2009），広告はブランド認知と顧客の知識，態度を形成させる（Smith, 1993）が，広告によって引き起こされた顧客の行動は顧客のロイヤルティの行動よりも弱い（Vakratsas & Ambler, 1999）など，さまざまな検討結果がだされている。

　サービス・マーケティングにおいて広告と同様に重要となるのは価格である。なぜならば価格は，顧客にサービスの質を推測させる一つの重要な手がかりとなるからである。そこで次節では，サービスの価格について，その設定，サービスの収益管理，サービスの価値について検討をしてみよう。

3．サービスと価格

（1）サービスの価格設定のプロセス

　ラグジュアリーホテルの高い価格は，低価格を提示しているビジネスホテル

よりも顧客に高品質のサービスを連想させるというように，サービスの価格は顧客にそのサービスの品質を伝える重要な要素の一つである。

　サービスの価格設定は，どのような価格目標を掲げるかによって異なる。価格目標としては，たとえば，利益の最大化（短期的利益か，長期的利益か），市場シェアの獲得，需要の増大，ロイヤル顧客の獲得などをはじめとして多種多様の目標が考えられる。それらのどの目標を掲げるのかを決定し，その目標に合わせて，サービスの価格を設定する。

　サービスの価格設定をする方法として，以下の3つがあげられる（cf. 浅井, 2003 ; Fisk et al., 2005 ; cf. Looy, Dierdonck & Gemmel, 2004）。

①　コストに基づく方法

　サービス提供側のコストに基づく価格設定で，サービスを生産するすべての費用をまかなうことができる最低価格で価格を設定する方法をいう。原価を計算し，その総額に利益マージンを加えて価格設定を行う。限界利益方式とも呼ばれる。

②　顧客に基づく方法

　顧客が受容できる価格で，顧客が知覚するサービスの価値を反映した価格を設定する方法をいう。顧客が知覚するサービスの価値は，そのサービスから得られる便益とサービス・コスト（実際に支払う金額，サービスを受ける場所に行くための交通費，時間や労力，心理的不安など）との差として評価される。サービスから得られる便益が大きいと顧客に判断され，多くの人が望んでいる場合は，価格を引き上げることが可能となる。

③　競争に基づく方法

　競争という面から価格を決める。競合他社が提示している価格を目安として，同じ価格を設定するか，あるいは自社のサービスの特徴を顧客にアピールし，他社より高い価格に設定するかを決める。

　これらの価格設定方式を組み合わせて，顧客（customer），価格（costs），競争（competition）という3Cの要素を扱って，価格を設定することが望ましい。

（2）サービスの収益管理とイールド・マネジメント

　あなたは次のような経験をしたことはないだろうか。

① 職場で土曜日に映画館で観た最新の映画の話題になったとき，私は1,600 円払って観たのに，水曜日が休みだった女性の同僚は同じ映画を1,000 円で観ていた。

② 沖縄旅行で私ともう 1 人の友人は先得割引で航空券を買ったが，急にその旅行に行くことを決めた友人は，私たちよりも高い料金を払って同じ飛行機で旅行に出かけた。

　このように同じサービスを受けているにもかかわらず，サービスの価格が異なるのはどうしてなのだろうか。それは，サービスがもつ特性である「同時性」と「消滅性」に起因する。サービスはサービス提供者と顧客の相互作用によってなりたつため，顧客にサービスを受ける場にいてもらう必要がある。また，サービスは保管しておくことができないため，当日たくさんの空席があったとしても映画館は上映を中止したり，航空機は運行を取りやめることはできない。また，反対に，映画館の座席数や航空機の座席数以上の顧客に来てもらったとしても，残念ながらその顧客を受け入れることはできない。したがって，空席がなるべく少なくなるように，顧客にサービス活動が行われる場に来てもらい，利用してもらう必要がある。そのためさまざまな種類の価格設定がなされ，顧客の参加を促しているのである。

　このように映画館や航空会社，ホテルなどサービスの提供能力に制約のあるビジネスにおいては，サービスのもつ特性から，顧客がいないのにもかかわらずサービスを提供することがないように，サービスの収益管理を行う必要がある。そこでこの節では，サービスの収益管理の方法として，イールド・マネジメント（Yield Management）（あるいはレベニュー・マネジメント（Revenue Management）ともいわれる）について考えてみよう。

　イールド・マネジメントは，顧客セグメント[8]と予約期間，予約タイミング別差別価格をうまく組み合わせることで，サービスの供給能力の稼働率と平均販売価格の双方を確保しつつ，供給能力の提供単位当たりの収益を最大化す

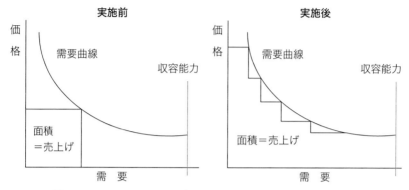

図 2 - 4 イールド・マネジメント実施前と実施後の売上げの比較
（今枝，2010 を一部修正して作成，p. 101）

るように管理する手法である（小宮路，2012）。このマネジメントは，たとえば，航空会社が旅行会社のツアー客や早期購入の顧客のために，どのくらいの座席をあけておけばよいのだろうか，正規料金の航空券を購入してくれるビジネス客は当日どの程度利用してくれるのだろうか，などに応えるために生み出された。つまり，これは，航空券をどうしても購入したいと考えている顧客には正規料金で，残りを割引料金で顧客に販売することによって，利益の最大化を図ろうとするものである（図 2 - 4）。そのため，顧客セグメントごとの需要予測と予約タイミング別差別価格への反応度について数式モデルが必要であり，企業はそのモデルを組み込んだシステムやソフトウエアを利用している。

　イールド・マネジメントは，ホテルや航空会社（Cross, Higbie & Cross, 2009）だけでなく，レストラン（Thompson, 2009），スパ（Kimes & Singh, 2008），テーマパーク（Heo & Lee, 2009）などでも行われている。

（3）サービスの価値とサービス・コスト

　顧客はサービスから得られる便益がサービス・コスト，つまりサービスを受ける際にかかる価格，時間や手間などを上回ったときに，そのサービスは価値があるものと知覚する。つまり顧客がそのサービスによって自分のもっている

ニーズの充足ができ，その充足の方がサービス・コストより上回っていれば，そのサービスは価値があるものと知覚する。サービスは同時性をもつため，事前に顧客はそのサービスが自分のニーズを充足させてくれるのかを判断するのは難しい。たとえば，あなたが雰囲気の良いレストランで食事をしたいというニーズをもっていた場合，HPなどの写真や口コミのコメントを読んだり，メニューやその価格を見て，交通費を使って行ってもそのニーズが満たせるかどうかを判断する。価格は品質評価の重要な指標となるので，あなたはこの位の値段がかかるのであれば，よい食材を使った雰囲気の良いレストランではないかと判断し，予約をする。つまり，あなたは近くの安いレストランよりも，電車で2駅乗っていくレストランの方を知覚価値が高いと判断したことになる。

　サービス提供の知覚価値は，需要の価格弾力性に反映される（Fisk et al., 2004）。需要の価格弾力性とは，価格を上げ下げする変化率に対して需要量がどれほど変化するかの比率を表したものである。したがって価格を上げることによって，需要量が大きく変化するサービスは価格弾力性の高いサービスであり，価格を上げても需要量がそれほど変化しないサービスは価格の弾力性の低いサービスであるといえる。価格弾力性の高いサービスは，一般的に海外旅行などの贅沢品をさし，価格の変化によって需要が変化する。しかし，電話サービスなどの日常生活で必要なサービスは価格が高くなっても使う必要があるので，需要はそれほど変化をしないため価格弾力性の低いサービスといえる。このように価格を設定するときには，需要の価格弾力性を考える必要がある。

　以上のように，サービス・マーケティングは，サービスのもつ特性から，物とは異なる特徴的な課題をもち，顧客が受けるサービスがさまざまな要素の積み上げの結果であることを認識しつつ，効果的なマーケティングを行うことが重要である。

【注】

1）フリークエント・フライヤー・プログラム（Frequent Flyer Program）とは航空会社が行っている，多頻度搭乗顧客のための会員制度によるポイントシステムのことを

いう。顧客ロイヤルティを創造するためのロイヤルティ・プログラムの代表的な一つとされている。会員は搭乗距離（マイル）をためて一定のマイル数に達すると自分の希望する飛行区間の搭乗券を無料でもらうことができる。顧客は無料の航空券をもらうために可能な限りその航空会社を利用することになり，航空会社にとってはその会員との関係性を維持，強化することで，企業としてのメリットは大きいといわれている（DeKay, et al., 2009）。

2）アメリカ・マーケティング協会が2004年に再改訂したマーケティングの定義は，「マーケティングとは，組織とステークホルダー（株主，顧客，従業員，取引先，地域住民など）の両者にとって有益となるように，顧客に向けて価値を創造・伝達・提供し，顧客との関係性を構築するための，組織的な動きとその一連の過程である」となっている（cf. 竹内・片山，2011）。この定義では，顧客の価値の創造と顧客との関係性が強調されている。

3）マーケティング・ミックスとは，マーケティングの手段の組み合わせのことをいい，Product（製品），Price（価格），Promotion（販売促進），Place（流通経路）の4つを含む。その頭文字から4Pといわれ，どのような製品をつくり，価格を決め，どのように情報伝達をし，販売ルートは何を使って販売することで，顧客が買ってくれるかを考えることである。

4）ISO 9000とは，ISO（国際標準機構）が設定した国際的な品質管理基準。工場や事業所の品質管理システムを第3者機関によって，商品の設計から部品調達，製造，検査，出荷，アフターサービスに至るまで，品質管理と商品の保証体制を検査する。最近は，顧客に対してサービスや品質の安心感を与えられるという社会的信用のメリットから，ホテルや旅館などにも広がっている（cf. デジタル用語辞典，2013）。

5）メセナ活動とは，企業による芸術・文化の援護活動をいう（新村，1993）。具体的な活動としては，イベントの主催，文化や学術への助成を行うなどがある。

6）社会貢献活動とは，法人，または団体，個人による公益あるいは公共益に資する活動一般を意味する。

7）広告の評価側面は，Viewer Response Profile（VRP）によって評価することができる。シャリンガー（Schlinger, 1979）によって開発された尺度である。

8）顧客セグメントとは，市場の中で共通のニーズをもち，製品の認識の仕方・価値づけ・使用方法，購買に至るプロセス，つまり購買行動において似通っている顧客層の集団のことをさす。

引用文献

浅井慶三郎　2003　サービスとマーケティング増補版　パートナーシップマーケティングへの展望　同文舘出版

Booms, B. H., & Bitner, M. J. 1981 Marketing strategies and organizational structures for service firms. *Marketing of Services*, In, J. H. Donnelly & W. R. George. (Eds.) Chicago : American Marketing Association, Pp. 47-51.

Cross, R. G., Higbie, J. A., & Cross, D. Q. 2009 Revenue management's renaissance : A rebirth of the art and science of profitable revenue generation. *Cornell Hospitality Quarterly*, **50(1)**, 56-81.

DeKay, F., Toh, R. l. S., & Raven, P. 2009 Loyalty programs : Airlines outdo hotel. *Cornell Hospitality Quarterly*, **50(3)**, 371-382.

Dreze, X., & Nunes, J. C. 2009 Feeling superier : the impact of loyalty program structures on consumer's perceptions of status. *Journal of Consumer Research*, **35(6)**, 890-905.

Fisk, R. P., Grove, S. J., & John, J. 2004 *Interactive Services Marketing.* 2nd Houghton Mifflin Company　小川孔輔・戸谷圭子（監修）2005　サービス・マーケティング入門　法政大学出版

George, W. R., & Berry, L. L. 1981 Guidelines for advertising of services. *Business Horizons*, **24 (July/August)**, 52-56.

Heo, C. Y., & Lee, S. 2009 Application of revenue management practices to the theme park industry. *International Journal of Hospitality Management*, **28(3)**, 446-453.

Heskett, J. L., Sassar, W. E. Jr., & Hart, C. W. L. 1990 *Service Breakthroughs.* Free Press.

Hu, H. S., Huang, C., & Chen, P. 2010 Do reward programs truly build loyalty for lodging industry?　*International Journal of Hospitality Managemen*, **29**, 128-135.

Hyun, S. S., Kim, W., & Lee, M. J. 2011 The impact of advertising on patrons' emotional responses, perceived value, and behavioral intentions in the chain restaurant industry : The moderating role of advertising-induced arousal. *International Journal of Hospitality Management*, **30**, 689-700.

今枝昌宏　2010　サービスの経営学　東洋経済新報社

Keh, H. T., & Lee, Y. H. 2006 Do reward programs build loyalty for services? The moderating effect of satisfaction on type and timing of rewards. *Journal of Retailing*, **82**, 127-136.

Kimes, S. E., & Singh, S. 2008 Spa revenue management. *Cornell Hospitality Quarterly*, **50**(1), 82-95.

Kivetz, R., & Simonson, I. 2002 Earning the right to indulge : Effort as a determinant of customer preferences toward frequency reward programs. *Journal of Marketing Research*, **39**, 155-170.

小宮路雅博（編著）　2012　サービス・マーケティング　創成社

Kotler, P. 1980 *Marketing management.* Prentice-Hall, 村田昭治（監修）　1990　マーケティング・マネジメント　プレジデント社

Kotler, P., Bowen J., & Makens, J. 1996 *Marketing for hospitality & tourism.* Prentice-Hall. ホスピタリティ・ビジネス研究会（訳）　1997　ホスピタリティと観光のマーケティング　東海大学出会

Kristof, D. W., Odekerken-Schroder, G., & Iacobucci, D. 2001 Investments in consumer relationship : A cross-country and cross-industry exploration. *Journal of Marketing*, **65**(4), 33-50.

Langeard, E., Bateson, J. E., Lovelock, C. H., & Eiglier, P. 1981 *Service marketing : New insights from consumers and managers.* Cambridge, MA : Marketing Science Institute.

Looy, B. V., Dierdonck, R. V., & Gemmel, P. 2003 *Services management An integrated approach.* 2nd Pearson Education Limited. 白井義男（監修）　平林祥（訳）　2004　サービス・マネジメント　統合的アプローチ　上

Mazur, J. E. 1993 Predicting the strength of a conditioned reinforcer : Effects of delay and uncertainty. *Current Directions in Psychological Science*, **2**(3), 70-74.

McCall, M., & Voorhees, C. 2010 The drivers of loyalty program success ; An organizing framework and research agenda. *Cornell Hospitality Quarterly*, **51**(1), 35-52.

新村出（編）　1993　広辞苑第四版　岩波書店

Sasser, W., E. Jr., Heskett, J. L., Schlesinger, L. J. Loveman, G. W., & Jones, T. O. 1994 Putting the service-profit chain to work. *Harvard Business Review*,

March-April. 小野讓司（訳）　1994　サービス・プロフィット・チェーンの実践法　ダイヤモンド・ハーバード・ビジネスレビュー　ハーバードビジネス

Schlinger, M. J. 1979 Attitudinal reactions to advertisements. In J. Eitghmey (Ed). *Attitude research under the sun.* American Marketing Association, Chicago, Pp. 171-179.

Smith, R. 1993 Integrating information from advertising and trial : Processes and effects on consumer response to product information. *Journal of Marketing Research*, **30**, 204-219.

竹内慶司・片山富弘（編著）　2011　市場創造―顧客満足とリレーションシップ改訂版　学文社

Thompson, G. M. 2009 Mythical revenue benefits of reducing dining duration. *Cornell Hospitality Quarterly*, **50**(1), 96-112.

Vakratsas, D., & Ambler, T. 1999 How advertising works : What do we really know? *The Journal of Marketing*, **63**, 26-43.

Verhoef, P. C. 2003 Understanding the effect of customer relationship management efforts on customer retention and customer share development. *Journal of Marketing*, **67**, 30-45.

Wang, F., Zhang, X., & Ouyang, M. 2009 Does advertising create sustained firm value? The capitalization of brand intangible. *Journal of the Academy of Marketing Science*, **37**, 130-143.

Yiannaka, A., Giannakas, K., & Tran, K. 2002 Medium, message and advertising effectiveness in the Greek processed meats industry. *Applied Economics*, **34**, 1757-1763.

Column² 自己効力感と職業意識

　自己効力感[1]とは，課題に必要な行動を自らが成功裡に実行できるという確信であるといわれ（Bandura, 1977），それは，人々の努力の程度，環境の選択，障害に面したときの粘り強さなどの多様な行動に影響を及ぼす（Bandura, 1995）。自己効力感の高い人は，職業に対する興味，職業に対する考え方と職業選択を明確に断定でき（Betz & Hackett, 1981），職業意識も高く，新しい事業を起こしたり，

不可能と思えるような障害を克服しようと努力や挑戦を行うことができるとされている（亀川・井上・庄司・山口・山中，2005）。自己効力感には2つの水準[2]があるが，ここでは，具体的な課題や場面に依存せずにより長期的，一般化した日常場面での行動に影響する自己効力感である特性的自己効力感を使って，あなたの自己効力感の高さを測ってみよう。

特性的自己効力感尺度（Generalized Self-efficacy inventory）

シェラー，マドックス，マーキャンダンテ，プレンティス−ダン，ジェイコブスとロジャー（Sherer, Maddux, Mercandante, Prentice-Dunn, Jacobs, & Rogers, 1982）が作成した尺度であり，それを成田・中里・河合・佐藤・長田（1995）が作成したもの。

実施手続き：合計点を算出する。逆転項目（●）は，回答数字を逆転した数字（5点 → 1点，4点→ 2点，3点 → 3点，2点 → 4点，1点 → 5点）を加算する。
結果の解釈：得点が高い人ほど，自己効力感が高いといえる。

〈特性的自己効力感尺度〉・・・・・・・・・・・・・・・・・・・・・・・・・・・

この文章は一般的な考えを表しています。それがどのくらいあてはまるかを教えて下さい。

	そう思わない	あまりそう思わない	どちらともいえない	まあそう思う	そう思う
① 自分が立てた計画はうまくできる自信がある	1	2	3	4	5
② しなければならないことがあっても，なかなか取りかからない●	1	2	3	4	5
③ 初めはうまくいかない仕事でも，できるまでやり続ける	1	2	3	4	5
④ 新しい友達を作るのが苦手だ●	1	2	3	4	5
⑤ 重要な目標を決めても，めったに成功しない●	1	2	3	4	5
⑥ 何かを終える前にあきらめてしまう●	1	2	3	4	5
⑦ 会いたい人を見かけたら，向こうから来るのを待たないでその人の所にいく	1	2	3	4	5
⑧ 困難に出会うのを避ける●	1	2	3	4	5
⑨ 非常にややこしく見えることには，手を出そうとは思わない●	1	2	3	4	5
⑩ 友達になりたい人でも，友達になるのが大変ならばすぐに止めてしまう●	1	2	3	4	5
⑪ 面白くないことをする時でも，それが終わるまでがんばる	1	2	3	4	5
⑫ 仕事のために心にゆとりがなくなったと感じることがある●	1	2	3	4	5
⑬ 新しいことを始めようと決めても，出だしでつまずくとすぐ					

　　にあきらめてしまう● ……………………………………… 1 － 2 － 3 － 4 － 5
⑭ 最初は友達になる気がしない人でも，すぐにあきらめないで
　　友達になろうとする ……………………………………… 1 － 2 － 3 － 4 － 5
⑮ 思いがけない問題が起こった時，それをうまく処理できない● … 1 － 2 － 3 － 4 － 5
⑯ 難しそうなことは，新たに学ぼうとは思わない● ……………… 1 － 2 － 3 － 4 － 5
⑰ 失敗すると一生懸命やろうと思う ……………………………… 1 － 2 － 3 － 4 － 5
⑱ 人の集まりの中では，うまく振る舞えない● ………………… 1 － 2 － 3 － 4 － 5
⑲ 何かしようとする時，自分にそれができるのかどうか不安に
　　なる● …………………………………………………………… 1 － 2 － 3 － 4 － 5
⑳ 人に頼らない方だ ……………………………………………… 1 － 2 － 3 － 4 － 5
㉑ 私は自分から友達を作るのがうまい …………………………… 1 － 2 － 3 － 4 － 5
㉒ すぐにあきらめてしまう● ……………………………………… 1 － 2 － 3 － 4 － 5
㉓ 人生で起きる問題の多くは処理できるとは思わない● ………… 1 － 2 － 3 － 4 － 5

１）自己効力感に影響を与える要因として，①制御体験，②代理体験，③社会的説得，④生理的・感情的状態があげられる（Bandura, 1995）。

２）自己効力感のもう一つのレベルは，課題や場面において特異的に行動に影響を及ぼす自己効力感をさす。たとえば，恐怖反応（Bandura, Adams & Beyer, 1977）や不安反応（Kendrick, Craig, Lawson & Davidson, 1982）など，臨床場面に対する自己効力感の影響などをはじめとして多くの研究がある。

引用文献・参考文献

Bandura, A. 1977 Self-efficacy : Toward a unifying theory of behavioral change. *Psychological Review*, **84**, 191-215.

Bandura, A. 1995 *Self-efficacy in changing societies*. Cambridge University Press. 本明寛・野口京子（監訳）2003　激動社会の中の自己効力感　金子書房

Bandura, A., Adams, N. E., & Beyer, J. 1977 Cognitive processes mediating behavior change. *Journal of Personality and Social Psychology*, **35**, 125-139.

Betz, N. E., & Hackett, G. 1981 The relationship of career-related self-efficacy expectations to perceived career options in college women and men. *Journal of Counseling Psychology*, **28**, 399-410.

板野雄二・前田基成（編著）2004　セルフ・エフィカシーの臨床心理学　北大路書房

亀川雅人・井上詔三・庄司貴之・山口一美・山中伸彦　2005　キャリア意識に関する調査報告書 立教大学ビジネスクリエーター創出センター　キャリアプロジェクトチーム

Kendrick, M. J., Craig, K. D., Lawson, D. M., & Davidson, P. O. 1982, Cognitive and behavioral therapy for musical-performance anxiety. *Journal of Consulting and Clinical Psychology*, **50**, 353-362.

成田健一・下仲順子・中里克治・河合千恵子・佐藤眞一・長田由紀子　1995　特性的自己効力感尺度の検討生涯発達的利用の可能性を探る　教育心理学研究　**43**, 306-314.

Sherer, M., Maddux, J. E., Mercandante, B., Prentice-Dunn, S., Jacobs, B., & Rogers, R. W. 1982 The self-efficacy scale : Construction and validation. *Psychological Reports*, **51**, 663-671.

第 3 章
サービス・リカバリー，
エンパワーメント，リーダーシップ

　もしあなたがレストランに行って，注文した料理と異なる料理が運ばれてきたとき，あなたはどうするか。おそらく取り替えてもらうように頼むと思う。しかし，頼んだもののその料理がなかなか運ばれてこないとしたら，あなたはクレームを言うことになる。このような経験をしたとしたら，あなたはそのレストランにまた行きたいと思うだろうか。

　レストランの従業員はあなたのクレームに対して，どのように対応すれば良かったのか。たとえば，従業員が異なった料理を提供したことに対してお詫びをし，すぐに注文された料理を運び，従業員の判断で無料の飲み物を提供するなどの対応をしていたら，あなたのイライラは少しはおさまったかもしれない。このような従業員の対応は，従業員が自分で判断できるだけの知識と能力をもち，判断を可能にする権限が委譲されていなければならない。また，それを奨励する職場のマネージャーが存在することや組織構造のあり方も重要となるであろう。

　第 3 章では，クレームに対してどのように対応し，顧客の信頼を回復させる，つまりサービス・リカバリーすることができるのかを明らかにした上で，従業員が自分の判断で迅速にサービスを提供する際に重要な役割を果たすとされる，エンパワーメントとリーダーシップについて明らかにしたい。

1．サービス・リカバリー

（1）サービス・リカバリーとは

　企業にとって顧客からのクレームはないことが望ましいが，まったくないということは不可能に近い。このクレームを，困ったもので対応が面倒と考える企業の経営者がいたとしたら，その経営者は経営者として失格である。なぜな

らば，クレームは企業にとって改善の余地を示してくれる「宝の山」だからである（岸川，2011）。クレームは，その原因を分析し，対応策を考え，改善をすることで，よりよいサービスを提供する機会を与えてくれるのである。

　失敗したサービスでいったん顧客を失ってしまった場合，企業にとってそれは大きな損失を被ることになる。つまり失った顧客の分だけ新規顧客を獲得しなくてはならなくなり，新規顧客を獲得するには，既存顧客の3〜5倍のコストがかかる（Fisk, Grove & John, 2004）ことから，企業が被る経済的負担は大きい。また，既存の顧客でしかもロイヤルティの高い顧客であったとすれば，継続的にサービスを利用してくれるだけでなく，購買金額も多い。これらのことからも，クレーム対応を迅速かつ誠実に行い，いったんは失敗したサービスで失った顧客の信用を取り戻すサービス・リカバリーを行うことが重要である。

　サスカインド（Susskind, 2005）は，レストランでのクレームとリカバリーについて検討を行っている。そこでは，ショッピングモールに来ていた顧客358名に過去6カ月間に起こったレストランにおけるクレームの種類，クレームの対応方法，サービス・リカバリーの有無を調査した。その結果，クレームの種類としては，料理に関わるもの（料理がまずい，料理に髪の毛がはいっていたなど）よりもサービスに関わるもの（サービス提供者がオーダーを間違えた，オーダーしたものを忘れた，だらしがない，感じが悪いなど）の方が多くだされていた。また，クレームの対応方法としては，すぐに問題解決をしてくれた場合に，サービス・リカバリーがなされたと顧客が理解することが明らかになった。とりわけ顧客にとって決定的な出来事（critical incidents）[1]であるサービスの失敗でクレームとなったときには，食事代金の割引きをしてもらうよりも担当者の迅速な対応の方がサービス・リカバリーにとって重要であることが示されていた。サービスの失敗があっても適切な対応をすることで，顧客が満足した顧客に変わることもある（Bitner, Boom & Tetreault, 1990 ; Sundaram, Jurowski & Webster, 1997）といわれている。

　サービスの失敗はさまざまな場面で起こりうる。したがって，サービスの失敗が起こらないように，企業ではサービスのコンセプトに基づいて，どのよう

なサービスをどのように提供するかという基本的なサービス・プロセスが重要
となる。サービス・プロセスは，4 つのプロセス，「プロセス設計」，「プロセ
ス監視」，「評価」，「再設計」を経て行うとされる。つまりどのような流れで
サービスが提供されるのかという「プロセス設計」を行うことからはじまり，
そのプロセスがきちんと実行されているか「プロセス監視」をする。サービス
は従業員と顧客との相互作用で行われるため，いつもまったく同じサービスを
提供できるとは限らないが，顧客にサービスの品質を保証するためにプロセス
の監視をするのである。「評価」では，サービスの評価を行い，サービスの失
敗が起こっていたら，どのプロセスでそれが起こったかを探し出し，管理不能
状態をなくすよう努める必要がある。その上で，業務プロセスを基礎から見直
し，サービスの品質を改善する「再設計」を行うことが必要である（cf. 岸川，
2011 ; Looy, Gemmel & Dierdonck, 2003）。

（2）クレーム対応のステップ

　サービス・リカバリーをするための具体的なクレーム対応のステップはどの
ようにすればよいのか，フィスクら（Fisk et al., 2004）がゼンケとスシャーフ
（Zemke & Schaaf, 1989）のクレーム対応の効果的なステップとして，5 段階の
手順を紹介している（図 3 − 1 ）。
　① 　謝　罪
　企業が顧客の不満足に気づいたら，まずは謝罪をする。企業にとって自らの
失敗を認めることは重要である。
　② 　速やかな原状回復
　期待していたサービスが得られず，不満に思っていることを取り除くための
努力と行動を迅速に行う。迅速な対応は，企業が顧客のクレームを真剣に受け
止めているという姿勢を示す。
　③ 　共　感
　顧客への共感の気持ちを表現する。つまり，企業は怒っている顧客に，顧客
の要求に対して自らがどの程度失敗してしまったのか理解しているということ

を示すことである。従業員が顧客の立場に立って
考え，感じることが必要である。

④　償いの証

顧客に償いの証を示す。具体的には，無料のデ
ザート券，ホテル宿泊のアップグレードなど，顧
客が受けたサービスの失敗を改善する意味をもつ
ものがよいとされる。

⑤　フォローアップ

顧客の好意がもとに戻ったかどうかをチェック
する。これは償いの証をしたあと，口頭で問い合
わせる，数時間後に電話をする，数日後に手紙や
e メールを送るなどの方法で，顧客の気持ちをお
さめることができたのかを確認する必要がある。

以上のようなステップを踏むことで，顧客のク
レームに対応することができる。これらのステッ

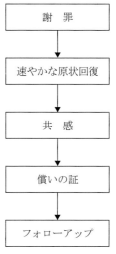

図 3 － 1　クレーム対応の
　　　　　ステップ
（Fisk et al.,
2004 より作成,
Pp. 228-230）

プは，従業員が顧客とのコミュニケーションを通して行うものである。した
がって，これらのステップにおける従業員のコミュニケーションのとり方が重
要となる。

サービス・リカバリーにおけるコミュニケーションのとり方の重要性は，ス
パークスとカラン（Sparks & Callan, 1996），スパークスとブラッドレイ
（Sparks & Bradley, 1997）が，ホテルでのサービス・リカバリーを取り上げ検
討している。

スパークスとカラン（1996）は，プロの俳優 6 名（男女 3 名ずつ）にホテルで
のサービスの失敗とサービス・リカバリーの状況を演じてもらい，ビデオ撮影
した。そのビデオを 292 名のビジネスパースンに映写し，評価をしてもらって
いる。具体的にはサービス・リカバリーの際に従業員が行う説明として，自分
たちの責任を認める説明（「これは私どもの過失です」）と，責任は自分たちでは
なく別にあるという説明（「これは私どもの過失ではありません」）をする，あるい

はまったく説明しない3種類を，顧客に具体的に示す償いとしては3つのレベル（なし，無料ドリンク券，価格の20％割引き）を設定した。また，コミュニケーション・スタイルとしてはコミュニケーション・アコモデーション理論（Communication Accommodation Theory）[2]から，アコモデーション・スタイルでコミュニケーションをとる（顧客の名前を呼んで声がけをする，共感を示す，親しみやすい話し方をするなど）と，アコモデーション・スタイルをとらない（顧客の名前を呼ばない，共感を示さない，専門用語を使って話すなど）の2つのコミュニケーション・スタイルを設定した。その上で，アコモデーション・スタイルで自分たちの責任を認める説明をし，償いとしては無料のドリンク券を渡すという対応をした場合など，それぞれの異なる条件で撮影したビデオを作成，映写を行った。その結果，アコモデーション・スタイルのコミュニケーションで，自分たちの責任を認める説明と価格の20％割引を提示した従業員は，顧客からサービス・リカバリーのための努力をしているという評価を得ていた。サービス・リカバリーにおいては，説明の仕方と償いのレベルに加えて，従業員が共感を示すなどのコミュニケーション・スタイルが重要であることが明らかになった。また，自分たちの責任を認める説明は，ホテルのポリシーに従って行っていると顧客に評価されており，失敗に対して企業側が自分たちの責任を認めることは，企業が当然行うべき説明の仕方であると顧客が理解していることが推測できる。

　次に，スパークスとブラッドレイ（1997）は，ホテルでのサービス・リカバリーにおける従業員のコミュニケーション・スタイルに加えて，エンパワーメント（empowerment：詳細は2を参照のこと）の程度と顧客満足との関わりを検討している。チェックインが遅れた，予約した部屋と異なるタイプの部屋が用意されていた，宣伝で明記していたサービスが含まれていないなど，サービスが失敗した際のサービス・リカバリーを検討した。その結果，アコモデーション・スタイルのコミュニケーションで，制限を決めていないエンパワーメントが与えられている従業員が最も努力していると顧客に認められ（図3－2），顧客の満足度も高いということが明らかにされている。

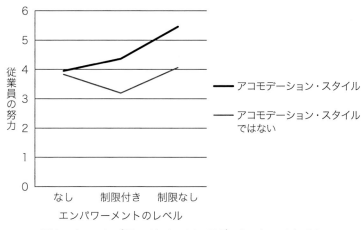

図3－2　エンパワーメント，アコモデーション・スタイル，
　　　　従業員の努力との関係

(Sparks & Bradley, 1997 より作成，p. 25)

　このようにサービス・リカバリーには従業員の顧客に対する対応の仕方が重
要であり，それを可能とするためには企業をあげての取り組みが必要となる。
そのためのシステムづくりとして，岸川（2011）は3つの柱，①クレームを言
いやすい環境整備，②サービス・リカバリーの円滑化，③サービス・リカバ
リーの総合的管理をあげている。

① 　クレームを言いやすい環境整備とは，不満を覚えた顧客がクレームを訴
　　えやすい仕組みを作ることである。不満を覚えたのに苦情を訴えない顧
　　客は離反することで意思を表明し，そのまま別の企業にスイッチする
　　（Looy et al., 2003）。そうならないように，顧客がクレームを言うために
　　支払う物理的，心理的，金銭的なコストを減らすことである。

② 　サービス・リカバリーの円滑化とは，クレームに対して迅速に対応する
　　ためにクレームを事前に予測しておくことや，従業員へのエンパワーメ
　　ント，優先順位をつけての対応などを行うことである。

③ 　サービス・リカバリーの総合的管理とは，サービス・リカバリーの結果
　　を次の対応に生かすために，クレーム対応を分析し，その結果を従業員

が共有し，サービスの改善をはかっていくことである。

　以上のように，迅速かつ適切なクレーム対応を行うためには，従業員のコミュニケーション能力を含めた人材育成に加えて，企業がサービス・リカバリー・システムを構築することが必要である。また，迅速なクレーム対応を行うためにエンパワーメントの重要性が示されていることから，次節ではエンパワーメントを取り上げる。

2．エンパワーメント

（1）エンパワーメントが従業員に与える影響

　エンパワーメントとは，顧客が満足するために必要なことは何でもする権限を社員に与えること，ただし企業のポリシーと手続き可能な範囲内でと定義されている (cf. 金子，2002)。たとえば，レストランで婚約記念のお祝いをしようとしていたカップルにレストランからのお祝いのケーキを提供するなど，顧客が期待していなかったことを行う，あるいは注文の品がなかなか来ないという顧客からのクレームに対して食前酒を無料で提供するなど，これらのことを上司の許可なく，従業員が自分で判断し行うことができることをさす。

　このようなエンパワーメントが従業員にとって必要なのは，提供するサービスが「同時性」と「不均質性」という特性をもっているからである。サービスは生産と活動が同時に行われ分離できない，つまり従業員と顧客が同時にサービスの提供過程に参加をするため，両者の行動が相互に影響し合う。そのため標準化された作業手順ですべての相互作用に対応していくことは難しい。したがって従業員が顧客との相互作用の中で臨機応変かつ迅速に対応していくには，従業員自身が判断し，適切な対応をしていくことが必要となり，エンパワーメントが重要な機能を果たす。

　エンパワーメントに関する先行研究からは，エンパワーメントが与えられていると認識している従業員が，より良いサービスを提供することができ，顧客に提供するサービスの品質が高く，顧客満足も高い。また，サービス・リカバ

リーも適切に行い，仕事への満足も高く，バーンアウトになりにくく，組織へのコミットメントが高いことが明らかにされている（表3-1）。

　エンパワーメントと顧客満足，サービス・リカバリーについての検討は，ブラデドレイとスパークス（Bradley & Sparks, 2000）が行っている。彼らはホ

表3-1　エンパワーメントの効果

要因／研究者	良いサービス	サービス品質	顧客満足	サービス・リカバリー	職務満足	コミットメント	バーンアウト	対象業界
Bradley & Sparks (2000)			○	○				ホテル
Gazzoli, Hancer & Park (2010)		○			○			レストラン
Gazzoli, Hancer & Park (2012)					○	○		レストラン
Goodale & Koerner (1997)		○						小売業
Hancer & George (2003)	○							レストラン
Hocutt & Stone (1998)				○				レストラン
Linden, Wayne & Sparrowe (2000)					○	○		ホスピタリティ業界
Yagil (2006)			○				○	ヘルスケアセンターなど

（筆者作成）

テルの場面でサービスが失敗したときのエンパワーメントの程度として，「制限なしのエンパワーメント」，「制限付きのエンパワーメント」，「エンパワーメントがない」場合によって，顧客満足がどのように変化するか検討を行っている。結果は，「制限なしのエンパワーメント」を与えられている場合において，顧客満足が最も高いという結果であった。ホカットとストーン（Hocutt & Stone, 1998）はエンパワーメントを与えられた従業員がサービス・リカバリーの際に自主的に解決できることや，サービス・リカバリーの際にどのように対応するかについて訓練や教育を受けることが，従業員の仕事に対する満足度に関わることを明らかにしている。エンパワーメントが与えられることで，従業員がより良いサービスを顧客に提供することが可能となり，そのような良いサービスを受けた顧客が満足することが示唆されている。

　エンパワーメントと仕事への満足度との関わりの検討は，ガゾリ，ハンサーとパーク（Gazzoli, Hancer & Park, 2010）が行っている。そこでは，エンパワーメントと顧客からみたサービスの品質に，仕事への満足がどのように影響を及ぼしているのかを検討している。ステーキハウスレストランの従業員474名と1,289名の顧客に質問紙調査を行った結果，エンパワーメントの高いことが仕事への満足度に影響を及ぼしていた。この結果は先行研究を支持する結果であった（飯田・小口，2013；Spreitzer, Kizilos & Nason, 1997）。また，仕事への満足が，顧客の認知するサービスの品質に影響を及ぼしていることも明らかにされている。エンパワーメントが高いことで，自分の仕事に対する能力に自信がもてるだけでなく，仕事にやりがいを感じていることから仕事への満足度も高く，したがって，顧客のニーズにあったサービスを提供していることから，顧客の認知するサービスの品質が高くなったことが推測できる。

　さらに，ガゾリ，ハンサーとパーク（Gazzoli, Hancer & Park, 2012）は，エンパワーメントと仕事の満足度に加えて，顧客のニーズや問題を自分のことのように捉える顧客志向，組織へのコミットメント（commitment）[3]，職務関与がどのような関わりをもっているのか，レストランの従業員308名を対象に質問紙調査を行っている（図3-3）。

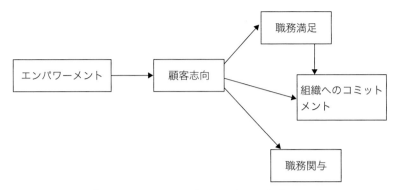

図3－3　エンパワーメントと顧客志向，職務満足，組織へのコミットメント，職務関与との関係

（Gazzoli et al., 2012 より作成，p. 17）

　結果は，エンパワーメントの高いことが顧客志向に影響を及ぼし，それが組織へのコミットメント，職務満足，職務関与にそれぞれ影響を及ぼすという結果であった。エンパワーメントが高いことで顧客のニーズにこたえることができるため仕事への満足度があがることは，リンデン，ウエインとスパロウ（Linden, Wayne & Sparrowe, 2000）も明らかにしている。また，エンパワーメントは，従業員のバーンアウト（詳細は第5章従業員満足を参照のこと）を和らげる緩衝剤としての効果があること（Yagil, 2006）も明らかにされている。

（2）サイコロジカル・エンパワーメント

　エンパワーメントとは上記に示したように，権限委譲とほぼ同義語として用いられていることが多い。しかしその一方で，コンガーとカヌンゴ（Conger & Kanungo, 1988）によって，エンパワーメントには社会学的な関係概念としてのエンパワーメントの捉え方と心理学的なモチベーショナルな概念としてのそれとの2つがあることが指摘されている（cf. 渡辺・ギデンズ・今田，2010）。つまり，エンパワーメントは権限委譲という意味をもつが，それだけの意味であれば権限委譲という言葉で表現できる。エンパワーメントという言葉を用いるのであれば，モチベーション，つまり人間の内発的なパワーの増強を意味し，

自分が課題を達成できるという自信が高まる心理状態を意味するものとして捉えるべきであるというのである。さらに，トマスとヴェルトハウス（Tomas & Velthouse, 1990）は，エンパワーメントを内発的なタスクモチベーションとして捉え，タスクを達成することそのものに動機づけられる活動を左右するものとして位置づけている（cf. 渡辺ら，2010）。

　この内発的なモチベーション（心理的状態を意味するもの）をサイコロジカル・エンパワーメント（psychological empowerment）という。このエンパワーメントの源泉として，スプライザー（Spreitzer, 1995）は，自分の行っている仕事が意味のあるものであると感じている「有意味感（有意義感）」，従業員が仕事をやり遂げられるという自信が高まっている心理状態である「コンピテンス（有能感）」，自分の裁量で仕事のやり方を決めることができる「自己決定感」，自分の発言が職務環境に影響を及ぼすという確信である「影響力（インパクト）」の4つをあげている。これらの4つが高まっている状態がエンパワーメントを感じている状態であり，モチベーションが高まっている状態でもある。つまりエンパワーメントを与えられた従業員は，仕事のやり方を自分で決めることができ，その仕事をやりとげる自信もある。また，自分の仕事は意味のあるものであり，自分の発言で仕事のやり方なども変えることができると感じている。つまり仕事に対するモチベーションが高まっている状態のため，進んで行動を起こして意思決定を行うようになるといわれている。このようなサイコロジカル・エンパワーメントを従業員自らどの程度知覚しているかを測る尺度をスプライザー（1995）が作成している（尺度の詳細はコラム3を参照のこと）。近年の研究では，エンパワーメントの源泉となるものとして，上記にあげた4つに加えて，仕事の内容を自主的に決めることができる「戦略的自主性」があげられている（Looy, Desmet, Krols & Dierdonck, 1998）。

　サイコロジカル・エンパワーメントについての検討は，ハンサーとジョージ（Hancer & George, 2003）が行っている。そこでは，レストランにおける従業員のエンパワーメントとより良いサービスの提供との関わりを検討し，上司の許可を得ることなしに自分の判断で対応できるというエンパワーメントを与え

られている従業員が，サイコロジカル・エンパワーメントのうち，「有意味感」，「コンピテンス」，「影響力」が高いという結果を明らかにしている。エンパワーメントを与えられている従業員は，自分の携わっている仕事が意味あるものであると認識しており，自分の意見を職場に反映することができ，そのためのスキルや能力もあり，熟練したマナーで顧客によりよいサービスを提供しているのであろう。

　サイコロジカル・エンパワーメントとサービスの品質との関わりについて，グッドデイルとコエナー（Goodale & Koerner, 1997）の研究をみてみよう。そこでは，サイコロジカル・エンパワーメントと従業員が認知しているサービスの品質，さらにそのサービスの品質が報酬や組織文化とどのような関わりがあるかを検討している。小売業の従業員のサイコロジカル・エンパワーメントを測定し，とりわけ「影響力」と「コンピテンス」の高い従業員が，自分の提供するサービスの品質を高いと認知していることが明らかになった。顧客に提供するサービスの品質を高めるためには，自分の裁量でサービスの提供の仕方を決めることができ，良いサービスを提供できるという自信が重要となるのであろう。また，金銭的な報酬よりも「ほめる」，「みとめる」などの本質的な報酬とサービスの品質を高めようとする組織文化が，従業員の認知しているサービスの品質と関わりがあることも明らかになっている。金銭的な報酬は仕事への動機づけにはなりにくく，この結果は，先行研究（Herzberg, 2003）を支持する結果であった。また，サービスの品質を高めようという組織文化をもつ組織は，提供するサービスの品質が高くなることが示唆されている。

　以上のようにエンパワーメントは，従業員満足やサービスの品質向上など多くの要因に影響を及ぼすことが明らかになった。しかし，このようなエンパワーメントが実際に従業員によって行われるには，組織全体での取り組みが必要である。そこで，次は組織としてのエンパワーメントについて考えてみよう。

（3）組織としてのエンパワーメント

　顧客との対応をする際に，その顧客の情報をすぐに入手し，その情報からど

のように対応をしようかと決めたり，あるいは新しいサービスを提案した際に，それを組織内で取り上げてくれるという環境がなければ，エンパワーメントを行使することは難しい。では，エンパワーメントを行使するために組織がもっているべき要件とは何だろうか。また，エンパワーメントを行使できるような組織構造と，組織の構成員間での共通の了解や態度であるといわれている組織文化も重要である。組織文化の重要性は，先に取り上げたグッドデイルとコエナー（Goodale & Koerner, 1997）の検討からも明らかにされている。そこで，ここではエンパワーメントを行うために組織がもつべき要件，組織構造，組織文化について明らかにする。

　エンパワーメントを行うために組織がもつべき要件について，ローイら（Looy et al., 2003）が権限の委譲に加えて，次の3つをあげている。それらは，①情報共有，②知識とコンピテンシー（competency）[4]の開発，③報奨制度の見直し，である。①情報共有とは，従業員に適切で十分な情報を提供することである。その情報には，1）達成すべき企業の目標と価値基準を明確に表したサービス・コンセプトについての情報，2）各自の担当領域だけでない全体のサービス提供プロセスの情報，3）組織全体の過去から現在までの成果と将来的な目標の情報，4）自らの目標設定に関する情報がある。情報の中でも，4）自らの目標設定に関する情報は重要であり，従業員が何を期待され，何をすべきかを知るためにも明確な目標設定を行う必要がある。また，日常の業務の中では従業員がコンピュータ・ネットワークを使い，顧客からの問い合わせやサービスを提供するための情報に自由にアクセスして，知ることができる環境を作ることも必要である。②知識とコンピテンシーの開発とは，従業員に必要な知識と幅広いコンピテンシーを身につけるための研修の機会を提供することである。従業員自ら新たなサービスを創造，提案し，実行するためには，幅広い知識やコンピテンシーを獲得する必要がある。そのためには，クレームへの対処の仕方といった技術的なスキル習得，在庫管理の知識習得やマネジメントの研修など，幅広い知識やコンピテンシーを開発する機会を従業員に提供する必要があろう。③報奨制度の見直しとは，従来の給与体系の見直しをすることであ

る。決められたことだけを行っていた従来型の働き方から，自ら考え実行していくというように従業員の役割が増えることから，給与の大部分を成果により直結させた業績給の導入などが必要であろう。

　従業員がエンパワーメントを発揮できる組織構造としては，逆ピラミッド型組織と呼ばれる組織構造が重要だといわれている（図3－4）。この組織構造では，顧客のニーズが組織全体を動かすということから，顧客が組織構造のトップに位置している。その顧客に最も近い場所にいるのが従業員であり，顧客のニーズを最初にとらえることのできる人物である。エンパワーメントを与えられている従業員であれば，顧客のニーズに迅速かつ適切にこたえることができる。

　組織文化とは，①組織構成員の間に共有される暗黙の了解・態度または固有の観念，②組織メンバーによって共有されている価値・規範・信念の集合体など，組織の目に見えない側面のことである（岸川，1999）。顧客のニーズに合わせたサービスを提供するという組織の構成員全員の間での了解や態度は，エンパワーメントを実施する際に重要となる。

　エンパワーすることは単に従業員に「権限」を与えたり，職務を「委任」したりすることではない。人々の潜在能力を引き出して自由に解き放ち，崇高な

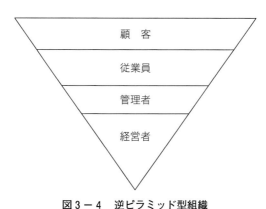

図3－4　逆ピラミッド型組織

（岸川，2011より一部修正して作成，p. 174）

目的や自己実現を達成できるような環境を作り出すことである（cf. 渡辺ら，2010）という。このように従業員をエンパワーする支援型の組織では，従来の管理型のそれではないリーダーシップが重要となる。第3節では，企業におけるリーダーシップのあり方について考えてみたい。

3．リーダーシップ

（1）エンパワーメント・リーダーシップ

　企業においてリーダーシップは，経営の重要な道具の一つである。それは，リーダーが適切なリーダーシップ・スタイルを使うことで，従業員との円滑な関係の構築，組織風土の改善，よりよいサービスの提供を促進することができるからである。リーダーとして有能なマネージャーは，従業員のもつ潜在能力を引き出し，やり遂げた仕事を認め，仕事への動機づけを高めることができる。支援型の組織におけるリーダーシップとして，エンパワーメント・リーダーシップの重要性が指摘されている。エンパワーメント・リーダーシップとは，従業員に対して，関心を寄せる，意思決定の場面に参加をさせる，必要な情報を与える，コーチング（coaching）[5]をするなど，従業員がエンパワーメントを発揮できるようなリーダーシップをとることをいう。

　ラウブとロバート（Raub & Robert, 2012）は，ホテルのフロントスタッフとマネージャーを対象に，エンパワーメント・リーダーシップ，フロントスタッフのサイコロジカル・エンパワーメント，組織へのコミットメントとの関わりを検討している。その結果，エンパワーメント・リーダーシップはフロントスタッフのサイコロジカル・エンパワーメントに影響を及ぼし，それが組織へのコミットメントに影響を及ぼすことが明らかになった。エンパワーメントを発揮できるようなリーダーシップをとることで，フロントスタッフは自分が自信をもって仕事をやり遂げられる，自分の意見は職場で取り上げてもらえると信じることができ，そのことによって組織に対するコミットメントがあがることが示唆されている。

　またクラーク，ハートラインとジョーンズ（Clark, Hartline & Jones, 2009）は
ホテルのマネージャーのサービス品質に対するコミットメントと2種類のリー
ダーシップスタイル（①エンパワーメント・リーダーシップ，②一部管理型を取り入
れたリーダーシップ）が，従業員の「仕事の明確さ」，顧客中心主義という「組
織の価値共有」，「サービス品質に対するコミットメント」，「職務満足」への影
響を検討している。その結果，マネージャーのサービス品質に対するコミット
メントの高いことが，エンパワーメント・リーダーシップに影響を及ぼし，そ
れが従業員の組織の価値共有に影響を及ぼし，それが高いことが職務満足なら
びに従業員のサービス品質に対するコミットメントに影響を及ぼしていること
が明らかになった（図3－5）。

　マネージャーが顧客のニーズに合わせたサービスを提供することが重要だと
考えていることが，マネージャーのリーダーシップ・スタイルに影響を及ぼし，
それにより従業員が顧客を第一に考えるという組織の価値観を理解し，サービ
ス品質に対するコミットメントも高く職務満足も高くなっているのであろう。

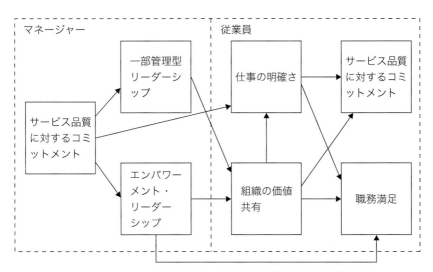

図3－5　従業員の反応におけるリーダーシップの影響

(Clark et al., 2009 より一部修正して作成，p. 223)

また，一部管理型を取り入れたリーダーシップ・スタイルも同様の結果であったことから，従業員によっては時折指示や命令などを行う管理型のリーダーシップが有効であることも示されている。また，製薬会社の営業担当者を対象とした研究では，経験や知識の低い者の方がエンパワーメントを促進するリーダーシップスタイルのマネージャーの指導を受けたことで，自己効力感や適応性が伸びたという結果が明らかにされている（Ahearne, Marthieu & Rapp, 2005）。このことは，業種や従業員の経験によって，リーダーシップのスタイルを考慮する必要があることが示唆されている。

（2）状況対応型リーダーシップⅡモデル

　個人の成長具合によって，マネージャーがリーダーシップ・スタイルを変えていくべきであるというモデルとして，状況対応型リーダーシップⅡモデルがあげられる（Blanchard, 2007）（図3－6）。

　そこでは，個人の発達レベルを，「熱心な初心者（D1）」，「幻滅した学習者（D2）」，「有能だが自信を欠く実践者（D3）」，「自立した達成者（D4）」の4つの段階に分けている。「熱心な初心者（D1）」は，スキルも知識もまだないが，熱心で学習意欲がある者をさす。「幻滅した学習者（D2）」は，スキルや知識が増えてきたが成長が足踏みしていて思うようにいかないので，いら立ちを覚えている者をさす。「有能だが自信を欠く実践者（D3）」は，日々の仕事内容もわかり顧客との対応もできているが，いまひとつ自分に自信がもてない者である。「自立した達成者（D4）」は，仕事のスキルも知識も充分にもっているため，職場での手本になっていたり，自分の仕事にも自信をもっている者をさす。

　これらの4つの発達レベルに合ったリーダーシップ・スタイルとして，4つの型があげられている。①「指示型（S1）」は指示的行動が多く，支援的行動が少ない型である。②「コーチ型（S2）」は指示的行動が多く，支援的行動も多い型である。③「支援型（S3）」は指示的行動が少なく，支援的行動が多い型である。④「委任型（S4）」は指示的行動が少なく，支援的行動も少ない型

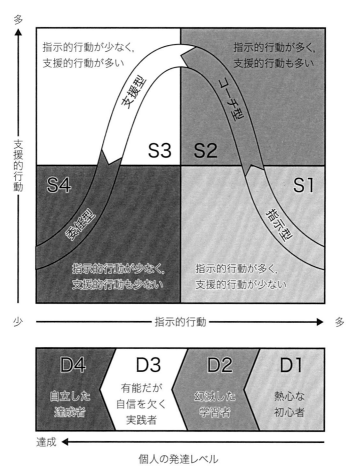

図3－6　状況対応型リーダーシップⅡ（SLⅡ）モデル

（Blanchard, 2007 より転記，p. 124）

である。

　たとえば，あなたが新卒で旅行会社に入社したとしよう。あなたは，学生時代に旅行会社でインターンシップを経験したことがあるので，旅行会社の仕事について知ってはいるものの，その知識や経験だけでは実際に仕事をするには不充分である。またあなたはもともと地理が大好きで，学生時代は時間がある

とさまざまな地域のことを調べては旅行に出かけていったし，そのために国家資格である旅行管理者主任資格試験にも挑戦し，資格もとってある。そして念願かなって旅行会社に就職をし，修学旅行を担当したくて，希望にあふれ張り切っている。このようなあなたは「熱心な初心者（D1）」の発達レベルのため，「指示型（S1）」のリーダーシップ・スタイルが必要である。つまり，リーダーは営業のプロセスを教えるとともに，一緒に営業活動にでかけ，高校や中学校の先生へ修学旅行の営業の仕方を実演してみせる。新人としての営業活動を細かく指示し，計画をさせるよう教えるなどの対応が必要となるというのである。また，あなたの大先輩である小野寺さんは，営業課でもトップセールスマンとしていつもみんなの見本となっている人である。お客様からの指名も多く，自分の仕事に自信をもっている。後輩の面倒見もよく，後輩によくアドバイスをしている。このような小野寺さんには，「委任型（S4）」のリーダーシップ・スタイルが適している。つまり小野寺さんには，日々の意思決定や問題解決を任せるなど権限委譲を行う。また小野寺さんの資質を認め信頼し，小野寺さんが営業活動を行うのに必要な情報などを与えさらなる営業スキルをみがくよう激励するような対応が必要である。つまりエンパワーメント・リーダーシップが必要となるであろう。このようにマネージャーは，個人の発達レベルに合わせたリーダーシップのスタイルをとることが重要である。

　第3章では，サービス・リカバリーをするための対応やそのために必要となるエンパワーメントについて，またエンパワーメントを機能させるためには組織自体やリーダーシップの在り方が重要であることが明らかになった。エンパワーメントの重要性については今後もさらなる検討が必要である。

【注】

1）クリティカル・インシデントとは，顧客にとって重要な瞬間のことをいい，顧客にとって重要な分，顧客の知覚が高まり，対応のいかんによっては企業の評判を大きく落とすことになる瞬間，場面のことをいう。

2）コミュニケーション・アコモデーション理論（以下CATと略す）とは，近づけた

り，遠ざけたりすることと定義されている（Giles & Ogay, 2007）。CAT では，他者（対話者）とのコミュニケーションを調整する方略として，自分の話し方を相手に合わせ調整する「収束」と自分と他者との言語的・非言語的差異を強調する「分岐」，および普段の自分のスタイルをそのまま保つ話し方をする「維持」をあげている。話し手が収束をした場合，聞き手もお返しとして好意を示すため収束しやすいとされている（cf. 栗林, 2010）。

3）コミットメントとは，約束，公約，義務，責任，あるいは，関わり合い，参加，傾倒などいろいろな意味を表す。そのため，カタカナでそのまま使われることも多い。

4）コンピテンシーとは，特定の職務を遂行し，高い水準の業務をあげることができる個人の内的な能力を新たに想定し，あるいは卓越した業績を生む原因として関わっている個人の根源的特性と定義される（古川, 2002）。好業績を達成している人材（ハイパフォーマー）にみられる行動，態度，思考パターン，判断基準などを特性として列記したものをさす。

5）コーチングとは，人間の可能性を信じ，それぞれの個性を尊重しながら信頼関係を築き，部下を自律型人材へと育てていくためのコミュニケーション・スキルであるといわれている。また，コーチングは，フェイス・トゥ・フェイスで発揮されるリーダーシップであり，多様な経歴・才能・経験・関心をもった人々をまとめあげ，さらに大きな責任を果たし，継続的な業績をあげるよう部下を勇気づけ，そして，部下を全面的なパートナーであり職務に欠かすことのできない存在として大切に扱うことと定義されている（本間・松瀬, 2007）。

[引用文献]

Aheane, M., Marthieu, J., & Rapp, A. 2005 To empower or not to empower your sales force? An empirical examination of the influence of leadership empowerment behavior on customer satisfaction and performance. *Journal of Applied Psychology*, **90(5)**, 945-955.

Bitner, M. J., Boom, B. H., & Tetreault, M. S. 1990 The service encounter : Diagnosing favorable and unfavorable incidents. *Journal of Marketing*, **54**, 71-84.

Blanchard, K. 2007 *Leading at a higher level*. 1st edition Pearson Education, Inc. 田辺希久子・村田綾子（訳）2012　リーダーシップ論より高い成果をいかにしてあげるか　ダイヤモンド社

Bradley, G. L., & Sparks, B. A. 2000 Customer reactions to staff empowerment :

Mediators and moderators. *Journal of Applied Social Psychology*, **30**(5), 991-1012.

Clark, R. A., Hartline, M. D., & Jones, K. C. 2009 The effects of leadership style on hotel employees' commitment to service quality. *Cornell Hospitality Quarterly*, **50**(2), 209-231.

Conger, J., & Kanungo, R. 1988 The empowerment process : Integrating theory and practice. *Academy of Management Review*, **13**(3), 471-482.

Fisk, R. P., Grove, S. J., & John, J. 2004 *Interactive service marketing*. **14**(3), 67-80. 小川孔輔・戸谷圭子（監訳）　2005　サービス・マーケティング入門　法政大学出版局

古川久敬　2002　コンピテンシーラーニング　日本能率協会マネジメントセンター

Gazzoli, G., Hancer, M., & Park, Y. 2010 The role and effect of job satisfaction and empowerment on customers' perception of service quality : A study in the restaurant industry. *Journal of Hospitality & Tourism Research*, **34**(1), 56-77.

Gazzoli, G., Hancer, M., & Park, Y. 2012 Employee empowerment and customer orientation : Effects on workers' attitudes in restaurant organizations. *International Journal of Hospitality & Tourism Administration*, **13**, 1-25.

Giles, H., & Ogay, T. 2007 Communication accommodation theory. In Mahwah, N. J. (Ed), *Explaining communication*. Lawrence Erlbaum Associates, Pp. 293-310.

Goodale, J. C., & Koerner, M. 1997 Analyzing the impact of service provider empowerment on perceptions of service quality inside an organization. *Journal of Quality Management*, **2**(2), 191-214.

Hancer, M., & George, R. T. 2003 Psychological empowerment of non-supervisory employees working in full-service restaurants. *Hospitality Management*, **22**, 3-16.

Herzberg, F. 2003 *What is motivation*? Diamond Harvard Business Review (April), 44-558.　(訳)モチベーションとは何か—二要因理論：人間には 2 種類の欲求がある　ハーバード・ビジネス・レビュー　ダイヤモンド社

Hocutt, M. A., & Stone, T. H. 1998 The impact of employee empowerment on the quality of service recovery effort. *Journal of Quality Management*, **3**(1), 117-

132.

本間正人・松瀬理保　2007　コーチング入門　日本経済新聞社出版社

飯田光亮・小口孝司　2013　サイコロジカルエンパワーメントと職務満足感との関係について　産業組織心理学会第 29 大会発表論文集, 28-31.

金子はな子　2002　21 世紀のカスタマー・サービス実践編クリエイティブな組織　中央経済社

岸川善光　1999　経営管理入門　同文舘出版

岸川善光　2011　サービス・ビジネス特論　学文社

栗林克匡　2010　社会心理学におけるコミュニケーション・アコモデーション理論の応用　北星論集（北星学園大学）, **47**, 11-21.

Liden, R. C., Wayne, S. J., & Sparrowe, R. T. 2000 An examination of the mediating role of psychological empowerment on the job, interpersonal relationships, and work outcomes. *Journal of Applied Psychology*, **85**(3), 407-416.

Looy, B. V., Gemmel, P., & Dierdonck, R. V. 2003 *Services management an integrated approach.* (2nd) Pearson Education Limited.　白井義男（監修）平林祥（訳）　2004　サービス・マネジメント統合的アプローチ上・中・下　ピアソン・エデュケーション

Looy, B. V., Desmet, S., Krols, K., & Dierdonck, R. V. 1998 Psychological empowerment in a service environment. In T. Swartz, D. Bowen, & S. Brown (Eds.) *Advances in Services Marketing and Management*, 7, JAI Press.

Raub, S., & Robert, C. 2012 Empowerment, organizational commitment, and voice behavior in the hospitality industry : Evidence from a multinational sample. *Cornell Hospitality Quarterly*, **54**(2), 136-148.

Sparks, B. A., & Bradley, G. 1997 Antecedents ad consequences of perceived service provider effort in the hospitality industry. *The Council on Hotel, Restaurant and Institutional Education*, **20**(3), 17-33.

Sparks, B. A., & Callan, V. J. 1996 Service breakdowns and service evaluations : The role of customer attributions. *Journal of Hospitality & Leisure Marketing*, **4**(2), 3-24.

Spreitzer, G. M. 1995 Psychological empowerment in the workplace : Dimensions, measurement, and validation. *Academy of Management Journal*, **38**(5), 1442-

1465.

Spreitzer, G. M., Kizilos, M. A., & Nason, S. W. 1997 A dimensional analysis of relationship between psychological empowerment and effectiveness, satisfaction, and strain. *Journal of Management,* **23**(5), 679-704.

Sundaram, D. S., Jurowski, C., & Webster, C. 1997 Service failure recovery efforts in restaurant dining : The role of criticality of service consumption. *The Council on Hotel, Restaurant and Institutional Education,* **20**(3), 137-149.

Susskind, A. M. 2005 A content analysis of consumer complaints, remedies, and repatronage intentions regarding dissatisfying service experiences. *Journal of Hospitality & Tourism Research,* **29**(2), 150-169.

Tomas, K. W., & Velthouse, B. A. 1990 Cognitive elements of empowerment. *Academy of Management Review,* **15**, 666-681.

渡辺聰子・アンソニー・ギデンズ・今田高俊 2010 グローバル時代の人的資源論 モチベーション・エンパワーメント・仕事の未来 東京大学出版会

Yagil, S. 2006 The relationship of service provider power motivation, empowerment and burnout to customer satisfaction. *International Journal of Service Industry Management,* **17**(3), 258-270.

Zemke, R., & Schaaf, D. 1989 *The Service edge : 101 companies that profit from customer care.* New York : Plum.

コラム³　Column　仕事はあなたにとって意味がある？

　もしあなたが，自分の仕事を意味のあるものだと思っていて，自分の仕事に自信をもち，職場では自分の意見が取り上げられるし，自分で自分の仕事のやり方を決めることができるとすれば，あなたは，心理的にモチベーションが高い状態，つまり，サイコロジカル・エンパワーメントが高い状態であるといえる。あなたの仕事に対する心理的なモチベーションをはかってみよう。

サイコロジカル・エンパワーメント（内発的なモチベーション）尺度
（Psychological empowerment inventory）

　Spreitzer（1995）が作成した尺度に準拠しながら，平野（1999），高坂・渡辺（2005）が作成した日本語版から田中（2007）が選んだ 15 項目からなる尺度。サイコロジカル・エンパワーメントを 4 つの下位次元で捉えている。なお，因子名はSpreitzer（1995）の因子名を記載。（　）内は Spreitzer と異なる田中（2007）による因子名である。

　①有意味感（有意義感）：仕事についての個人的な関係や目的についての認識の程度をさす。（質問項目 1 ～ 4）
　②コンピテンス（有能感）：自分の仕事を遂行するためのスキルや能力があると信じている程度を示す。（質問項目 5 ～ 8）
　③自己決定感：どれくらい自分自身の仕事を行う自由があるかという感覚を示す。（質問項目 9 ～ 12）
　④影響力（インパクト）：従業員が組み込まれているシステムへ影響を及ぼすことができるという信念のことである。（質問項目 13 ～ 15）

実施手続き：4 つの次元別に合計点を算出する。
結果の解釈：得点の高い人ほど，心理的モチベーションが高く，サイコロジカル・エンパワーメントを知覚している状態であるといえる。

〈サイコロジカル・エンパワーメント尺度〉

	まったく当てはまらない	やや当てはまらない	どちらともいえない	やや当てはまる	よく当てはまる
① 自分が今やっている仕事に価値を認めている	1	2	3	4	5
② 今の仕事に意義を認めている	1	2	3	4	5
③ 今の仕事にプライドをもっている	1	2	3	4	5
④ 今の仕事は，自分にとってやりがいがある	1	2	3	4	5
⑤ 自分が職場や組織を支えているという実感がある	1	2	3	4	5
⑥ これだけは誰にも負けないという仕事の領域をもっている	1	2	3	4	5
⑦ 自分の意見が職場や組織の運営に反映されている	1	2	3	4	5
⑧ 自分の仕事に必要な技術や知識をマスターしている	1	2	3	4	5
⑨ 職場の意思決定に自分の意見が尊重されている	1	2	3	4	5
⑩ 仕事の重要性と優先順位は，自分の判断で決められる	1	2	3	4	5
⑪ やりたい仕事は自分で提案して，自発的に取り組んでいる	1	2	3	4	5
⑫ 自分の仕事に具体的にどう取り組めばよいかについて，自分自身で決定できる	1	2	3	4	5
⑬ 仕事を通じて自分の行動が周囲に与える影響は少なくない	1	2	3	4	5
⑭ 自分の担当している仕事は，会社に対して少なからずインパクトを与えている	1	2	3	4	5
⑮ 私の仕事は職場や会社に何らかの好影響を与えていると実感できる	1	2	3	4	5

引用文献・参考文献

平野光俊　1999　キャリア・ドメイン─ミドル・キャリアの分化と統合─　千倉書房

飯田光亮・小口孝司　2012　サイコロジカル・エンパワーメントと職務満足感との関係，産業組織心理学会第 29 回大会発表論文集，28-31.

高坂俊之・渡辺三枝子　2005　キャリア発達課題との取り組みが職務活力感に及ぼす影響について，産業・組織心理学研究　**19**，29-38.

Spreitzer, G. M. 1995 Psychological empowerment in the workplace : Dimensions, measurement, and validation. *Academy of Management Journal*, **38**, 1442-1465.

田中堅一郎　2007　リストラ経験およびリストラの脅威が従業員の心理学的・行動的側面に及ぼす影響，日本大学大学院総合社会情報研究科紀要 **8**，357-366

第4章

顧客満足

　あなたがＡホテルに宿泊したとき，部屋で館内施設の案内を読んでいると，「お客様アンケート」がはさまっているのに気付いた。ホテル側はなぜあなたが，このホテルを選び，何に満足を感じ何に不満を感じたのかを聞くことで，企業はあなたを含めた顧客に提供するサービスの品質を改善し，顧客満足を向上させ，再度Ａホテルを利用してもらいたいと考えているのである。それではここでいう顧客に提供するサービスの品質とは何だろうか，そのサービスの品質はどのように顧客満足へ影響を及ぼし，顧客の再来訪を促すのであろうか。それらについての研究はどの程度なされているのであろうか。また，そもそもあなたはなぜそのＡホテルに宿泊しようとしたのだろうか。

　以上のような疑問に答えるために，第4章では，顧客がそのサービスを選択する行動について明らかにした上で，顧客が認知するサービスの品質と顧客満足，再来訪，顧客ロイヤルティとの関わりについて，先行研究から明らかにする。

1．顧客の選択行動と心理

　多くのホテルの中からあなたはどのような過程を経て，Ａホテルにしようと決め選択行動を起こしたのであろうか。消費者行動の意思決定モデルを使って考えてみよう。

　まず，消費者の意思決定モデルの中でも，エンゲル・ブラックウエル・ミニアード（Engel, Blackwell, & Miniard, 1995）の意思決定モデルを取り上げる。

　このモデルは，消費者の意思決定過程として7つの過程をあげており，それらは①欲求認識，②情報探索，③購買前代案評価，④購買，⑤消費，⑥購買後代案評価，⑦処分である。また，モデルには，広告などのマーケティング活動

である外部刺激とそれらの情報を処理する記憶過程が組み込まれている（図4-1）。

　消費者の意思決定の7つの過程に影響を与える要因として，個人差と環境の影響があげられている。まず，個人差としては，①消費者の資源（意思決定に費やすことのできる時間や費用，情報処理能力など），②動機づけと関与，③知識，④態度，⑤パーソナリティ，価値とライフスタイルがあげられている。環境の影響とは，①文化，②社会階層，③対人的影響，④家族，⑤状況である。たとえば，Ａホテルを選択するときに，あなたが忙しくて時間がないときはそのホテルに関する情報を集めることはできないであろうし，ゆっくり休みたいと考えているあなたにとってファミリースタイルのホテルは泊まりたくないと考えるように，個人差やあなたが置かれている環境は意思決定に影響を与える。

　意思決定過程の①欲求認識とは，自分の欲求を認識することである。夏休みは3泊4日で沖縄に行くと決めたとしたら，宿泊施設を選ぶ必要がある。特に夏休みはどのホテルも混んでいるので，早めに決めなくてはならない。不安な状態から望ましい状態にするためには，ホテルを決定することで，その不安を解消したいという欲求を認識する過程である。②情報探索とは，消費者が自分の長期記憶[1]に貯蔵されている知識を探索したり（内的情報探索），広告や旅行代理店のパンフレットからの情報，あるいは友人や家族などからの情報を探索すること（外的情報探索）をさす。あなたが以前雑誌で見て一度は行ってみたいと思って記憶していたホテルがあったとすればその情報（内的情報探索）を，あるいは友人が泊まったホテルについての情報（外的情報探索）を集めることである。③購買前代案評価とは，消費者が情報から得たいくつかの選択肢に対して評価をすることである。以前雑誌でみたホテルの値段やサービスの内容と友人から聞いたホテルについての情報とを比較して，どちらにしようか評価するのである。④購買とは，購買前の代案評価に基づいてそれをいつ，どこで，いくらの値段で買うかを決定することである。あなたは以前雑誌で見たＡホテルの方が友人から聞いたホテルよりも値段が手頃だったので，そのホテルに予約をいれることがこれにあたる。⑤消費とは，購入された商品を使用するこ

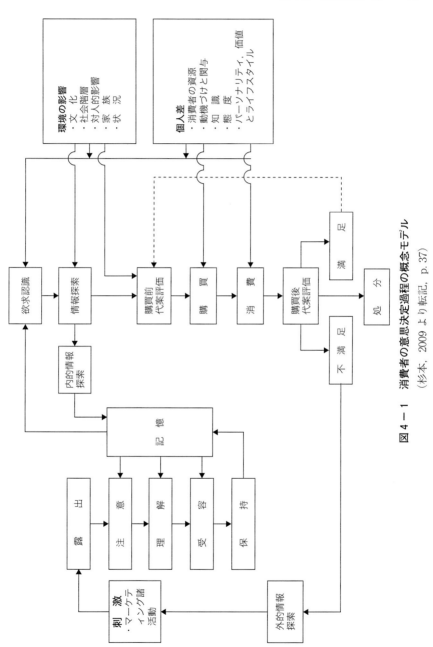

図 4 ─ 1　消費者の意思決定過程の概念モデル
（杉本, 2009 より転記, p. 37）

とである。選択したAホテルに実際に宿泊をすることである。⑥購買後代案評価とは，消費者が購入した商品を使用した結果，その評価をすることである。購入後の評価が選択する以前の水準を上回った場合は満足する。Aホテルに宿泊したあなたは，期待以上のサービスを受けて感激し，そのことを口コミに記載するという行動をとるかもしれない。⑦処分とは，購買された商品が保管されない場合，破棄するか，場合によっては再購入するか，といった決定をすることである。宿泊したAホテルに満足しなかった場合は二度とそのホテルには泊まろうとしないし（破棄），満足した場合は，再度そのホテルに泊まろうと決める（再購入）かもしれないのである。

　以上のような過程を経てあなたはAホテルに宿泊を決めたのである。しかし，あなたが，家族や友人など集団で旅行に行く場合には，その集団のメンバーと相談しながら意思決定を行う。このように集団で旅行に行く場合の意思決定の過程において，互いに相談をするなどの過程を考慮した旅行者の意思決定モデルとして，ヴァン・ラージとフランケン（van Raaji & Francken, 1984）が「休暇旅行系列」と名づけた5段階モデルを明らかにしており，佐々木（2000），秋山（2006）が紹介している（図4-2）。ここでは，集団で行く場合にそれぞれのメンバー同士での相談，交渉や説得などの相互作用過程が取り上げられており，その過程が休暇旅行系列に影響を及ぼすことが示されている。また，相互作用過程には，年齢，所得などソシオデモグラフィック要因，態度や期待，経験などの個人的要因，ライフスタイルや家庭内の役割などの家族的側面が影響を及ぼすことも示されている。

　休暇旅行系列では，①一般的意思決定，②情報獲得，③共同意思決定，④休暇旅行活動，⑤満足／不満の5段階を経るとしている。①一般的意思決定は旅行にいくかどうか決める段階，②情報獲得は旅行に関する情報を探し集める段階，③共同意思決定はメンバー間で得た情報の中で一つを選択する段階，④休暇旅行活動は実際に休暇旅行に行った時の活動の段階，⑤満足／不満は休暇旅行に行った後に旅行の内容などを評価する段階である。

　このような段階を経て，顧客はホテルやツアー商品を選択するが，旅行商品

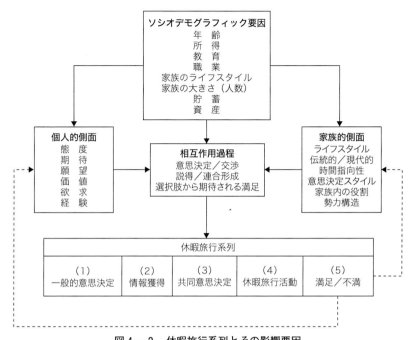

図4-2 休暇旅行系列とその影響要因
(秋山，2006 より転記，p. 64)

などはそれを消費する（旅行活動を行う）までに数日から数週間の間があく場合が多い。その間に他の良さそうなホテルの広告を見たり，自分の購入したツアーよりも割安なツアーを発見して自分の選択は間違っていなかったかなど不安になることも往々にしてある。これはホスピタリティ産業がもつ特性である「無形性」，つまり顧客が事前にその商品を手にもってみることができないということから起こる状況である。

　前述したようにあなたはAホテルが素晴らしいと思って予約をしたが，あとからもっと素晴らしいと思われるBホテルを知ったとする。Aホテルを予約したという行為と，Bホテルの方が素晴らしいという認知の間には整合性がない。どうしようと不安になったり，今さらAホテルの予約をキャンセルできないなど心理的緊張感が高まる。このような心理を認知的不協和と呼ぶ。

フェスティンガー（Festinger, 1957）は，この心理状態を認知的不協和理論で説明している。この認知的不協和が起こると，行動を変えるか認知を変えるかによって，その不協和を低減しようとする。たとえば，予約を取り消すという行動をとるか，それができない場合には，あなたはAホテルがBホテルよりも値段が安いという長所を見つけようとしたり，Bホテルが駅から遠くにあることを短所としてあげることで自分の選択したホテルが良いのだというふうに認知を変えることで，認知的不協和を低減しようとするのである。人は購入した商品を，購入しなかった商品よりも高く評価をする。

　第1節では，顧客の選択行動について概念モデルを用いて考えてみた。概念モデルは構造的に人間の行動を理解し，関係する変数や環境の変化が視覚的にも理解しやすくなるという利点がある。しかし，モデルはいずれも完成されたモデルではなく仮説的なモデルであり，さまざまな状況における顧客の行動が説明できるわけではない。このような問題点を踏まえて，顧客の行動を全体的に理解し，研究仮説の発見や創造に概念モデルを適切に利用することが望ましい（cf. 杉本, 2009）。

　以上のように，顧客はサービスを選択し，サービスの提供を受けるが，その過程でどのようなサービスの品質を認知することで満足と評価するのであろうか。第2節では，顧客の認知するサービスの品質と顧客満足との関わりについて考えてみる。

2．サービスの品質と顧客満足

（1）サービスの品質とその評価

　パラスラマン，ザイスアムルとベリー（Parasuraman, Zeithaml & Berry, 1985）は，サービスの品質が顧客の期待と実現したサービスとの乖離（ギャップ）によって規定されると定義している。顧客が期待したサービスよりも実際に経験したサービスがよかった場合，そのギャップは大きくなる。それは期待していた以上のサービスであったと顧客が認識したことであり，顧客が高い満

足を得たということでもある。

　あなたが泊まったホテルで「お客様アンケート」を実施しているのは，あなたがいったいどのサービスにおいてギャップが大きかったのかを知るために行っているのである。ホテルは「お客様アンケート」で，あなたが経験する真実の瞬間[2]すべてを測定すれば，ホテルが提供するサービスの全評価を得ることができる。しかし，あなたが見た広告，ホテルのフロントの対応，ベルボーイの案内，部屋のアメニティ，レストランの予約の電話応対など，あなたが経験した真実の瞬間は数多くあり，それらをすべて聞いていたら顧客への質問は膨大な数になり，多くの調査費用もかかる。これらの欠点を防ぐために，より包括的で普遍的なアンケート（尺度モデル）が必要となる。このようなサービスの品質を測る理想的な尺度モデルは今のところ存在していないといわれている（Looy, Gemmel & Dierdonck, 2003）が，その中でも代表的なサービスの品質を測る尺度としては，先にあげたパラスラマンら（Parasuraman et al., 1985）の作成した SERVQUAL（Service quality を短縮：サーバクアル）モデルがあげられる。

　SERVQUAL モデルでは，同じ評価項目でサービスに対する顧客の期待とサービスを経験したあとの実績を尋ねる質問項目をそれぞれ作成し，その差をとって実績が期待を上回っていれば，その品質基準について高く評価されたとしている。

　パラスラマン，ザイスアムルとベリー（Prasaruraman, Zeithaml & Berry, 1988）は，サービス品質の評価を5つの次元で測っている。それらは，①「有形性（tangibles）」，②「確実性（assurance）」，③「信頼性（reliability）」，④「共感性（empathy）」，⑤「反応性（responsiveness）」である。

　①「有形性」とは，建物の外観や客室の内装，従業員の身だしなみなど目に見えるものをさしている。顧客は自分がこれから宿泊しようとするホテルが高級な外観か，客室は心地よいか，従業員は清潔な身だしなみをしているかなど視覚による情報からそのホテルを評価する。②「確実性」とは，顧客に提供するサービス品質が確かなものであるということを確信させる企業や従業員の能

力に関する評価である。たとえば，顧客がレストランの従業員に本日のおすす
め料理は何かと聞いたときに，きちんと答えられたとすれば，顧客はこれから
購入しようとしているサービスが確かなものであると推測できる。③「信頼
性」とは，企業が提供すると約束しているサービスがきちんと提供できる能力
への信頼感を表す。メニューに掲載されているサンプル料理と実際にサービス
された料理が同じものであるか，パンフレットに載せてある客室と実際に宿泊
した客室が同じであるかなどサービスの結果についての評価である。④「共感
性」とは，従業員が顧客の気持ちを理解し，顧客の立場に立って行動を起こす
ことができるかという評価である。たとえば，ジーンズショップで欲しいと
思ったジーンズのサイズがその店になかった場合，従業員は別の支店に連絡を
とり，それでもなかった場合，別の店を紹介してあげて，顧客がそのジーンズ
を購入できるようにしてあげる行動は共感性の次元での評価である。⑤「反応
性」とは，顧客の求めに対して，積極的かつ迅速に対応できるかという評価で
ある。ホテルのフロントで急いでチェックアウトをしたいと考えている顧客に
対して，迅速に対応をしてあげる行動がこれにあたる。

　このSERVQUALモデルに対しては，多くの研究者がその妥当性や有効性
を検証している。フィックとリティエ（Fick & Ritchie, 1991）は，5つの評価
次元の中でもホテルにおいては，ホテルの部屋の豪華さや客室が清潔であるか
などの「有形性」と従業員が適切な情報をもっているかなどの「確実性」が，
ビグネ，マーティネゼ，ミクエルとアンドリュ（Bigne, Martinez, Miquel &
Andreu, 2003）は旅行業において，旅行会社が企画したツアーが表示してある
通りきちんと実行するかなどの「信頼性」に関する評価が，それぞれ最も重要
であるという結果を明らかにしている。

　しかしホテルの評価は5つの次元で評価するのではなく，有形のもの（部屋，
インテリア，食事など）と無形のもの（顧客との相互作用など）との2つの次元で
評価すべきであるという指摘（Ekinci, Prokopaki & Cobanoglu, 2003）がある。
またカーマン（Carman, 1990）は，歯科クリニック，ビジネススクールセンター，
病院などでこのモデルの妥当性を検討し，評価する次元が5つでは充分に評価

できない，顧客の事前期待を評価する必要があるのかなどの疑問をあげている。これらの指摘や疑問から，コロニンとテイラー（Cronin & Taylor, 1992）はSERVPERF（Service Performance を短縮）と呼ばれる実現値，つまり顧客がサービスを経験したあとの評価だけを使った尺度の有効性を主張している。

　また，ホスピタリティ産業の種類によって，評価すべき次元が異なるという意見からは，クヌトソン，スティーブンス，ワラートとヨコヤマ（Knutson, Stevens, Wullaert & Yokoyama, 1990）が宿泊産業における尺度としてLODGSERV を，マッケイとコロンプトン（Mackay & Crompton, 1990）はリクリエーションセンターにおける尺度として REQUAL を，スティーブンス，クヌトソンとパットン（Stevens, Knutson & Patton, 1995）はレストランのサービス品質を測るために DINESERV をそれぞれ作成している。

　このように，SERVQUAL モデルについては，さまざまな批判や改訂版などがだされているが，医療機関，小売店，銀行，ファーストフード店などの企業でサービスの品質評価尺度として用いられている（cf. Looy et. al., 2003）。

　これに対してグロンロース（Grönroos, 1984），レシネンとレシネン（Lethinen Lethinen, 1991）は，サービスの品質はより包括的な 2 つの次元で評価すべきであると主張している。それらの次元は，顧客が企業から得られたものを示す物理的品質と顧客がどのような方法でそのサービスを得たかを評価する相互的品質である。SERVQUAL モデルが示す 5 つの次元はホスピタリティ産業によっては当てはまらないものもあることから，包括的な評価次元で行うことで，より多くのホスピタリティ産業で評価可能なのではないかと主張している。

　このようにさまざまな方法でサービスの品質は評価されている。しかし，ここで忘れてはならないことは，これらの評価が顧客評価の算定であるということである。これらの評価は，サービスが実際に提供される場面において生じる顧客の心理の影響を受ける。またサービスが提供されるまでに感じたことや期待通りのサービスが提供されたのかといった顧客の心理を含めた「過程」と「結果」の両方がサービス品質の評価に影響を与えるのである（cf. 岸川，2011；小山，2005）。

（2） サービスの品質と顧客満足との関わり

　顧客が評価したサービスの品質が良いと顧客満足は高くなるのであろうか。それらを明らかにする前に，顧客満足とは何かを確認しておこう。

　顧客満足は顧客の認知的判断と情緒的反応の結合で，楽しい充足した状態に対する顧客の満足した判断である（Oliver, 1997）。したがって，顧客満足は主観的なものである（Looy et al., 2003）。つまり，静かに過ごしたいと思って宿泊したホテルで，ロビーで子供たちが走りまわっていたとしたら，どんなに感じの良い笑顔で応対してもらっても満足度は低下するというように，その顧客の目的やニーズによってその評価は異なってしまうのである。したがって，企業は自分の企業が提供するサービスと一致したサービスを受けたいと望んでいる顧客を選び，その顧客に対してよりよいサービスを提供していくことが重要となる。

　さて，このような顧客満足と顧客が評価したサービスの品質とはどのように関わるのであろうか。それらの関わりについては，先行研究から３つのグループの主張に分類することができる（Gonzalez, Comesana & Brea, 2007）（図4－3）。

　第①のグループの主張は，顧客満足がサービス品質の先行指標（antecedent）であるという主張である（Bitner, 1990 ; Bitner & Hubert, 1994 ; Bolton & Drew, 1991 ; Carman, 1990 ; Parasuraman et al., 1988）。満足したという経験は，サービスの品質の評価に影響を及ぼすという。第②のグループの主張は，サービス

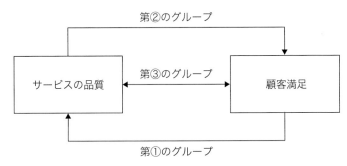

図4－3　サービスの品質と顧客満足との因果関係

（Gonzalez et al., 2007 を一部修正して作成，p. 154）

の品質が顧客満足の先行指標であるという主張である（Cronin & Taylor, 1992；Cronin, Brady & Hult, 2000：Dabholkar, Shepherd & Thorpe, 2000；Ekinci, 2004；Oliver, 1993. Shemwell, Yavas & Bilgin, 1998；Taylor & Baker, 1994；Woodside, Frey, Daly, 1989）。サービスの品質の良いことが顧客満足に影響を及ぼす。あなたがホテルに宿泊したとき，あなたが感じたあるいは経験したサービスの品質が直接あなたの満足に影響を及ぼすとする。第③のグループの主張は，サービスの品質は顧客満足の先行指標であり，顧客満足もサービス品質の先行指標であるという主張である（Iacobucci, Ostrom & Grayson, 1995；McAlexander, Kaldenburg & Koenig, 1994；Teas, 1993）。つまり，サービス品質と顧客満足は相互に影響し合うのである。

　このように研究者によって，サービス品質と顧客満足との関わりについてはその主張が異なっている。しかし，いずれも顧客が評価したサービスの品質と顧客満足とには関わりがあることは明らかにされている。

　顧客満足が企業にとって重要なのは，それが次の購買行動へ影響を及ぼすといわれているからである。そこで，第3節では顧客満足と次の行動（再来訪），顧客ロイヤルティに及ぼす影響について，先行研究を通して明らかにしてみよう。

3．顧客満足，再来訪，顧客ロイヤルティとの関係

（1）顧客満足は再来訪を予測するのか？

　コング，オカモトとドノヴァン（Kang, Okamoto & Donovan, 2004）は，ホテルと旅館におけるサービスの品質と顧客満足，ならびに再来訪との関わりを検討している。そこでは，3つのホテルと4つの旅館とで質問紙調査を行った結果，それらの宿泊施設が提供するサービスの品質が顧客満足に影響を及ぼし，その結果，再来訪に影響を及ぼすことが明らかになった。サービスの品質の中でも，第一に顧客満足に影響を及ぼしている要因としては，魅力的な部屋やモダンな設備，従業員の清潔な身だしなみなど物理的環境があげられていた。これは，レストラン内のレイアウト，清潔感，従業員の身だしなみなどが顧客

満足に影響するという先行研究（Bitner, 1990 ; Parasuraman et al, 1988）を支持
する結果であった。第二に顧客満足に影響を及ぼしている要因として，顧客の
期待に答えてくれる，他の宿泊施設では期待できなかったサービスを受けたな
どのクリエイティブネス（creativeness）が明らかにされていた。

　ザッカー，ブレンシックとドミトロヴィック（Zabkar, Brencic & Dmitrovic,
2010）は，海辺のリゾートなどをはじめとする4つの観光地でインタビュー調
査を行い，宿泊施設の質が高いことや観光地へのアクセスなどが顧客の評価し
たサービスの品質に，その品質の良いことが顧客満足に，その顧客満足が高い
ことが再来訪に，それぞれ影響を及ぼしていることを明らかにしている。同様
の研究結果は，コールとイルム（Cole & Illum, 2006），ドボルカーら（Dobholkar
et al., 2000）でも明らかにされている。

　リュウとハン（Ryu & Han, 2010）はカジュアルレストランにおいて，サービ
スの品質と価格が顧客満足と再来訪に与える影響を検討している。そこでは，
同程度の食事やサービスを提供しているがブランドの異なるレストランで調査
を行い，341名から回答を得ている。サービスの品質として，食事，従業員の
サービス，物理的環境（店内が清潔など）を取り上げ，それらの評価が価格によ
る影響を受けるかどうか，それが顧客満足にどう影響を及ぼし，顧客の次の行
動へ影響を及ぼすかを検討した（図4－4）。その結果，サービスの品質（食事，
従業員のサービス，物理的環境）は，適切な価格であるとの顧客の認知の影響を
受け，顧客満足に影響を及ぼし，それが再来店へ影響を及ぼすことが明らかに
なった。サービスの品質は，食事，物理的環境，従業員のサービスの順で顧客
満足に影響を及ぼしていた。宿泊施設とは異なり，レストランにおいて顧客満
足を促進させるためには，美味しい食事が最も重要な要因であり，それを清潔
な場所で良いサービスを受けながら食べられることが必要なのである。また価
格が適切であれば，食事の質に対する満足度がより促進され，それに伴って顧
客満足が高くなることも示されている。

　以上のように，サービスの品質の良いことは顧客満足に影響を及ぼし，再来
訪に影響を及ぼすといえよう。また，顧客満足に影響を及ぼすサービスの品質

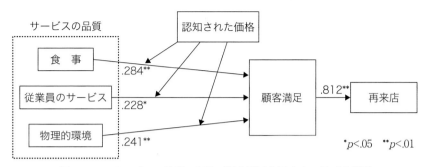

図4－4　サービスの品質，価格が顧客満足と再来店に及ぼす影響
（Ryu & Han, 2010 より作成，p. 317）
（注）数値はパス係数で，因果の強さを表わす。

の要因は，ホスピタリティ産業の業界によって異なることも留意しておく必要があろう。しかし，顧客満足が高いにもかかわらず顧客がその企業から離れてしまうこともあるという（Oliver, 1999）。そのため企業は顧客満足だけでなく，顧客ロイヤルティにも注目するべきだという意見がある。

（2）顧客満足と顧客ロイヤルティ

　顧客ロイヤルティとは，顧客や社員などが金銭的もしくは個人的な犠牲を払ってまでも企業とのリレーションシップを強化したいと望むことである（Reichheld, 2003）といわれている。

　あるとき朝松さんは出張に行き，全国展開をしているＣホテルに滞在をした。Ｃホテルでのサービスに満足したので，次に大阪に出張したときにも同じホテルに宿泊をした。その時もとても良いサービスを受けたので，それ以降は地方に出張するときには，いつもＣホテルを予約している。また，たとえＣホテルが駅から少し離れていたとしても，そのホテルを利用しようと考える。友人から良いビジネスホテルを紹介して欲しいといわれたときには，迷わずＣホテルを紹介する。

　このような状態になったとき，朝松さんはCホテルにとってロイヤルティ
の高い顧客であるといえる。この朝松さんの行動からわかるように，顧客ロイ
ヤルティとは，企業とその製品もしくはサービスに対して肯定的な態度をもっ
た顧客の行動をさし，長期にわたる積極的な購買パターンが特徴として見られ
るといわれている。

　顧客満足の高いことが顧客ロイヤルティに影響を及ぼすことは多くの研究か
ら明らかにされている（Cronin & Taylor, 1992；Fecikova, 2004；McDougall &
Levesque, 2000）。顧客ロイヤルティが企業にとって重要な理由として，何度も
利用してくれる顧客に対して行う宣伝が，新規顧客を開拓するための広告宣伝
費より少なくてすむ。また素晴らしいサービスであると感激してくれる顧客は，
そのことを周りの人に話すなど口コミの効果がある（cf. 近藤，2010）があげら
れる。

　ゴンザレズら（Gonzalez et al., 2007）はスペインのスパリゾートを訪れた旅
行者270人を対象に，SERVQUAL尺度を含んだ質問紙に回答を求め，旅行者
が評価したサービスの品質と旅行者満足がどのように再来訪や口コミなどの顧
客ロイヤルティに関わっているのかを検討した。その結果，旅行者のサービス
評価の高いことが旅行者満足に影響を及ぼし，その結果，再来訪，口コミ，価
格に対する敏感度（たとえ，価格が高くてもまた利用するなど）に影響を及ぼして
いることが明らかになった。旅行者が非常に満足したため，自分自身も再度そ
のリゾートを訪れたいと思うとともに，その素晴らしさを口コミに記入するの
であろう。このような場合は，価格が多少高くとも再度利用するというロイヤ
ルカスタマーになることが示されている。

　最新の研究としては，ハンとヨング（Han & Jeong, 2013）が高級レストラン
の顧客（有効回答数324名：平均年齢44.3歳）を対象に，レストランが提供する
総合的なサービスの品質とレストランの全体的イメージが顧客の経験する感情
的な要因（心地良さ，いらいら，刺激，センチメンタル）に与える影響，それらの
感情的な要因と顧客満足，顧客ロイヤルティとの関わりを検討している。加え

て，レストランに対する信頼とコミットメントを取り上げ，それらが顧客満足と顧客ロイヤルティとの調整要因として機能しているかを検討した。その結果，総合的なサービスの品質とレストランの全体的イメージは顧客の経験する感情的要因に影響を及ぼし，それらの要因が顧客満足に影響を及ぼす。加えて顧客満足は，顧客のレストランへの信頼とコミットメントを媒介して顧客ロイヤルティに影響を及ぼすことを明らかにしている（図4－5）。サービスの品質やイメージによって，心地良い，ゆったりしたなどの感情を生み出し，それが顧客満足に結びついていたという結果であった。価格が顧客満足に重要な役割を果たすカジュアル・レストラン（Ryu & Han, 2010）と比べて，高級レストランでは，顧客がその高級レストランに望むサービス（ゆったりとした優雅なサービス）を受けて，心地良い感情が生み出されることが顧客満足を向上させるために重要であることが明らかになった。また，顧客満足はレストランに対する信頼とコミットメントにつながり，それがロイヤルティのある態度へ影響を及

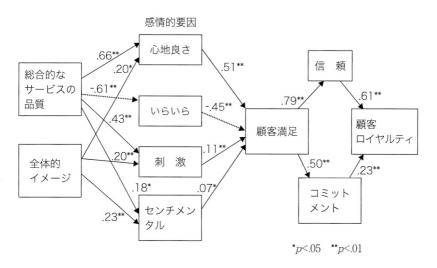

図4－5　サービス品質，イメージが顧客の感情的要因，顧客満足，顧客ロイヤルティに与える影響

（Han & Jeong, 2013 より一部修正して作成，p. 67）
（注）数値はパス係数で，因果の強さを表わす。

ぼすという結果は，顧客との信頼関係を構築し，コミットメントを促進させる
重要性が示されている。

　近年日本において注目をあびている，農村ツーリズムにおける顧客ロイヤル
ティの検討も行われている。ペナ，ジャミレナとモリナ（Pena, Jamilena &
Molina, 2013）は，農村に滞在して顧客が認知した価値（顧客がサービスに対して
価値があるものと認知すること）とそこを訪れたことのあるという経験が，顧客
満足とその農村に対する評判にどのように影響し，それが顧客ロイヤルティに
影響を及ぼすのかを検討している。顧客が認知した価値として，機能的価値
（施設の設備，従業員の配慮，便利さ）と情緒的価値（感情的，社交的，知識的）を
取り上げ，訪問経験は初めてか，初めてではないかについて，それぞれ質問紙
に回答を求めている。その結果，顧客に認知された価値の高いことは，顧客満
足と農村の評判に影響を及ぼし，それらの高いことが顧客ロイヤルティに影響
を及ぼしていることが明らかになった。顧客満足に加えて農村の評判は，顧客
ロイヤルティの先行指標であるという仮説を支持する結果であった。また，農
村滞在を以前にも経験したことのある顧客は，顧客の認知した価値の中でも，
とりわけ情緒的価値の方をより高く評価し，初めて農村を訪れた顧客は，農村
の施設，従業員の配慮ある行動，アクセスの便利さなどの機能的価値をそれぞ
れ評価しているという結果であった（図4－6）。リピーターである顧客は，農
村でリラックスしたり，農村に住む人々との触れ合いなどに感動し，その人々
との関わりをもちたいと考え再度訪れるということなのであろう。この結果
は，先行研究を支持する結果であった（Petrick, 2004）。

　エキンチ（Ekinci, 2008）は，サービス品質の評価，顧客満足，顧客ロイヤル
ティとの関わりを検討した先行研究を概観し，ホスピタリティ産業の顧客満足
モデルを示している（図4－7）。そこでは，「顧客ロイヤルティの行動」（他の
人に勧める，再度来訪または再度利用）と「企業に対する顧客の態度」（信頼やコ
ミットメント）を取り上げ，加えて，「顧客満足」に影響を与える要因として，
「サービスの品質」，「認知した価値」，自分の望んでいたものと一致しているか
などの「希望一致」，自分の価値観や考えに一致しているかなどの「自己一

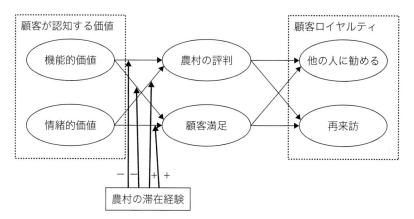

図 4 − 6　顧客が認知する価値，農村の評判，顧客満足，顧客ロイヤルティ，滞在経験との関係

（Pena et al., 2013 より一部修正して作成，p. 133）

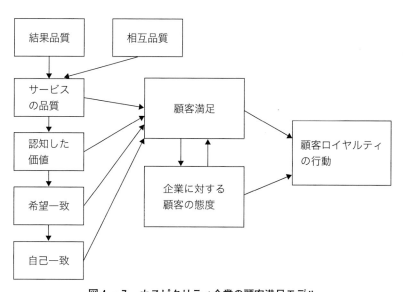

図 4 − 7　ホスピタリティ企業の顧客満足モデル

（Ekinci, 2008 より一部修正して作成，p. 325）

致」をあげている。また，サービスの品質は，サービスを購入したのちに得ることのできる結果品質（output quality）とサービスの提供を受けているときの相互品質（interaction quality）の2つの品質によって決まるとしている。「サービスの品質」，「認知した価値」，「希望一致」，「自己一致」はそれぞれ「顧客満足」に影響を及ぼし，「顧客ロイヤルティの行動」へ影響を及ぼす。つまり顧客がサービスの品質が良いと評価する，そのサービスを価値があると認める，自分の受けたサービスが自分の希望したものと一致したサービスであったと評価する，そのサービスは自分の価値観にも一致している，これらのいずれかが高ければ顧客満足があがる。また顧客のサービスの品質評価は，サービスの品質が単に良いという評価から，そのサービスが自分の価値観や考えに一致しているという評価へと，評価が深化していくということが示されている。また「顧客満足」はその「企業に対する顧客の態度」，つまり信頼やコミットメントに影響を及ぼし，それが「顧客ロイヤルティの行動」へ影響を及ぼす。企業に対する信頼やコミットメントが高いという肯定的な態度が形成されていれば，ときにはその企業が提供するサービスが期待よりも低かった場合でも，引き続きそのサービスを利用するという行動について説明できるとしている。

　以上のように，多くの先行研究からサービスの品質が高いことが，顧客満足に影響を及ぼし，それが顧客ロイヤルティに影響を及ぼすことが明らかになっている。しかし，サービスの品質の良いことが顧客満足よりも顧客ロイヤルティに強く影響を及ぼすという研究結果（Baker & Crompton, 2000）も出されていることから，今後のさらなる研究を待つ必要があろう。

　第4章では，顧客の選択行動とその心理について明らかにした上で，サービス品質の評価，顧客満足，再来訪，顧客ロイヤルティとの関わりについて，先行研究を通して，明らかにしてきた。企業にとって，提供するサービスがどのように顧客に評価され，顧客満足を向上させ再来訪行動に影響を及ぼし，顧客ロイヤルティにつなげていくことができるのか，そのために顧客の企業への信頼やコミットメントをどのように促進していくのかなど，今後もさまざまな研究が行われていく必要があろう。

【注】

1）長期記憶とは，情報を永続的に貯蔵するための無制限の容量をもち，意味的情報や視覚情報が貯蔵される。意味的情報とは，言葉や出来事，対象，シンボルに付加された言語的な意味の集まりであり，長期記憶にはこの意味的情報，個人的経験の情報，感覚に関する情報（視覚，嗅覚，触覚），感情や情緒的なコンテンツに関する情報が貯蔵されている（cf. 棚橋，2009）。

2）真実の瞬間（moment of truth）とは，顧客が従業員の提供するサービスに出会った瞬間のことをさす。1980年のはじめスカンジナビア航空の社長であったヤン・カールソンは顧客重視の航空会社にすることで，赤字を抱えていたスカンジナビア航空を黒字転換することに成功した。カールソンは，顧客が従業員の提供するサービスに出会ったときを「真実の瞬間」と呼び，その瞬間にスカンジナビア航空が最良の選択であったと顧客に納得させる必要があると説き，一連の組織改革を行った（cf. Carlzon, 1985）。

引用文献

秋山学　2006　旅行のプランニング過程―パッケージツアーの選択　小口孝司（編集）観光の社会心理学　2006

Baker, D. A., & Crompton, J. L. 2000 Quality, satisfaction and behavioral intentions. *Annuals of Tourism Research*, **27(3)**, 785-804.

Bigne, J. E., Martinez, C., Miquel, M. J., & Andreu, L. 2003 Servqual reliability and validity in travel agencies. *Annuals of Tourism Research*, **30(1)**, 258-263.

Bitner, M. J. 1990 Evaluating service encounters : The effects of physical surroundings and employee response. *Journal of Marketing*. **54(2)**, 69-82.

Bitner, M. J., & Hubert, A. R. 1994, Encounter satisfaction versus overall versus quality. In R. T. Rust & R. L. Oliver (Eds.), *Service quality ; New directions in theory and practice*, California : Sage, Pp. 72-94.

Bolton, R. N., & Drew, J. H. 1991 A multistage model of customers' assessment of service and value. *Journal of Consumer Research*, **17** **(March)**, 375-384.

Carlzon, Y. 1985 "*Riv Pyramiderna*", Albert Bonniers Forlag AB. 堤猶二（訳）1991　真実の瞬間　ダイヤモンド社

Carman, J. M. 1990 Consumer perceptions of service quality ; An assessment of the SERVQUAL dimensions. *Journal of Retailing*, **66**(1), 33-35.

Cole, S. T., & Illum, S. F. 2006 Examining the mediating role of festival visitors' satisfaction in the relationship between service quality and behavioral intentions. *Journal of Vacation Marketing*, **12**(2). 160-173.

Cronin, J. J. Jr., & Taylor, S. A. 1992 Measuring service quality : A re-examination and extension. *Journal of Marketing*, **56** (July), 55-68.

Cronin, J. J. Jr., Brady, M. K., & Hult, G. T. M. 2000 Assessing the effects of quality, value, amd customer satisfaction on consumer behavioral intentions in service environments. *Journal of Retailing*, **76**(2), 193-218.

Dabholkar, P. A., Shepherd, D. A., & Thorpe, D. I. 2000 A comprehensive framework for service quality : An investigation of critical conceptual and measurement issues through a longitudinal study. *Journal of Retailing*, **76**(2). 139-173.

Ekinchi, Y. 2004 An investigation of the determinants of customer satisfaction. *Tourism Analysis*, **8**(2-4). 197-203.

Ekinci, Y. 2008 Service Quality and Hospitality Organizations. *Handbook of Hospitality Management*, In B. Brotherton, & R. C. Wood (Eds.), SAGE.

Ekinci, Y., Prokopaki, K., & Cobanoglu, C. 2003 Service quality in Cretan accommodations : Marketing strategies for the UK holiday market. *International Journal of Hospitality Management*, **22**(1), 47-66.

Engel, J. F., Blackwell, R. D., & Miniard, P. W. 1995 *Consumer behavior* (8th ed.). Dryden Press.

Fecikova, I. 2004 An index method for measurement of customer satisfaction. *The TQM Magazine*, **16**(1), 57-66.

Festinger, L. 1957 *A theory of cognitive dissonance*. Row, Perterson & Co. 松永俊郎 (監訳) 1965 認知的不協和の理論 誠信書房

Fick, G. R., & Ritchie, J. R. B. 1991 Measuring service quality in the travel and tourism industry. *Journal of Travel Research*, **30**(2), 2-9.

Gonzalez, M. E. A., Comesana, L. R., & Brea, J. A. F. 2007 Assessing tourist behavioral intentions through perceived service quality and customer satisfaction. *Journal of Business Research*, **60**, 153-160.

Grönroos, C. 1984 A service quality model and its marketing implications.

European Journal of Marketing, **18**, 36-44.

Han, H., & Jeong, C. 2013 Mult-dimensions of partronsemotional experiences in upscale restaurants and their role in loyalty formation : Emotion scale improvement. *International Journal of Hospitality Management*, **32**, 59-70.

Iacobucci, D., Ostrom, A. L., & Grayson, K. A. 1995 Distingushing service quality and customer satisgfaction : The voice of the consumer. *Journal of Consumer Psychology*, **3**, 277-303.

Kang, S., Okamoto, N., & Donovan, H. A. 2004 Service quality and its effect on customer satisfaction and customer behavioral intentions : Hotel and ryokan guests in Japan. *Asia Pacific Journal of Tourism Research*, **9(2)**, 189-202.

岸川善行 2011 サービス・ビジネス特論 学文社

Knutson, B., Stevens, P., Wullaert, C., & Yokoyama, F. 1990 "LODGSERV" : A service quality index for the lodging industry. *Hospitality Research Journal* (Special Issue, Annual CHRIE Conference Proceeding), **14(2)**, 227-284.

近藤隆雄 2010 サービス・マーケティング サービス商品の開発と顧客価値の創造 生産性出版

小山周三 2005 サービス経営戦略─モノづくりからサービスづくりへ NTT 出版

Lehtinen, U., & Lehtinen, J. R. 1991 Two approaches to service quality dimensions. *The Service Industries Journal*, **11(3)**, 287-303.

Looy, B. V., Gemmel, P., & Dierdonck, R. V. 2003 *Services management an integrated approach* (2nd). Pearson Education Limited. 白井義男（監修）平林祥（訳）2004 サービス・マネジメント統合的アプローチ上・中・下 ピアソン・エデュケーション

Mackay, K., & Crompton, J. 1990 Measuring the quality of recreation services. *Journal of Park Recreation Administration*, **8(3)**, 47-56.

McAlexander, J., Kaldenburg, D., & Koenig, H. 1994 Service quality measurement. *Journal of Health Care Marketing*, **14(3)**, 34-44.

McDougall, G. H., & Levesque, T. 2000 Customer satisfaction with services : Putting perceived value into the equation. *The Journal of Services Marketing*, **14(5)**, 392-410.

Oliver, R. L. 1993 A conceptual model of service quality and service satisfaction : Compatible goals, different concepts. *Advances in Service Marketing and*

Management, **2**, 65-85.

Oliver, R. L. 1997 *Satisfaction : A behavioral perspective on the consumer.* McGraw-Hill. 鳥井道夫（監訳） 1995 知的マーケティング技法 TBS ブリタニカ

Oliver, R. L. 1999 Whence consumer loyalty? *Journal of Marketing*, **63**, 33-44.

Parasuraman, A., Zeithaml, V. A., & Berry, L. L. 1985 A conceptual model of service quality and its implications for future research. *Journal of Marketing*, **49(3)**, 41-50.

Parasuraman, A., Zeithaml, V. A., & Berry, L. L. 1988 SERVQUAL a multiple-item scale for measuring consumer perception of service quality. *Journal of Retailing*, **64**, 13-40.

Pena, A. I. P., Jamilena, D. M. F., & Molina, M. A. R. 2013 Antecedents of loyalty toward rural hospitality enterprises : The moderating effect of the customer's previous experience. *International Journal of Hospitality Management*, **34**, 127-137.

Petrick, J. F. 2004 First timers' and repeaters' perceived value. *Journal of Travel Research*, **43(1)**, 29-38.

Reichheld, F. F. 2003 The one number your need to grow. Harvard Business School Publishing Cooperation, July. ハーバード・ビジネス・レビュー編集部（訳） 2004 顧客ロイヤルティを測る究極の質問 ハーバードビジネスレビュー7月号

Ryu, K., & Han, H. 2010 Influence of the quality of food, service, and physical environment on customer satisfaction and behavioral intention in quick-cusual restaurants : Moderating role of perceived price. *Journal of Hospitality & Tourism Research*, **34(3)**, 310-329.

佐々木土師二 2000 旅行者行動の心理学 関西大学出版部

Shemwell, D. J., Yavas, U., & Bilgin, Z. 1998 Customer-service provider relationships : An empirical test of a model of service quality, satisifaction and relationship-oriented outcomes. *Journal of Service Industry Management*, **9(2)**, 155-168.

Stevens, P., Knutson, B., & Patton, M. 1995 "DINESERV" : A tool for measuring service quality in restaurants. *The Cornell Hotel and Restaurant Administration Quarterly*, **35 (April)**, 56-60.

杉本徹雄　2009　消費者行動への心理学的接近　杉本徹雄（編）消費者理解のための心理学　第 18 刷　福村出版

棚橋菊夫　2009　消費者の知識と記憶　杉本徹雄（編）消費者理解のための心理学 第 18 刷　福村出版

Taylor, S., & Baker, T. 1994 An assessment of the relationship between service quality and customer satisfaction in the formation of consumers' purchase intention. *Journal of Retailing*, **70(2)**, 163-178.

Teas, R. K. 1993 Consumer expectations and the measurement of perceived service quality. *Journal of Professional Service Markting*, **8(2)**, 33-54.

van Raaiji, W. F., & Francken, D. A. 1984 Vacation decisions, activities, and satisfactions. *Annuals of Tourist Research*, **11**, 101-112.

Woodside, A. G., Frey, L. L., & Daly, R. T. 1989 Linking service quality, customer satisfaction and behavioral intention. *Journal of Health Care Markting*, **9(4)**, 5-17.

Zabkar, V., Brencic, M. M., & Dmitrovic, T. 2010 Modelling perceived quality, visitor satisfaction and behavioural intentions at the destination level. *Tourism Management*, **31**, 537-546.

── コラム4 Column **交流分析と行動** ──

　交流分析（Transactional Analysis：TA）[1] は，自己発見と人間理解により「より良い人間関係をもとめる気づきの科学」といわれ，相手を変えるより，まず自分の行動や態度に気づき，自分を変えることが先決と考える。この理論は集団治療法としてだけでなく，家庭や職場など人と人とが交流する場で人間関係の改善や行動改善のために利用されている。

　交流分析理論の自我状態分析では，自分の自我状態，つまり「これが自分である」という「これ」を知ることであり，自分の考えや行動様式，感情のもとになっているものに気づくことを目的としている。

　自我状態は 3 つの構造，親（Parent：P），大人（Adult：A），子供（Child：C）で成り立ち，人との交流の過程でさらに 5 つに分かれ，批判的な親（Critical Parent：CP），保護的な親（Nurturing Parent：NP），大人（Adult：A），自由な

子供（Free Child：FC），順応な子供（Adapted Child：AC），に分かれる（図4-1）。

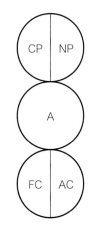

　Pの自我状態は，あなたが子どものときに親がよくやった行動や感情と同様に振舞う状態である。その中でもCPは叱られたり教えられたりすることによって形成され，秩序や行動をコントロールする際に重要となるものである。NPは，励まされたり，褒められたりすることで形成されるもので，思いやりをもち，人の世話をしたり，人への基本的信頼感を育てるものである。Aの自我状態は冷静に判断する大人としての状態で，現実的で計画を立てて物事に冷静に対処するときに必要となるものである。Cの自我状態は，子供のときの感情的体験がそのまま再現される状態であり，天真爛漫で自己中心的である。本能的で好奇心旺盛な

図4-1　自我状態の構造

振る舞いをするFCと，親の期待に沿うような行動をとろうとするACに分けられるとされる。これらの5つはどれがよいとか悪いとかではなく，それぞれに長所と短所をあわせもっている。

　以上のことを理解した上で，エゴグラム[2]を使って自我状態をチェックし，自分の考えや行動様式がどのようなものか明らかにしよう。

表4-1　エゴグラム自己診断テスト
（井原，2001より作成，Pp. 17-20）

　以下の質問に，はい（○），どちらともいえない（△），いいえ（×）のようにお答えください。全部で50問あります。

CP	1	人の言葉をさえぎって，自分の考えを述べることがありますか。		合計点
	2	他人をきびしく批判する方ですか。		
	3	待ち合わせ時間を厳守しますか。		
	4	理想をもって，その実現に努力しますか。		
	5	社会の規則，倫理，道徳などを重視しますか。		
	6	責任感を強く人に要求しますか。		
	7	小さな不正でも，うやむやにしない方ですか。		
	8	子供や部下を厳しく教育しますか。		
	9	権利を主張する前に義務を果たしますか。		
	10	「…すべきである」「…ねばならない」という言い方をよくしますか。		

NP	1	他人に対して思いやりの気持ちが強い方ですか。		合
	2	義理と人情を重視しますか。		
	3	相手の長所によく気がつく方ですか。		
	4	他人から頼まれたらイヤとはいえない方ですか。		計
	5	子供や他人の世話をするのが好きですか。		
	6	融通がきく方ですか。		
	7	子供や部下の失敗に寛大ですか。		
	8	相手の話に耳を傾け，共感する方ですか。		点
	9	料理，洗濯，掃除などが好きな方ですか。		
	10	社会奉仕的な仕事に参加することが好きですか。		

A	1	自分の損得を考えて行動する方ですか。		合
	2	会話で感情的になることは少ないですか。		
	3	物事を分析的によく考えてから決めますか。		
	4	他人の意見は，賛否両論を聞き，参考にしますか。		計
	5	何事も事実に基づいて判断しますか。		
	6	情緒的というより，むしろ理論的な方ですか。		
	7	物事の決断を苦労せずに，すばやくできますか。		
	8	能力的にテキパキと仕事を片付けていく方ですか。		点
	9	先（将来）のことを冷静に予測して行動しますか。		
	10	身体の調子の悪い時，自重して無理を避けますか。		

FC	1	自分をわがままだと思っていますか。		合
	2	好奇心が強い方ですか。		
	3	娯楽，食べ物など満足するまで求めますか。		
	4	言いたいことを遠慮なく言ってしまう方ですか。		計
	5	欲しいものは，手に入れないと気が済まない方ですか。		
	6	"わあ""すごい""へぇー"など感嘆詞をよく使いますか。		
	7	直感で判断する方ですか。		
	8	興にのると度をこし，はめをはずしてしまいますか。		点
	9	怒りっぽい方ですか。		
	10	涙もろい方ですか。		

AC	1	思っていることを口に出せない性格ですか。		合
	2	人から気に入られたいと思いますか。		
	3	遠慮がちで消極的な方ですか。		
	4	自分の考えをとおすより，妥協することが多いですか。		計
	5	他人の顔色や，言うことが気にかかりますか。		
	6	つらい時には，我慢してしまう方ですか。		
	7	他人の期待にそうよう，過剰な努力をしますか。		
	8	自分の感情を抑えてしまう方ですか。		点
	9	劣等感が強い方ですか。		
	10	現在「自分らしい自分」「本当の自分」から離れているように思えますか。		

採点法
　○を2点，△を1点，×を0点として，それぞれの項目ごとに合計点を出し，下のグラフに折れ線グラフを書いてください。

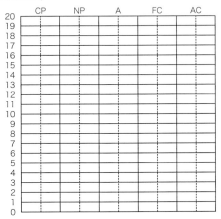

エゴグラムの読み方
　①CP が高い場合は，道徳心が強く，命令や指示を与えるなど一定の価値観を人に押し付ける傾向がある。
　②NP が高い場合は，人が援助を必要としているとき，積極的に援助をしたり，面倒を見る，親切な言葉をかけるなどの行動をする傾向がある。
　③A が高い場合は，理性的で事実に基づいてデータを整理，統合する能力に富んでいて，最も適切な行動に移るためによく考え，その行動の可能性や結果をあらかじめ推定することができる。
　④FC が高い場合は，本能的で，積極的，好奇心や創造性に富み，率直な気持ちを表現する傾向がある。
　⑤AC が高い場合は，相手の期待にこたえて順応性の高い行動をする反面，自分を抑圧しすぎてストレスをためこむ傾向がある。

1）交流分析とは精神分析学者である米国のエリック・バーン（Eric Berne）によって創始された人間の行動に関する理論体系の一つである。
2）エゴグラムのチェックリストとして，杉田（1990），TEGⅡ（東京大学医学部心療内科 TEG 研究会，2012）などがある。

引用文献・参考文献

井原伸充　2001　TA（交流分析）手法を活用したよりよい接遇応対　ビジネス教育出版社
畔柳修　2012　職場に活かす TA 実戦ワーク　金子書房
日本交流分析協会　2011　人間力を活かす「TAマネージャーになろう」　鳥影社
杉山峰康　1990　交流分析のすすめ人間関係に悩むあなたへ　日文選書
東京大学医学部心療内科 TEG 研究会（編）　2012　新版 TEGⅡ　金子書房

第5章

従業員満足

中村さんはホテルでフロント担当をしている。でも彼女は職場に不満があり，仕事をやめたいと思っている。その理由は，お客様からのクレームにどう対応したらよいかわからないときがある，先輩に聞いても教えてくれない，自分の仕事の範囲がはっきりしていないので仕事の達成感が得られない，そのためストレスが溜まっているからである。

このように従業員満足や職務満足の低いホテルでは顧客満足も低い。それは，従業員が職場や自分の仕事に不満をもっていては心のこもった良いサービスを提供することは難しく，その結果，顧客が認知するサービスの品質は低く（Gazzoli, Hancer & Park, 2010），したがって，顧客満足も低くなると思われるからである。では従業員が自分の仕事にやる気をもって取り組むためには，どのような要因が重要となるのであろうか。第5章では，従業員満足を向上させる要因とそのプロセス，顧客満足との関わりを明らかにする。また，従業員満足に影響を及ぼすといわれている感情労働とストレス，バーンアウトについて検討する。

1．従業員満足と動機づけ

（1）従業員満足とサービス・プロフィット・チェーン

従業員満足を高めることが顧客満足をあげ，それが顧客ロイヤルティを高め，その結果として企業の売上げや利益につながることを示したモデルとして，サービス・プロフィット・チェーンが広く知られている（Sasser, Heskett, Schlesinger, Loveman & Jones, 1994）（図5-1）。

サッサーら（Sasser et al., 1994）は，顧客満足が高く成功している企業を分

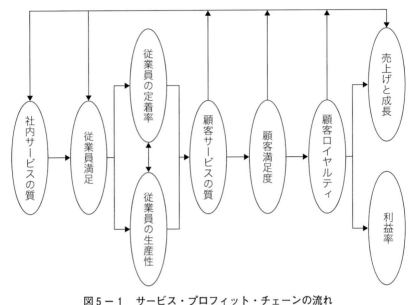

図5−1　サービス・プロフィット・チェーンの流れ

(Sasser et al., 1994 より一部修正して作成，p. 18)

析し，次のことを発見した。①職場の設計などの社内のサービスの質が従業員満足に影響を及ぼし，②その従業員満足の高いことが，従業員の企業の定着率と従業員の生産性に影響を及ぼし，③それらが顧客サービスの質へ影響を及ぼす。④そのサービスの質の高いことが顧客満足度に影響を及ぼし，⑤それが顧客ロイヤルティに影響を及ぼし，高いロイヤルティをもつ顧客が多いことが，⑥その企業の売上げと利益率に影響を及ぼす。そして企業の売上げと利益率が高いことが社内のサービスの質や従業員満足へ影響を及ぼすという循環が起こることを発表した。従業員が自分の仕事や職場に満足していることは，企業の目標とする顧客満足と顧客ロイヤルティを高め，結果として企業の売上げや成長，そして利益が見込まれるというのである。

　従業員満足をあげるために，サッサーらは社内のサービスの質として，サービスを提供する際の自由度など仕事がしやすい職場の整備と職務設計，優秀な

従業員の選抜と育成，適正な従業員の報酬と認知，IT 設備や顧客情報ファイルなどの支援体制をその要件としてあげている。これらの要件が整っていることで，従業員はサービスを提供する際に仕事を円滑に進めることが可能となり，仕事へのモチベーションや職務満足があがり，それは仕事への生産性の向上につながる。円滑に仕事ができる職場の離職率が下がり，このことはその従業員が担当している顧客を失わずにすむということでもある。サッサーらによれば，たとえば証券会社の場合，優秀な仲買人を一人失うことで発生する損失として，ざっと計算すると一人の仲買人が年間 100 万ドルの委託手数料をもらえる顧客と再び関係を築くまでに，およそ 5 年の年月が必要であり，累計するとおよそ 250 万ドルの委託手数料が失われると説明している。

　社内のサービスの質が従業員満足に及ぼす影響について，スピネリとカノボス（Spinalli & Canavos, 2000）がアメリカのホテル従業員を対象に，どのような要因が従業員満足に影響を及ぼすのかを検討した。その結果，従業員が企業の意思決定に参加し，自由に意見をいうことができるなどエンパワーメントが与えられ，適切な従業員の教育訓練と充分な福利厚生がなされていること，有能なジェネラルマネージャーがいることなどが従業員満足に影響を及ぼしていた。従業員が満足するためには，サッサーらが指摘しているように，エンパワーメントが与えられている仕事のしやすい職場の整備や，従業員の教育訓練や報奨制度の見直しが重要であるとともに，マネージャーのリーダーシップが重要であることが示唆されている。ホスピタリティ産業において，リーダーシップが重要であるという先行研究（Blanchard, 2007 ; Ranb & Robert, 2012）を支持する結果であった。

　コーエンとオルセン（Cohen & Olsen, 2013）は，社内のサービスの質として，IT 情報が従業員の仕事の成果や企業の業績に影響を及ぼすのかを検討している。そこではホテル，モーテルなどの宿泊施設の所有者やマネージャー 112 名を対象にして，質問紙調査を行った。その結果，IT 設備があり，そこから顧客情報を自由に取り出せることが，企業の業績（客室稼働率，新規顧客獲得，市場占有率，利益率，売上げなど）と関わりがあった。また IT 情報があることで顧

客の満足度やロイヤルティがあがり，それが企業の業績に影響を及ぼしていることが明らかにされた。顧客の個々のニーズに応えるためには，顧客情報の蓄積とそれらを社内で共有し自由に知る機会が与えられていることが顧客満足を向上させ，結果的に企業の売上げ，成長，利益率につながることが明らかにされている。

　ユングとヨーン（Jung & Yoon, 2013）の研究では，従業員満足を向上させる要因（仕事内容，スーパーバイザー，給与，同僚）が顧客満足ならびに顧客ロイヤルティに及ぼす影響を検討している。彼らはファミリーレストランの従業員69 名とそれらの従業員のサービスを受けた顧客258 名を対象に，質問紙調査を行った。その結果，従業員満足を向上させる要因の評価の高いことが顧客満足に影響を及ぼし，顧客満足の高いことが顧客ロイヤルティに影響を及ぼすことが明らかになった。上司が自分を公平に扱ってくれ，自分の仕事内容が明確でやりがいを感じ，仕事仲間や給与にも満足していることから，顧客に提供するサービスの品質もあがり，それが顧客満足に影響を及ぼし，その結果，顧客ロイヤルティが高くなったことが推測できよう。

　以上の 3 つの先行研究からは，従業員満足に影響を及ぼす要因としては，サッサーらが指摘しているように，エンパワーメントが与えられ自分の意見を仕事に反映できるなど自由度が確保されている職場や IT 整備が整っていること，適切な対応をするために必要な教育訓練，適正な報酬制度や福利厚生がなされていること，それらに加えて上司や同僚の役割が重要であることが示唆されている。

　職務満足が顧客の評価したサービスの品質，顧客満足，顧客ロイヤルティにどう関わるかの検討も行われている。ゴウナリスとボウキス（Gounaris & Boukis, 2013）は銀行の窓口担当者とその担当者に担当してもらった顧客を対象に，窓口担当者の「職務満足」と顧客の評価（「サービス品質」の評価と「顧客満足」），顧客のロイヤルティ（「関係のスイッチングコスト」と「再利用」）との関わりを検討している。「関係のスイッチングコスト」とは，もしその銀行との取引をやめた場合，新たに銀行を探して，担当者との関係を築くのにかかる時

間的，金銭的なコストのことをさす。顧客はその銀行に満足をしているほど，顧客のスイッチングコストが高くなることから，取引をやめた時に被る損失が大きいと考えているということになる。検討の結果は，「職務満足」の高いことが顧客の評価に影響を及ぼし，それが顧客ロイヤルティに影響を及ぼすという結果であった。また，「職務満足」の高いことが顧客の評価である「サービス品質」の評価と「顧客満足」，顧客ロイヤルティの「関係のスイッチングコスト」に，それぞれ直接影響を及ぼしていた（図 5 - 2）。

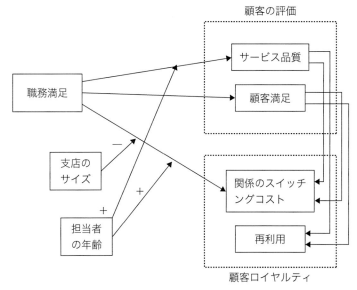

図 5 - 2　職務満足と顧客の評価，顧客ロイヤルティとの関わり
（Gounaris & Boukis，2013 より一部修正し作成，p. 29）

　このことは職務満足の高い担当者が個々の顧客のニーズにあったサービスを提供していることから，顧客のサービス品質の評価や顧客満足も高く，担当者との関係も良いため，その関係性を失いたくないと考えていることが示されている。また「職務満足」と「関係のスイッチングコスト」との関わりは銀行の

支店のサイズが小さいほど強いという結果であった。支店のサイズが小さく担当者の数も限られていることから，担当者から個別的な対応を受けることができるためその関係性を維持したいと考えていることが示されている。また「職務満足」と「サービス品質」，「関係のスイッチングコスト」との関わりは，担当者の年齢が高いほど強いという結果であった。自分の仕事に自信をもった年齢の高い担当者の方が仕事の経験年数も長く，より個々のニーズにあった対応をしているのであろう。年齢の高い担当者がよりよいサービスを提供し，顧客からの評価も高いという先行研究を支持する結果であった（山口・小口，2001）。

　以上のように，従業員満足を向上させる要因，顧客満足，顧客ロイヤルティの関わり，さらには職務満足とサービスの品質，顧客ロイヤルティとの関わりが明らかになった。では，従業員満足を向上させる要因の中でも，とりわけどの要因によって従業員の仕事への動機づけが高まり，自ら進んで仕事を行い，そこに喜びを見出すことができるのであろうか。次節では，職務満足に焦点をあてて，その動機づけおよび個人の特性の側面から検討する。

（2）職務満足と動機づけ

　職務満足とは何か，ここで改めて確認をしておきたい。職務満足とは，仕事への満足，仕事に関する態度をさす（高木，2001）。また，職務満足とは，仕事や仕事における経験に対する承認の結果として起こる肯定的な感情，たとえば幸せや喜びであると定義されている（Edward & Scullion, 1982 ; Locke, 1976）。このように職務満足は態度や感情であり，職務満足が低いとその仕事に対しての動機づけは低下する。職務満足と動機づけとの関わりについては，ハーズバーグ（Herzberg, 2003）によって提唱された理論である 2 要因理論[1]を取り上げ考えてみよう。

　この理論は，どうすれば部下や従業員を動機づけさせ，仕事をやる気にさせることができるかを検討したものとして，動機づけ理論ともいわれる。ハーズバーグは，インタビュー調査を行い，人間には 2 つの異なる欲求があり，それらは飢えなどの環境からの苦痛を回避したいという欲求と，達成を通して精神

的成長を経験したいという欲求があることを見出した。職場において苦痛を回避したいという欲求としての要因には，企業の管理，監督，対人関係，作業条件，給与，身分や福利厚生などの職場環境があげられ，それらを「衛生要因」と呼んだ。また，職場において達成することで精神的成長を経験したいという欲求を満たす要因として，達成，達成の承認，仕事そのもの，責任，成長ないし昇進などの仕事の内容があげられ，それらを「動機づけ要因」とした。「衛生要因」はそれがないと不満足（苦痛）をもたらす要因であるが，それがあったとしても完全に満足するということはない。つまり，給与が非常に低いと不満足につながるが，給与があがったとしても，そのときはうれしくて満足するがそれに慣れてしまったあとは，さらによい給与がほしいと思うようになるという。これに対して「動機づけ」要因は，内発的高次の欲求であり，それがあると満足をもたらす要因である。つまり，人は目標を達成できたり，達成できたことを人に認めてもらったときに満足を感じ，それを得たいと思ってさらに自分の目標にむかって打ち込むようになるというのである。

　安達（1998）はセールス職についている従業員に対して質問紙調査を行い，ハーズバーグの「動機づけ要因」にあたる「職務内容に関する満足感」（仕事へのやりがい，自分の仕事に対する周囲からの認知，仕事への適合）が，「職務関与」（仕事に打ち込んでいるなど）に影響を及ぼし，それが「職務への動機づけ」（仕事に打ち込んでいることで達成感を感じる，など）に影響を及ぼすことを明らかにしている。この結果はハーズバーグの研究結果を支持するものであった。しかし，ハーズバーグが「衛生要因」に関わりがあるとしている「給与に関する満足感」や「職場の人間関係に関する満足感」，「顧客との関係に関する満足感」は，ハーズバーグの「動機づけ要因」にあたる「職務内容に関する満足感」と関わりがあった。この結果からは，セールス職などの仕事の場合は給与が動機づけにつながり（村杉，1987），日本人の場合は人間関係が「動機づけ要因」の特性となる（所，1984）ことが示されている。

　職務満足には個人の特性が関わっているという主張もある。ストーとロス（Staw & Ross, 1985）は同じ仕事についていても，いつも不満をもっている人

とそれほどではない人がいるように，少なからず個人の特性が職務満足に影響
を及ぼしているというのである。ワトソンとスラック（Watson & Slack, 1993）
は職務満足と個人の特性について縦断研究を行い，個人の特性の肯定的感情傾
向（日常生活で経験する刺激に対して楽しさや満足をより強く感じる傾向）をもつ人
の方が，否定的感情傾向（内向的で周りの人に対して否定的な側面に注目しやすく，
自分の生活にも不満をもちやすい傾向）をもつ人に比べて，職務満足が高いことを
明らかにしている。この研究からは，個人の特性によって職務満足の高さが異
なることが示されている。また，個人の特性は，ハーズバーグの「動機づけ要
因」にあたる仕事への挑戦や達成に対する満足と関わりがあることも明らかに
されている。仕事への挑戦や達成に関する満足は，感情的な要素が強いことか
ら個人の特性に影響されるのであろう。

　さて，本章の冒頭であげた中村さんのように，ホスピタリティ産業で顧客と
直接関わることを職務としている者は感情労働についているといわれている。
第2節ではこの感情労働という概念から，従業員と顧客との間でどのようなメ
カニズムが働き，従業員満足や顧客の評価へ影響を及ぼすかを考えてみたい。

2．感情労働と感情提示

（1）感情労働（Emotional Labor）と感情提示（Emotional display）

　感情労働という概念は，ホックシールド（Hochschild, 1983）によって紹介さ
れた。「サービス経済化」がすすんだ日本においても，この概念はさまざまな
ところで取り上げられている。感情労働とみなされる職務要件について，久保
（2012）は，ホックシールドの主張から，以下の3つをあげて説明している。

①　対面あるいは声による顧客との接触が不可欠である。
②　他人の中に何らかの感情変化（感謝や恐怖心など）を起こさなければなら
　　ない。
③　雇用者は，研修や管理体制を通じて労働者の感情活動をある程度支配す
　　る。

　感情労働についてホックシールドは，航空会社の客室乗務員を対象に調査を行った。そこでは，自分が感じるべき感情，つまり自分の勤務する航空会社を顧客が利用してくれてうれしいという感情を感じるべきであるという規則（感情規則）に従って，その感情を感じるように努力する行為（感情管理）をし，その感情を表すように教育されていると指摘した。本来，感情管理は他者から強制されるものではなく，自発的な行為である。それが組織に利用され労働として賃金に交換されるときに，その行為は感情労働になる（久保，2012）という。
　感情労働についている従業員がどのように感情提示を行い，顧客の評価や従業員自身に影響を与えるのかについての検討は，2つのパス（path）から行われている（Grandey, Diefendorff & Rupp, 2013）（図5−3）。

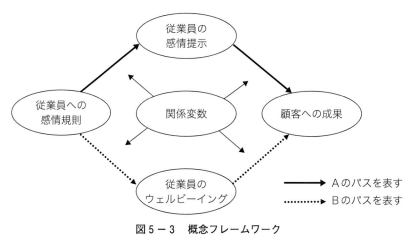

図5−3　概念フレームワーク
（Grandey et al., 2013 より作成，p. 129）

　一つは，従業員への感情規則が彼らの感情提示にどのように影響を及ぼし，それが顧客への成果（サービスの品質や顧客満足）へ及ぼす影響についての検討（A）であり，もう一つは，従業員への感情規則が従業員のウェルビーイング（well-being）[2]にどのように影響を及ぼし，それが顧客への成果（サービスの品質や顧客満足）へ及ぼす影響についての検討（B）である。

1）感情規則と感情提示

　従業員への感情規則が彼らの感情提示，顧客への成果に及ぼす影響についての検討（A）は，その多くが感情伝染（emotional contagion）[3]のメカニズム（Schoenewolf, 1990）の側面から行われている。感情伝染とは，他者の顔の表情や音声，姿勢などを自動的に模倣し，同期し（時間的に一致させること），結果として情動的に他者と一致する傾向のことをいう。この感情伝染には①単純な感情伝染（primitive emotional contagion），②意識的感情伝染（conscious emotional contagion）の2つの種類がある。

　①単純な感情伝染とは，擬態（mimicry）とも呼ばれるもので，意識せずに相手の顔面表情に反応して同じような表情になり，同じような行動を行うことをさす。笑顔の従業員の対応を受けた顧客が笑顔で答えるなどは，単純な感情伝染が起こっているのである。擬態は，相手に好意をもっていることやラポール（rapport）[4]，コミュニケーションを続けたいという気持ちを相手に伝える（Chartrand & van Baaren, 2009）。したがって，擬態はコミュニケーションをスタートさせる時に役立つ。

　単純な感情伝染の擬態のメカニズムの検討はキムとヨーン（Kim & Yoon, 2012）が行っている。キムとヨーンは従業員の感情提示が顧客の感情提示にどのように影響し，従業員のムードが変化するかについて，検討を行った。そこでは，2名の研究者が洋服やアクセサリーを扱う店舗の117名の従業員とその店を訪れた顧客との相互作用を観察し，顧客には質問紙に回答を求めた。その結果，従業員の肯定的感情提示（笑顔，アイコンタクト，喜びの表現，挨拶とお礼の言葉）は，顧客の肯定的感情提示に影響を及ぼし，それが従業員の肯定的ムードに影響を及ぼしていることが明らかになった。感情規則に従って笑顔で挨拶をする従業員に対して，顧客が無意識のうちに笑顔で挨拶を返すなど，単純な感情伝染，つまり擬態が起こり，それが従業員を幸せな気持ちにさせていることが推測できる。この結果は，バーガーとグランデイ（Barger & Grandey, 2006）の結果を支持するものであった。擬態のメカニズムについての検討は，銀行の窓口担当者の肯定的感情提示が顧客の肯定的感情提示に影響を及ぼし，

それが顧客の認知するサービス品質に影響を及ぼしていたという研究結果（Pugh, 2001）や，靴の小売販売店でのスタッフの肯定的感情提示が顧客の満足度に影響を及ぼし，それがスタッフに対する好感度に影響し，再来店に結びついているという研究結果（Tsai & Huang, 2002）も明らかにされている。

　感情伝染の②意識的感情伝染は，社会的相互作用を促進させるために，自分が相手の立場だったらどう感じるかを想像したり（パースペクティブ・テイキング[5]），相手の感情を理解してその感情を自分に取り入れるように意識しつつ（共感），自分の感情を伝えることである。たとえば，来店した顧客に対して，自分が顧客だったらこんな出迎えをしてもらいたいと思う挨拶をする，あるいは自分の店に来てくれてありがとうという気持ちで，笑顔で挨拶をするなどがこれにあたる。この意識的感情伝染は単純な感情伝染と比べて顧客からの評価が高いといわれている（Groth, Hennig-Thurau & Wang, 2013）。

　このように従業員が顧客の感情を理解して，その感情を自分に取り入れるよう意識しつつ表す感情提示を「深層演技（deep acting）」といい，表面的に感情を見せかけで表す感情提示を「表層演技（surface acting）」という。「深層演技」で心を伴った自然な感情を表す従業員の方が，顧客からの評価が高い（Grandey, Fisk, Mattila, Jansen & Sideman, 2005）。

　グランデイら（Grandey et al., 2005）の研究では，従業員の心からの感情提示（深層演技）と顧客の満足度を検討している。研究1では実験協力者であるホテルのフロント担当者に2種類の感情を表すように依頼している。一つは心からアイコンタクトと笑顔を表すこと（深層演技）を，もう一方は表面的にアイコンタクトと笑顔を表すこと（表層演技）を依頼し，ホテルのフロント業務を行ってもらい，その様子をビデオ撮影した。そのビデオを実験参加者が評価し，その結果，心からアイコンタクトと笑顔を表している担当者の方を親しみやすいと評価し，満足度も高いという結果であった。とりわけ，適切な業務が行われていたときのアイコンタクトと心からの笑顔は，適切な業務が行われていない時に比べて，満足度が高いという結果であった（図5－4）。人は表面的か心からの感情表現かを見破るのである（Ekman & O'Sullivan, 1991；Ekman, O'

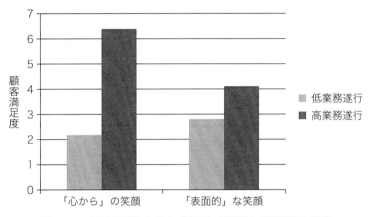

図5-4 顧客満足における「笑顔」の種類と業務遂行の関係
(Grandey et al., 2005 から一部修正して作成, p. 46)

Sul- livan & Frank, 1999)。

2) 感情規則とウェルビーイング

　従業員への感情規則が従業員の健康や顧客の成果に及ぼす影響についての検討 (B) は，ラムとチェン (Lam & Chen, 2012) が従業員の感情規則による感情提示として「深層演技」と「表層演技」を取り上げ，それらと職務満足，サービスの品質評価，転職率に及ぼす影響を検討している。その結果，「深層演技」を行うフロントスタッフは職務満足が高く，顧客からのサービスの品質評価も高いことが明らかになった。フロントスタッフのウェルビーイングが顧客のサービスへの品質評価に影響を及ぼしていることが示されている。心からの感情を表すことで，自分の本来の感情と表す表現との間に矛盾が生まれないためストレスをためることが少なく，仕事に対する満足度も高い。したがって顧客のニーズにあったサービスを提供できることから，サービスに対する顧客の評価も高いのであろう。また，職務満足の高いことが低い転職率に影響を及ぼしていることも明らかになっている。

　「深層演技」，「表層演技」とストレスとの関わりについては，グランデイ，

ディックターとシン（Grandey, Dickter & Sin, 2004）が検討している。そこで
は，コールセンターのスタッフのストレスを測定し，くわえて顧客からの攻撃
的な言葉（叫ぶ，侮辱するなど）に対して感情規則にそった対応をするように指
示をした。深層演技では，相手の視点に立って物事を捉える（パースペクティブ・
テイキング），物事の良い面に目を向ける（肯定的焦点），表面的に感情を表す
（表層演技），感情を言葉に出す，などの対応をするよう指示し，それらの対応
とスタッフのストレスとの関わりを検討した。その結果，ストレスの低いス
タッフは，相手の視点に立って物事を捉え，物事の良い面に目を向けるなど深層
演技で対応を行っていた（表5-1）。ストレスの低いスタッフは，顧客の攻撃
的な言葉に対しても顧客の立場に立って物事を捉えたり，顧客の良い面に目を
向けることができるのであろう。これに対してストレスの高いスタッフは，心
にゆとりがなく，表面的に感情を表す「表層演技」をしたり，感情を言葉に出
していたスタッフであった。感情規則にそった感情提示はストレスの高低の影
響を受けるといえよう。

　従業員への感情規則 → 従業員の感情提示 → 顧客への成果（A）と従業員へ
の感情規則 → 従業員のウェルビーイング → 顧客への成果（B），の → の部分
に影響を与えている変数である関係変数（図5-3）については，サービスの
特徴，顧客の特徴，関係の特徴について，それぞれ検討が行われている。サー
ビスの特徴では，サービスの接触頻度がそのサービスの内容によっては顧客に

表5-1　ストレス評価による感情規則のタイプ

	表層演技	深層演技		感情を言葉に出す
		肯定的焦点	パースペクティブ・テイキング	
高ストレス評価	<u>1.42</u>	0.61	1.08	<u>0.41</u>
低ストレス評価	1.21	<u>0.87</u>	<u>1.53</u>	0.20

（Grandey et al., 2004 より一部削除修正して作成，p. 411）
（注1）数値は平均値を表す。
（注2）下線のある数字は有意差があった数値

ストレスを与えたり，動機づけたりすることが明らかにされている（Grandey & Diamond, 2010）。顧客の特徴では，顧客の情緒安定性や感じの良さが顧客自身の感情提示や従業員の感情提示に影響を与えることが（Kim & Yoon, 2012），関係の特徴では，従業員と顧客との関係の長さが信頼関係を築き，たとえ従業員にサービスの失敗があったとしても軽減されることが明らかにされている（Mattila, 2001）。このようにさまざまな要因が従業員の感情提示やウェルビーイングに影響を与えていることが明らかになっている。しかし関係変数の研究については十分になされているとは言い難く，今後さらなる研究が必要である（Groth et al., 2013）。

3．従業員満足とバーンアウト

（1）役割ストレスとバーンアウト（burnout）

　ホックシールド（Hochschild, 1983）は，客室乗務員の感情労働の検討から，彼女たちが「お客様の前では笑顔を表すべきである」という感情規則にのっとって仕事をするように義務づけられていることを明らかにしている。しかしシフトがきつくなり，感じてはいけないといわれている感情，「疲れて笑顔なんかだせない」，「感じよくふるまうのはもういやだ」などを感じる機会が多くなると，感情規則にそって仕事をすることができなくなる。しかし，「笑顔を表さない客室乗務員は，客室乗務員としてふさわしくない」と一般的には思われているために，客室乗務員としてのアイデンティティを保とうとする限り，自分の感情を管理しようとする。そこで，感情の管理に失敗すると，「自分は客室乗務員としてふさわしくない，失格だ」と自らを責めることになり，アイデンティティ・クライシス（identity crisis）[6]を生じると説明している。つまり，個人のニーズや価値観とその人に求められている役割が両立しないため「役割葛藤」を起こしているのである。このような「役割葛藤」は役割ストレスの一つに分類される。

　役割ストレスには，3つの種類があり，それらは前述した自我対役割の葛藤

である「役割葛藤」，責任の範囲や境界線が曖昧であったり，責任を果たすための手段や行動に関する情報が不足している場合などに起こる「役割の曖昧性」，期限内に行うことのできる範囲を超えた期待を上司から寄せられた場合などに起こる「役割過重」がある。本章冒頭の中村さんは「役割の曖昧性」によってストレスをためていたのであろう。

　感情の管理を常に行うことは，ある特定の感情を表出したり，抑制したりすることを強いられることでもある。それが長く続くと，あるとき突然何もやりたくない，そして仕事を辞めるなどということも起こる。このような状態をバーンアウトという。バーンアウトはヒューマン・サービスの仕事といわれている医療や福祉，教育などの現場で特に多く起こるといわれ，その研究も多く行われている（武井，2006；諏訪，2011）。バーンアウトとは，燃えつき症候群と訳されることもあり，過度で持続的なストレスに対処できずに，張りつめていた緊張が緩み，意欲や野心が急速に衰えたり，乏しくなったときに表出される心身の症状であるとされている（久保・田尾，1991）。

　マスラックとジャクソン（Maslach & Jackson, 1981），マスラック，シャウフェリとレイター（Maslach, Schaufeli & Leiter, 2001）によれば，バーンアウトに陥った人は，疲れ果てたなど心理的な疲労感である「情緒的消耗感（emotional exhaustion）」，対人関係で個人差などを無視して機械的に接する傾向である「脱人格化（depersonalization）」がおこり，達成したという気分である「個人的達成感（personal accomplishment）」が低下するといわれている（バーンアウト尺度について，詳細はコラム．を参照のこと）。

（2）バーンアウトの原因

　バーンアウトの原因について，状況要因と個人的要因から考えてみる。まず状況要因では，社会的交換理論（social-exchange theory）[7]から2つの研究をみてみよう。

　ヴァンホーン，シャウフェリとエンザン（van Horn, Schaufeli & Enzmann, 1999）はオランダの小中学校の先生を対象に，先生と生徒（個人と個人），先生

と学校（個人と組織）のそれぞれの相互作用で，どれだけ自分が努力をしているか（investment：投資），それに対して生徒や学校はどの程度自分の努力に報いてくれているか（outcome：結果），質問紙による調査を行った。その結果，先生と学校との相互作用において，自分の努力（投資）と比べて学校からの返報（結果）が少ないほどバーンアウトの「情緒的消耗感」が高くなることが明らかになった。ヴァンホーンらはバーンアウトが起こった理由として，学校内にさまざまな規則があるため，先生は自由な方法で教えることができないことをあげている。また，年齢の高い先生の方が若い先生よりも，「個人的達成感」が低いという結果であった。この結果は，経験のある先生の方が「個人的達成感」は高いという先行研究と異なる結果であった（Friedman, 1991）。

　ベッカー，シャウフェリ，シクスマ，ボスヴェルドとディアレンドンク（Bakker, Schaufeli, Sixma, Bosveld & Dierendonck, 2000）は一般開業医と患者との相互作用がバーンアウトに与える影響について，1991年と1996年に検討を行い，努力（投資）に対して患者からの返報（結果）がなく相互性が見られないことが，「脱人格化」を起こしていることを明らかにしている。患者を治療する過程で，医師の努力に対して患者からの感謝が感じられない，あるいは治療の成果が見られないなど無力感に襲われて，患者と会いたくないなどと考えるようになったと推測できる。

　個人的要因では，個人の特性が仕事の遂行とバーンアウトに与える影響について検討が行われている。ウイット，アンドリューとカールソン（Witt, Andrews & Carlson, 2004）は，コールセンターの担当者92名を対象に，個人的特性の「勤勉性（または誠実性）（conscientiousness）」（詳細は第6章を参照のこと），通話量（5分ごとの電話応対の数），顧客のサービスの品質評価，「情緒的消耗感」との関わりについて検討を行った。その結果，「勤勉性」の高い担当者は低い担当者よりも，「情緒的消耗感」が高いと通話量が減り，「情緒的消耗感」が低いと通話量が増加するという結果であった（図5−5）。

　勤勉で誠実な人ほど自分のすべき仕事に一生懸命取り組むため，心理的疲労感がない場合に通話量が大幅にあがり，仕事の遂行がスムーズに行われること

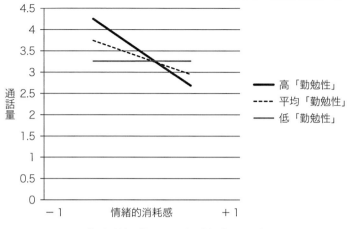

図 5 − 5　「勤勉性」,「情緒的消耗感」,「通話量」との関わり
（Witt et al., 2004 から作成,　p. 155）

が示されている。このことは，心理的疲労感がたまらないような組織の仕組み
が重要であり，それを整えることが作業能率を大きくあげることを示している。
　状況要因と個人要因の両面からバーンアウトについて検討した研究もみられ
る。グランデイら（Grandey et al., 2004）はコールセンターの担当者 198 名を
対象に，状況要因として「仕事の自律性」を，個人的特性として「否定的感情
傾向」を取り上げ，それらが顧客からの言語的攻撃（叫ぶ，侮辱するなど）の頻
度，ストレス評価に与える影響と，それらから生じる「情緒的消耗感」や欠勤
（3 カ月間に仕事を休んだ時間で測定）について検討を行っている（図 5 − 6）。
　その結果，「否定的感情傾向」の強い担当者ほど顧客からの言葉の攻撃の頻
度数とストレス評価が高いことで，「情緒的消耗感」を引き起こし，欠勤へと
つながっていることが明らかになった。「否定的感情傾向」の強い人は物事に
対して否定的状態になりやすく，恐れや不満ももちやすいことから，顧客から
の不満や侮辱する言葉に敏感に反応し対応する。そのため，顧客からの言葉の
攻撃頻度も多く，不満も強いため顧客からの言葉から受けるストレスも高い。
その結果，心理的疲労感も高くなり欠勤数が増えると推測できる。また，「仕

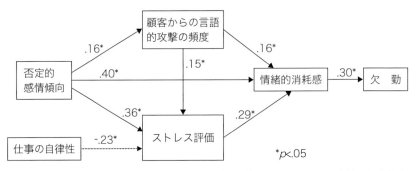

図5－6 「否定的感情傾向」,「仕事の自律性」が「顧客からの言語的攻撃の頻度」と「ストレス評価」,「情緒的消耗感」,「欠勤」に及ぼす影響
(Grandey et al., 2004 から一部修正して作成, p. 410)
(注) 数値はパス係数で,因果の強さを表わす。

事の自律性」が高いほど,顧客の言葉の攻撃によるストレス評価が低いという結果であった。「仕事の自律性」が高いということは,自分でどのように対応すればよいかを決定できるということでもあり,自分で決めた目標を達成できたときにはその喜びややりがいも大きいことから,顧客からの言葉による攻撃に対してもストレスが高くならないのであろう。「仕事の自律性」はバーンアウトに対しての緩衝材の役割を果たしているといえよう。「仕事の自律性」がストレス低下と関わりがあること (Johnson & Spector, 2007) やエンパワーメントが与えられている職場ではバーンアウトが起こりにくい (Yagil, 2006) ことは,先行研究からも明らかにされている。

　第5章では,従業員満足を高めるための要因とそのプロセス,顧客満足との関わりを明らかにした上で,従業員満足に影響を及ぼす感情提示やバーンアウトについて検討を行った。その結果,顧客への感情提示のあり方がサービスの品質評価や顧客満足を決定づける重要な要因の一つであり,その感情提示を行っている従業員の満足度を向上させることは企業において必須の課題であることが示されていよう。

【注】

1）ハーズバーグの二要因理論は，1969年にハーバード・ビジネス・レビューに掲載された論文が初出である。いわば古典的理論であるが，現在もさまざまな人事管理制度に貢献している（cf. DIAMONDハーバード・ビジネス・レビュー編集部，2009）。

2）ウェルビーイングとは，満足のいく状態，安寧，幸福，福祉の意味をもつ（松田，1991）。

3）emotional contagion の訳語として，情動伝搬，情動伝染などが考えられるが，本章では，感情伝染とした。

4）ラポールとは，親和関係を意味し，カウンセリングをはじめとする心理療法において，治療者（面接者）とクライアントの間に存在する人間関係をさす。治療者は親密で暖かい感情の交流をもつように心がけることが大切であり，ラポールが治療の第一歩であるとされる（cf. 中島・安藤・子安・板野・繁桝・立花・箱田，1999）。

5）パースペクティブ・テイキングとは，優勢で自動的，自己中心的な視点を離れ，それとは別の視点から出来事，他者，自己を眺め理解する認識作用といわれている（cf. 中江・古賀・平田・山口・坂井・押見，2000）。

6）アイデンティティ・クライシスとは，自己喪失，自己同一性の喪失であり「自分は何なのか」，「自分はこの社会で生きていく能力があるのか」という疑問にぶつかり，心理的な危機に陥ることをさす。

7）社会的交換理論とは対人間のやりとりを理論化したものである。シボーとケリー（Thibau & Kelley, 1959）は，対人関係の本質は相互作用にあるとして，二者間の社会的相互作用の分析を行い，相互作用の結果を報酬とコストの視点から理論化をした。そこでは，報酬とコストの差＝結果（outcome）が大きいほど人は満足をする。相互関係に満足するかどうかは，比較水準（ある結果が満足できるかどうかのその人の基準）との比較によって決まるとする（cf. 中島・安藤・子安・板野・繁桝・立花・箱田，1999）。

引用文献

安達智子　1998　セールス職者の職務満足感—共分散構造分析を用いた因果モデルの検討　日本心理学会，**69**(3)，223-228.

Bakker, A., Schaufeli, W. B., Sixma, H. J., Bosveld, W., & Dierendonck, D. V. 2000 Patient demands, lack of reciprocity, and burnout : A five-year longitudinal study among general practitioners. *Journal of Organizational Behavior*, **21**, 425-441.

Barger, P. B., & Grandey, A. A. 2006 Service with a smile and encounter satisfaction : Emotional contagion and appraisal mechanisms. *Academy of Management Journal*, **49(6)**, 1229-1238.

Blanchard, K. 2007 *Leading at a higher level*. 1st ed. Pearson Education. 田辺希久子・村田綾子（訳）2012 ケン・ブランチャード リーダーシップ論―より高い成果をいかにしてあげるか ダイヤモンド社

Chartrand, T. L., & van Baaren, R. 2009 Human mimicry. *Advances in Experimental Social Psychology*, **41**, 219-274.

Cohen, J. F., & Olsen, K. 2013 The impacts of complementary information technology resources on the service-profit chain and competitive performance of South African hospitality firms. *International Journal of Hospitality Management*, **34**, 245-254.

DIAMOND ハーバードビジネス・レビュー編集部（編訳）2009 〔新版〕動機づける力―モチベーションの理論と実践 ダイヤモンド社

Edward, P. K., & Scullion, H. 1982 *The social organization of industrial conflict : Control and resistance in the workplace*. Oxford : Basil Blackwell.

Ekman, P., & O'Sullivan, M. 1991 Who can catch a liar? *American Psychologist*, **46(9)**, 913-920.

Ekman, P., O'Sullivan, M., & Frank, M. G. 1999 A few can catch a liar. *Psychological Science*, **10(3)**, 263-266.

Friedman, I. A. 1991 High-burnout and low-burnout schools : School culture aspects of teacher burnout. *Journal of Educational Research*, **84**, 325-333.

Gazzoli, G., Hancer, M., & Park, Y. 2010 Employee empowerment and customer orientation : Effects on workers' attitudes in restaurant organizations. *International Journal of Hospitality & Tourism Administration*, **13**, 1-25.

Gounaris, S., & Boukis, A. 2013 The role of employee job satisfaction in strengthening customer repurchase intentions. *Journal of Service Marketing*, **27(4)**, 1-31.

Grandey, A. A., Dickter, D. N., & Sin, H-P. 2004 The customer is not always right : Customer aggression and emotion regulation of service employees.

Journal of Organizational Behavior, **25**, 397-418.

Grandey, A. A., & Diamond, J. A. 2010 Interactions with the public : Bridging job design and emotional labor perspectives. *Journal of Organizational Behavior*, **31**, 338-350.

Grandey, A. A., Fisk, G. M., Mattila, A. S., Jansen, K. J., & Sideman, L. A. 2005 Is service with a smile enough? Authenticity of positive displays during service encounters. *Organizational Behavior and Human Decision Processes*, **96**, 38-55.

Grandey, A. A., Diefendorff, J. M., & Rupp, D. E. 2013 *Emotional labor in the 21st Century*. Routledge.

Groth, M., Hennig-Thurau, T., & Wang, K. 2013 The customer experience of emotional labor. *Emotional Labor in the 21th Century*, In A. A. Grandey, J. M. Diefendorff, & D. Rupp（Eds.）, Routledge, Pp. 127-151.

Herzberg, F. 2003 *What is motivation?* Diamond Harvard Business Review（April）, 44-58.（訳）モチベーションとは何か──二要因理論：人間には2種類の欲求がある　ハーバード・ビジネス・レビュー　ダイヤモンド社

Hochschild, A. R. 1983 *The managed heart : Commercialization of human feeling*. University of California Press.　石川准・室伏亜希（訳）　2000　管理される心──感情が商品になるとき　世界思想社

Johnson, H. M., & Spector, P. E. 2007 Service with smile : Do emotional intelligence, gender, and autonomy moderate the emotional labor process? *Journal of Occupational Health Psychology*, **12**, 319-333.

Jung, H. S., & Yoon, H. H. 2013 Do employees' satisfied customers respond with an satisfactory relationship? The effects of employees' satisfaction on customers' satisfaction and loyalty in a family restaurant. *International Journal of Hospitality Management*, **34**, 1-8.

Kim, E., & Yoon, D. J. 2012 Why does service with a smile make employees happy? A social interaction model. *Journal of Applied Psychology*, **97(5)**, 1059-1067.

久保真人（編）　2012　感情マネジメントと癒しの心理学（第2刷）　朝倉書店

久保真人・田尾雅夫　1991　バーンアウト──概念と症状，因果関係について──　心理学評論, **34(3)**, 412-431.

Lam, W., & Chen, Z. 2012 When I put on my service mask : Determinants and outcomes of emotional labor among hotel service providers according to affective event theory. *International Journal of Hospitality Management*, **31**, 3-11.

Locke, E. A. 1976 The nature and causes of job satisfaction. In M. D. Dunnette (Ed.), *Handbook of industrial and organizational Psychology*, Rand McNally.

Maslach, C., & Jackson, S. E. 1981 The measurement of experienced burnout. *Journal of Occupational Behavior*, **2**, 99-113.

Maslach, C., Schaufeli, W. B., & Leiter, M. P. 2001 Job burnout. *Annual Review of Psychology*, **52**, 397-422.

松田徳一郎（監修）　1991　リーダーズ英和辞典　研究社

Mattila, A. S. 2001 The impact of relationship type on customer loyalty in a context of service failures. *Journal of Service Research*, **4(2)**, 91-101.

村杉健　1987　作業組織の行動科学─モラール・モチベーション研究─　税理経理協会

中江須美子・古賀ひろみ・平田万理子・山口一美・坂井剛・押見輝男　2000　パースペクティブ・テイキングと自己─Davis のパースペクティブ・テイキング尺度における検討　立教大学心理学研究，**42**，57-67.

中島義明・安藤清志・子安増生・板野雄二・繁桝算男・立花政夫・箱田裕司（編集）　1999　心理学辞典　有斐閣

Pugh, S. D. 2001 Service with smile : Emotional contagion in the service encounter. *Academy of Management Journal*, **44(5)**, 1018-1027.

Ranb, R., & Robert, C. 2012 Empowment, organizational commitment, and voice behavior in the hospitality industry : Evidence from a multinational sample, *Cornell Hospitality Quarterly*, **54(2)**, 136-148.

Sasser, W. E. Jr., Heskett, J. L., Schlisinger, L. J., Loveman, G. W., & Jones, T. O. 1994 Putting the service-profit chain to work. *Harvard Business Review*, March-April. 小野譲司（訳）　1994　サービス・プロフィット・チェーンの実践法　ダイヤモンド・ハーバード・ビジネスレビュー　ハーバードビジネス

Schoenewolf, G. 1990 Emotional contagion : Behavioral induction in individuals and groups. *Modern Psychoanalysis*, **15(1)**, 46-61.

Spinelli, M. A., & Canavos, G. C. 2000 Investigating the relationship between employee satisfaction and guest satisfaction. *Cornell Hotel and Restaurant Administration Quarterly*, December, 29-33.

Staw, B. M., & Ross, J. 1985 Stability in the midst of change : A dispositional approach to ob attitudes. *Journal of Applied Psychology*, **70**, 469-480.

諏訪きぬ（監修）　2011　保育における感情労働―保育者の専門性を考える視点として―　北大路書房

高木修（監修）　2001　田尾雅夫（編集）　満足感　組織行動の社会心理学　北大路書房

武井麻子　2006　ひと相手の仕事はなぜ疲れるのか―感情労働の時代　大和書房

所正文　1984　中間管理職層の職務満足感と人格特性　応用心理学研究, **9**, 23-33.

Tsai, W., & Huang, Y. 2002 Mechanisms linking employee affective delivery and customer behavioral intentions. *Journal of Applied Psychology*, **87(5)**, 1001-1008.

van Horn, J. E., Schaufeli, W. B., & Enzmann, D. 1999 Teacher burnout and lack of reciprocity. *Journal of Applied Social Psychology*, **29(1)**, 91-108.

Watson, D., & Slack, A. K. 1993 General factors of affective temperament and their relation to job satisfaction over time. *Journal Organizational Behavior and Human Decision Processes*, **54**, 181-202.

Witt, L. A., Andrews, M. C., & Carlson, D. S. 2004 When conscientiousness isn't enough : Emotional exhaustion and performance among call center customer service representatives. *Journal of Management*, **30(1)**, 149-160.

山口一美・小口孝司　2001　旅館客室係の評価を規定する心理学的要因　観光研究, **12**, 9-18.

コラム5　Column　あなたは疲れすぎていませんか？

　あなたは，最近，仕事をやりたくない，自分の仕事にやりがいが感じられない，お客様に対応するのがおっくうなど，感じることはないだろうか。もしそのようなことを感じているとすれば，あなたはバーンアウト，つまり燃え尽き症候群になっているかもしれない。

マスラック　バーンアウト（燃え尽き症候群）尺度
（Maslach Burnout inventory：MBI 改訂版）

　バーンアウトを多面的に測定しようとマスラックとジャクソン（Maslach & Jackson, 1981）が作成した尺度であり，それに準拠して田尾（1989）が作成し，田尾・久保（1996）が改訂したもの。この尺度は3つの下位因子からなり，それらの因子の特徴は以下の通りである。

　①情緒的消耗感（emotional exhaustion）：肉体疲労ではなく，心理的な疲労感，虚脱感のことであり，もう働けないという気分のことをさす。（質問項目 1, 7, 8, 12, 16）

　②脱人格化（depersonalization）：煩わしい人間関係を避けたり，クライエント1人ひとりの個人差や人格を無視し，機械的に対応する傾向をさす。（質問項目 3, 5, 6, 10, 11, 14）

　③個人的達成感（personal accomplishment）：するべきことを成し遂げたという気分や達成の充実感に浸る気分をさす。バーンアウトになると，これらの成功感や効力感が後退する。（質問項目 2, 4, 9, 13, 15, 17）

実施手続き：3つの因子別に合計点を算出する。

結果の解釈：得点が高い人ほど，情緒的消耗感，脱人格化，個人的達成感の後退を示している。表5−1　バーンアウトの自己診断表（田尾・久保, 1996）を参考にして，自分のバーンアウトの状態を確認しておこう。

表5−1　バーンアウトの自己診断表

診　　断	情緒的消耗感	脱人格化	個人的達成感
まだ大丈夫（40% 以下）	5〜15	6〜11	25〜18
平均的（40〜60%）	16〜18	12〜14	17〜16
注　意（60〜80%）	19〜20	15〜17	15〜13
要注意（80〜95%）	21〜23	18〜20	12〜10
危　険（95%〜）	24〜25	21〜23	9〜5

（田尾・久保, 1996）

〈マスラック・バーンアウト尺度〉・・・・・・・・・・・・・・・・・・・

　あなたは最近 6 カ月位のあいだに，次のようなことをどの程度経験しましたか。右欄の当てはまると思う番号に○印をつけてください。

	ない	まれにある	時々ある	しばしばある	いつもある
① 「こんな仕事，もうやめた」と思うことがある	1	2	3	4	5
② 我を忘れるほど仕事に熱中することがある	1	2	3	4	5
③ こまごまと気配りをすることが面倒に感じることがある	1	2	3	4	5
④ この仕事は私の性分にあっていると思うことがある	1	2	3	4	5
⑤ 同僚や患者の顔を見るのも嫌になることがある	1	2	3	4	5
⑥ 自分の仕事がつまらなく思えて仕方のないことがある	1	2	3	4	5
⑦ 1 日の仕事が終わると，「やっと終わった」と感じることがある	1	2	3	4	5
⑧ 出勤前，職場に出るのが嫌になって，家にいたいと思うことがある	1	2	3	4	5
⑨ 仕事を終えて，今日は気持ちの良い日だったと思うことがある	1	2	3	4	5
⑩ 同僚や患者と，何も話したくなくなることがある	1	2	3	4	5
⑪ 仕事の結果はどうでもよいと思うことがある	1	2	3	4	5
⑫ 仕事のために心にゆとりがなくなったと感じることがある	1	2	3	4	5
⑬ 今の仕事に，心から喜びを感じることがある	1	2	3	4	5
⑭ 今の仕事に，私にとってあまり意味がないと思うことがある	1	2	3	4	5
⑮ 仕事が楽しくて，知らないうちに時間がすぎることがある	1	2	3	4	5
⑯ 体も気持ちも疲れ果てたと思うことがある	1	2	3	4	5
⑰ 我ながら仕事をうまくやり終えたと思うことがある	1	2	3	4	5

引用文献・参考文献

Maslach, C., & Jackson, S. E. 1981 The measurement of exprienced burnout. *Journal of Occupational Behaviour*, **2**, 99-113.

久保真人　1999　ヒューマンサービス従事者のおけるバーンアウトとソーシャル・サポートの関係　大阪教育大学紀要　第Ⅳ部門　教育科学，**48**，139-147.

久保真人・田尾雅夫　1992　バーンアウト―概念と症状，因果関係について―，心理学評論 **34(3)**，412-431.

田尾雅夫　1989　バーンアウト―ヒューマンサービス従事者における組織ストレス，社会心理学研究，**4**，91-97.

田尾雅夫・久保真人　1996　バーンアウトの理論と実際―心理学的アプローチ　誠信書房

第 6 章

従業員とコミュニケーション

　ホスピタリティ産業に従事する者は，顧客との相互作用において円滑なコミュニケーションをとる必要がある。円滑なコミュニケーションは，顧客の話に耳を傾け，彼らのニーズを理解し，その上で適切に応えることで成立する。このような行動には，言葉そのものである言語的行動とそれ以外のものである非言語的行動があるが，その行動の表し方には個人差があり，それは個人のパーソナリティによるところが大きい。そこで，第6章では，心理学的アプローチの中でも，パーソナリティの立場からどのようなパーソナリティの従業員が顧客との円滑なコミュニケーションを行うのかを考える。また，その際に表される行動の中でも非言語的行動を取り上げ検討するとともに，職業人として知っておくべきマナーの側面から，言語的・非言語的行動について明らかにする。さらに，With コロナ期におけるコミュニケーションについて，マスク着用がコミュニケーションに与える影響について検討する。

1．従業員の行動とパーソナリティ

　ホスピタリティ産業の従業員の個人的特性についての検討は，4つの側面からなされている（Dahling & Johnson, 2013）。それらは，①動機的側面，②適合性側面，③コンフィデンスの側面，④スキル・ベーストの側面である。①動機的側面では，どのような従業員が組織の提示する基準を受け入れ，仕事に打ち込むように動機づけられるのかについて検討している。②適合性側面では，企業の理念やサービス戦略などが個人のもつ気質やパーソナリティと一致しているか，その適合性について検討している，③コンフィデンスの側面では，感情労働を効果的に行うための自信や確信などの個人差に焦点を当てた検討がなされ

ている。④スキル・ベーストの側面では，従業員のどのようなパーソナリティが感情労働を行うために必要なスキルや能力に影響を及ぼすのか，その個人的違いに焦点を当て検討している。

　この章では④スキル・ベーストの側面からの先行研究を取り上げ，人物の全体像を捉える特性であるとされる特性論からパーソナリティの Big Five と，対人態度を予測する個別側面的性格である状況特性論からのパーソナリティに焦点を当てて検討する。

　パーソナリティを取り上げるのは，人の行動がパーソナリティの影響を受ける（Buss, 1986）ことから，どのようなパーソナリティの従業員が顧客とのコミュニケーションを円滑に行い，適切なサービスを提供することができるのかを知ることができるからである。また，ホスピタリティ産業における適切な人材の採用には，志願者のパーソナリティの評価が重要な要因の一つであり（Bardi, 2003 ; cf. 高月・山田，2005），実際に成功している企業の中には，採用する際に応募者のパーソナリティを重視して，採用を行っている企業が多い（Bendapudi & Bendapudi, 2005 ; Freiberg & Freiberg, 1996 ; 高野，2005）といわれているからである。

（1）特性論からのパーソナリティ：Big Five

　パーソナリティを構成するいくつかの変数（共通特性）の程度を量的に想定し，それらの組み合わせでパーソナリティを記述，説明しようとするのが特性論の立場である（和田，1996）。特性論では，人間が共通のパーソナリティ構造をもつと仮定し，個人を共通特性からなる多次元空間の一つの布置として捉え個人差を記述する。そのため，個人のパーソナリティの全体像が明らかにされるという長所をもつ。この特性論に分類される Big Five は，①外向性（extraversion），②協調性（または調和性）（agreeableness），③勤勉性（または誠実性）（conscientiousness），④神経症性（または情緒的不安定性）（neuroticism），⑤開放性（openness）の５種類の特性である。これらの Big Five と職業の関わりは数多く検討されている（Barrick & Mount, 1991 ; Diefendorff & Richard, 2003 ; Judge, Woolf

& Hurst, 2009 ; Motowidlo, Martin & Crook, 2013)。その中でも，感情表現と関わるとされる①外向性と，パフォーマンスに関わるとされる③勤勉性（または誠実性）をとりあげ，それらが従業員の行動に与える影響について考える。

1 ）外向性

　外向性の高い人は，話好きで，社交的で，顧客との相互作用の過程で自然な肯定的な感情表現を行うといわれている（cf. Barrick & Mount, 2005)。したがって，外向性の高い従業員は，笑顔で顧客とアイコンタクトを行い，好感の持たれる感情表現でコミュニケーションをすることができる。このことは，外向性が肯定的な感情の顔面表現と関わりがある（Riggion & Riggion, 2002 ; Tan, Foo, Chong & Ng, 2003）という先行研究からも明らかであろう。

　ディフェンドルフとリチャード（Diefendorff & Richard, 2003）は，外向性と神経症性が感情表現の自己評価，感情表現に対する同僚からの評価，職務満足とどのように関わるのか検討を行っている。感情表現の自己評価では，「肯定的感情表現」（「自分の仕事を効果的に行うために，私は，快活で社交的にしなくてはならない」など4項目）と「否定的感情表現」（「自分の仕事を効果的に行うために，私は，私が感じるかもしれない怒りや軽蔑の気持ちを抑えなくてはならない」など4項目）に5段階評価（まったく起こらない (1) 〜非常によく起こる (5)）で回答を求めた。対象者はセールス職やサービス職，事務職，マネジメント職などをはじめとする7種類の職種で正社員の従業員152名であった。その結果，外向性の高いことが「肯定的感情表現」の自己評価に影響を及ぼし，それが同僚からみた感情表現の評価と職務満足に影響を及ぼすという結果であった（図6 - 1）。

　外向性の高い従業員は低い人よりも肯定的な感情表現を行うのが得意であり，自分もそれを自覚しているだけでなく，同僚もそれを評価していたのであろう。この結果は，先行研究（Riggion & Riggion, 2002 ; Tan, et al., 2003）を支持する結果であった。また，肯定的な感情表現はそれを受けた人に肯定的な感情をうむだけでなく，本人も肯定的な感情を経験することから，職務満足が高くなったことが推測できる。神経症性が高いことは否定的感情表現の自己評価に

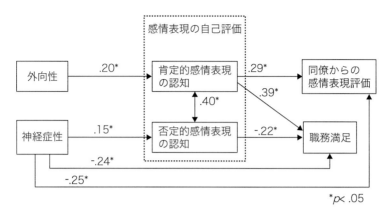

図 6 - 1　外向性，神経症性が自己評価，同僚からの評価，職務満足に及ぼす影響
（Diefendorff & Richard, 2003 より一部削除，追記して作成，p. 291）
（注 1）数値はパス係数で，因果の強さを表す。
（注 2）有意なパスのみ記載。

影響を及ぼし，それが職務満足にマイナスの影響を及ぼしていた。神経症性の高い人は，心配症で恥ずかしがる傾向が強いため，自分の否定的な感情を必要以上に抑制しようとするため職務満足が低くなったと思われる。

　ジャッジら（Judge, et al., 2009）は，127 名の従業員を対象に，表層演技と深層演技を行った際に，外向性が肯定的感情状態と否定的感情状態，ストレスの一種である情緒的消耗感，職務満足に与える影響を検討している。その結果，外向性は表層演技を行った際に，否定的感情状態，情緒的消耗感を軽減させる効果があることが明らかになった。表層演技は内面の感情とは異なる感情を物理的に作り出そうとすることから，従業員にストレスを感じさせやすいことは先行研究から明らかにされている（Lam & Chen, 2012）。しかし外向性の高い従業員は，たとえ内面の感情とは異なった感情を表すことになっても，本来が話好きで社交的なため肯定的に物事を捉えようとすることから，否定的な感情状態や情緒的消耗感を減少させるように機能するのであろう。

2）勤勉性（誠実性）

　バリックとモウント（Barrick & Mount, 1991）はBig Fiveと仕事のパフォーマ
ンスについて検討した先行研究を概観した結果，勤勉性の高い人は，プロ
フェッショナル，マネージャー，セールスパーソン，警察官などをはじめとす
る職務のパフォーマンス力が高いことを明らかにしている。勤勉性が高い人は
注意深く，信頼でき，ハードワーカーであり，そのためパフォーマンス力が高
いのである（cf. Barrick & Mount, 2005）。

　モトウイドロら（Motowidlo, et al., 2013）は勤勉性が，サービス・エンカウン
ターにおける効果的な行動についての知識と実際の行動がどのように関わるの
かを検討している。その結果，勤勉性の高い従業員はサービス・エンカウン
ターでどのように対応をすべきかについて知識を多くもち，より効果的な行動
を行うことができることを明らかにしている。勤勉性が高い人は注意深くて，
よく考え計画的であることから，顧客との相互作用における行動についても計
画的にその知識を得て行動し，その行動が効果的であると評価されたのであろ
う。勤勉性の高い人はリーダーシップもあり（大嶋・小口，2012），管理者から
も，勤勉性は従業員として有していることが望ましいパーソナリティであると
いわれている（山口・小口，2013）。

　しかし，勤勉性はストレスが多い場合，パフォーマンス力に影響を及ぼす
（Witt, Andrews & Carlson, 2004）ことから，勤勉性の高い従業員のパフォーマン
ス力を低下させないためには，労務管理が重要であることが示されている。

（2）状況特性論からのパーソナリティ

　Big Fiveが個人のパーソナリティの全体像を把握するのに適しているとす
れば，状況特性論からのパーソナリティは，具体的な状況における特定の個人
の行為，感情，状態を予測するのに適しているといわれている。ホスピタリ
ティ産業における対面場面では，その人の全体像を捉えるBig Fiveでは把握
しきれない対人態度が個人の行動特徴に現われる（中村, 2000）ため，対人態度
を予測する個別側面的なパーソナリティである状況特性論も重要となるであろ

う（e.g. 安藤，1995；小口，1995）。そこで状況特性論から，ホスピタリティ産業
に従事する人にとって重要だと思われるパーソナリティのうち，1）セルフ・
モニタリング（self-monitoring），2）共感性（empathy）をとりあげ，それらと行
動との関わりを明らかにする。

1）セルフ・モニタリング

　セルフ・モニタリングとは，Snyder（1974）が提唱したパーソナリティで，
人が自分のおかれた状況での適切さの基準に合うように自らの行動を観察して
統制する傾向性のことである（山口・小口，2001）。Snyder（1974）が提唱したセ
ルフ・モニタリングの考えから，Lennox & Wolfe（1984）がその傾向を測る尺
度を作成した。その尺度には2つの因子，「他者の表出行動への感受性（以下，
感受性と記す）」と「自己呈示の修正能力（以下，修正能力と記す）」があることが
明らかにされている。感受性は，他者の感情や行動に敏感で何が適切かを見つ
けることに優れている傾向を示す。また，修正能力は他者の要望に合わせて，
自分の行動を変えることができる傾向を示すものである。たとえば，あなたが
ホテルのフロントスタッフで，夜遅くチェックインをした顧客から「簡単な食
事をしたいのでレストランの場所を教えてほしい」と言われたとしたら，あな
たは荷物を預かり，すぐにレストランの場所まで顧客を案内するだろうか。そ
れらの行動を行うことができたとすれば，あなたはセルフ・モニタリングの高
い人だと言えよう。なぜならば，あなたは顧客の感情や要望である「疲れてい
て，いっときも早く食事を済ませて休みたい」ということを察知し，行動に移
したからである。
　セルフ・モニタリングについては，セルフ・モニタリングと職業の関連
（Brown, White & Gerstein, 1989）や従事している仕事の内容の相違との関連など
研究がなされている（Sypher & Sypher, 1983）。たとえば，ホスピタリティ産業
の代表的な職業でもある航空会社の客室乗務員とグランド・スタッフに採用が
決定した人はセルフ・モニタリングが高く，とりわけ修正能力の高い人であっ
たことが明らかにされている（山口・小口, 2000）。

　セルフ・モニタリングは非言語的行動と関わりがある（Friedman & DiMatleo, 1980）。スミス，ベリーとホワイトリー（Smith, Berry & Whitely, 1997）は，採用面接における志願者のセルフ・モニタリングと非言語的行動の表現との関わりを検討し，セルフ・モニタリングの高い志願者ほど笑顔を表す面接者の笑顔をみて，面接者と同じように笑顔を多く表していることを報告している。

　ディエフンドルフ，クロイェルとゴスランド（Diefendorff, Croyle & Gosserand, 2005）は，セルフ・モニタリング，Big Five と表層演技，深層演技，自然な感情表現との関わりを検討している。その結果，セルフ・モニタリングの高い人は表層演技を上手に行い，反対に外向性，勤勉性が高い人は表層演技を行わないことが明らかになった。セルフ・モニタリングの高い人は，状況判断にすぐれ他者の望む行動をとることができるため，たとえ感情を伴わない表情であっても必要であれば表すことができるのであろう。セルフ・モニタリングは表層演技を行う際に，職務満足の減少と職場放棄の増加を緩和するということも明らかにされている（Scott, Barnes & Wagner, 2012）。

　セルフ・モニタリングの高い人が深層演技を行い，ストレスも低いという結果も明らかにされている（Bono & Vey, 2007）。深層演技は心から感情を表すため，顧客からの評価も高く，そのためストレスも低いと思われる。したがって，セルフ・モニタリングの高い従業員は，心理的な幸福感（cf. Parkinson, 1991）や健康度が高い（山口・小口, 2000）。セルフ・モニタリングの高い従業員は，顧客の立場に立って行動を起こすことができるので顧客からの評価が高いため，心理的にも幸福感を感じ，健康に仕事をすることができるのであろう。

　セルフ・モニタリングは遺伝的な影響が強い要因であるといわれている（大嶋・小口, 2012）が，企業内の研修実施後の効果などからはセルフ・モニタリングが変化しうることも推測できる。

２）共感性
　共感性とは，他者がある感情をもっていることに気づき，加えてその感情をあたかも自分自身のもののように感じることであるといわれている（Buss,

1986)。この共感性は，他者の感情を理解する「情緒的共感性」と，他者の視点に立ってものごとを捉えることができる「認知的共感性」とに分けることができる。したがって，共感性の高い従業員は顧客が困っているのを見たときに，顧客の感情を正確に理解し，その苦痛を共有できる。そして顧客の立場に立って，その困っている状況を把握することができる。共感性は思いやり行動の内的基礎過程である思いやりの心に相当する（菊池・堀毛, 1994）といわれている。

クオ，チェンとルー（Kuo, Chen & Lu, 2012）は，ホテルの宿泊客448名にホテルの従業員にどのようなサービス態度を望んでいるのか，質問紙調査を行った。その結果，サービス態度として，共感性，問題解決，熱意，親切さの4つの要因が重要であるということが明らかになった。共感性を表す態度として，「従業員は顧客の要求に対して適切なサービスを提供してくれる」，「従業員は顧客のニーズを理解することに積極的である」，「従業員は顧客の立場で考えることができる」などがあげられている。同じ宿泊業の旅館においても共感性の高い客室係は，顧客や雇用者からの評価も高いことが明らかにされている（山口・小口, 2001）。

従業員のコミュニケーション・スタイルとして，共感性の重要性を明らかにした研究もある。カンとヒュン（Kang & Hyun, 2012）はレストランにおける従業員のコミュニケーション・スタイルが従業員の顧客中心主義，顧客ロイヤルティ（顧客との関係強化, 口コミなど）に及ぼす影響を検討している。その結果，9つのコミュニケーション・スタイルの中で，顧客との相互作用で共感を表す「傾聴的コミュニケーション・スタイル」が，最も強く従業員の顧客中心主義に影響を及ぼし，それが顧客ロイヤルティに影響を及ぼすことが明らかにされている。この結果からは，笑顔やあいづち，アイコンタクトを行いながら，顧客の話を聞き，共感を表す傾聴的コミュニケーションをとることは，顧客のニーズを知るために重要であり，その情報によって顧客中心主義のサービス提供が可能となることが示されている。

共感性は仕事に対する満足度とも関わり，とりわけ情緒的共感性の高い人は

就労すること自体に対する満足度の高いことが明らかになっている（山口・小口, 2000）。顧客の感情が理解できることで，仕事に対するモチベーションもあがり，満足度が高くなるのであろう。共感性は幼児のときのごっこ遊びやゲーム遊びを通して発達し（石橋, 1999），社会的スキル訓練で高めることができる（菊池・堀毛, 1994）といわれている。

　一般的にパーソナリティの約50％は遺伝の影響を受け，残りの変動性は他の要因とりわけ環境の影響を受けるといわれている（Mannell & Kleiber, 1997）。このことから，人が本来持っているパーソナリティに加えて，その人の置かれた環境によって，あるいはそこでの社会的経験や学習によってパーソナリティが変化しうることが推測できる。したがって，採用のときに，サービス提供過程において適切な行動がとれるパーソナリティを有している人材を採用することは最も重要ではあるが，採用後に適切な職業経験や学習，研修の機会を提供することで本来持っているパーソナリティを，さらに適切なパーソナリティへと変化させることの必要性が示されている（山口, 2006）。

　以上のように，ホスピタリティ産業に従事する人にとって重要だと思われるパーソナリティの内，特性論のBig Fiveから外向性と勤勉性を，状況特性論からセルフ・モニタリングと共感性を取り上げ，従業員の行動との関わりを検討した。次節では，円滑なコミュニケーションを行うために重要な役割を果たすと思われる非言語的行動を取り上げ，検討を行う。

2．コミュニケーションと非言語的行動

　この節では，非言語的行動の中でも，幸せや喜びの感情によっておこる顔の基本的要素である笑顔（Ekman & Oster, 1979），コンピテンスを表すアイコンタクト（Anderson, 1991），とあたたかさを表すうなずき（鈴木, 1997）に焦点をあてる。

（1）笑　顔

　笑顔は，魅力的な容貌特徴であり（Cunningham, Barbee & Pike, 1990），相手に好感をもっていることを伝え，一般的には肯定的に受け取られる（Liden, Martin & Parsons, 1993）。したがって，対人接客場面の多い職場に従事する人にとっては，笑顔を表わすことが仕事の一部である（cf. Hochschild, 1983）。

　山口・小口（1998）は笑顔に関わる先行研究を概観し，パターソン（Patterson, 1982）があげた非言語的行動の機能を検討した上で，笑顔の機能として，①親密さを表す「親密さの表出」機能，②他者から望ましい反応を促す「フィードバックと強化」の機能，③特定の印象を形成する「印象管理」の機能をあげている。従業員が表す笑顔は，①「親密さの表出」機能から顧客に好感を持っていることを伝え，②「フィードバックと強化」機能から，顧客からの好意を引き出し，③「印象管理」機能から，顧客に従業員自身を明るく好感のもてる人という印象を形成させる。

　このような機能をもつ笑顔ではあるが，最も好感をもたれる笑顔は心から楽しいという気持ちから表された笑顔で，その表情は大頬骨筋（左右の頬骨から口の両端まで伸びている筋肉）と眼輪筋（目の周りを囲んでいる筋肉）の外側の筋肉が主に収縮して表されたものであるといわれている（図6-2）（cf. Frank, Ekman & Friesen, 1993）。

　グランディ，フィスク，マッティラ，ジャンセンとサイドマン（Grandey, Fisk, Mattila, Jansen & Sideman, 2005）は，研究1でホテルのフロントスタッフの心からの笑顔と表情だけの笑顔，アイコンタクトなどを含む肯定的な感情表現と顧客の満足度を検討している。その結果，顧客はアイコンタクトを行い，心からの笑顔を表わして業務を行ったスタッフの方を親しみやすいと評価し，顧客満足度が高かった。とりわけ，適切な業務が行われていたときの心からの笑顔とアイコンタクトは適切な業務が行われていないときに比

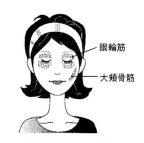

眼輪筋

大頬骨筋

図6-2　笑顔と表情筋
（山口，2011より転記，p. 112）

べて，応対全体に対する満足度が高いという結果であった。この結果からは，実際の業務が適切に行われた上で，心からの笑顔やアイコンタクトなどの肯定的な感情表現がなされることが重要であることが示されている。研究2では，業務が忙しいとき，心からの笑顔を含む肯定的な感情表現は従業員の親しみやすさへの評価に与える影響が少ないという結果がだされている。顧客は忙しいときに，従業員が心を伴わない笑顔を表わしたとしても，その原因を表わすその従業員の特性に帰属させるのではなく，状況にその原因を帰属させるため，親しみやすいという個人の特性に影響を及ぼすことが少ないことが示されている。しかし，業務の忙しさそのものは顧客が認知するサービスの質に対する評価に影響を及ぼす（Pugh, 2001）。

　ところで，笑顔の表出の強度，つまり笑顔と笑顔を表していないニュートラルな表情によって，顧客の評価は異なるのであろうか。トローガコス，ジャクソンとビール（Trougakos, Jackson & Beal, 2011）は，笑顔表出の強度が顧客のムードや顧客のサービス品質の評価，組織への好意度に与える影響について検討を行っている。そこでは145名の大学生を対象者とし，実験者は彼らに「大学のプールの作業員として，プールのそばを通った通行人に質問紙に応えてほしいと働きかけること」を仕事とするように伝えた。プールの作業員として，78名が肯定的感情表現（「なるべくたくさんの人に魅力的に見えるように，常に笑顔で，幸せそうでエネルギーにあふれているように行動すること」）をするようにと指示を受け，67名が中間的感情表現（「ニュートラルで落ち着いている印象をもたれるように行動すること」）をするようにと指示を受けた。プールの作業員（対象者）が声をかけ質問紙に協力することを承諾した通行人は，実験者から今のムード（「今どのように感じているか」），サービス品質の評価（肯定的感情表現に対しては「作業員は笑顔をだしていたか」，中間的感情表現に対しては「作業員は礼儀正しかったか」など4項目），組織への好感度（「全体的にこの組織が提供してくれているものに満足している」など14項目）に回答をするように求められた。実験終了後，プールの作業員（対象者）は感情抑制（「どのくらいの頻度で本当の感情を表現するのを我慢しなければならなかったか」など2項目）と仕事の持続（実験の間に声をかけた通行人の人数）に回

答した。実験者は回避の人数（実験の間に 3 ～ 3.5m 以内に通った通行人に声をかけな
かった人数）を測定した。

　その結果，個人内の影響では，プールの作業員（対象者）が肯定的感情表現
では感情抑制が低くなり，仕事の持続が増加し，回避が少なくなるということ
が明らかになった。常に笑顔を表すことで好感をもたれる印象を創りだしてい
るという認識がプールの作業員（対象者）にあり，そのために通行人に声をか
けることが容易になったことが推測できる。個人間の影響では，プールの作業
員（対象者）の肯定的感情表現は通行人のムードを向上させ，それがサービス
の品質評価と組織への好感度を向上させることが明らかになった（図6‐3）。

　笑顔を表しエネルギーにあふれている方が，ニュートラルで落ち着いた表情
よりも，通行人に好感をもたれ，通行人のムードが向上し，それがサービスの
品質と組織への好感度へ影響を及ぼしたことが示されている。明るい笑顔は
プールの作業員として適切であったのであろう。場面や状況に適した笑顔は印
象や魅力をより高める（日比野, 2009）のである。

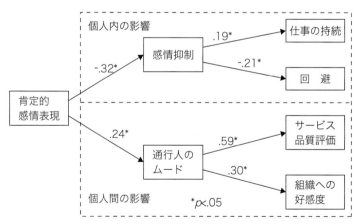

図6‐3　提示ルールが感情抑制，仕事の持続，回避，通行人のムード，
**　　　　サービス品質評価，組織への好感度に及ぼす影響**

（Trougakos, et al., 2011 より一部削除，修正して作成，p. 357）
（注）数値はパス係数で因果の強さを表わす。

　以上のように，笑顔はその機能から，顧客に好意をもっていることを伝えるとともに，笑顔を表す本人も快適な気持ちにさせ（Zajonc, 1985），モチベーションを高めるのである。

（2）アイコンタクトとうなずき

　アイコンタクトとうなずきを適切に行う従業員は，顧客からの評価が高い。それはアイコンタクトを通して，顧客のニーズを理解するとともに，うなずくことで顧客からさらなる情報を引き出し，その結果，顧客のニーズに応えることが可能となるからである。

　アイコンタクトは凝視の一種であり，その機能についてはケンドン（Kendon, 1967）が，①表出機能，②モニター機能，③調整機能の３つをあげている。①表出機能は，対人関係での接近回避の感情を表す機能である。従業員は顧客とアイコンタクトをすることで，顧客に関心をもっていることを知らせる。②モニター機能は，自分の働きかけに対してフィードバックとしての情報を収集する機能である。アイコンタクトを通して，顧客が何を望んでいるのかなどの情報を得ることができる。③調整機能は，会話の流れを調整する。たとえば，従業員が顧客との会話をはじめたいときには，顧客とアイコンタクトをすることで，それを知らせることができる。

　山口・小口（2001）は旅館の客室係のアイコンタクトと笑顔を取り上げ，検討を行った。その結果，顧客に応対したり部屋を退出するときに，挨拶とアイコンタクトを多く行った客室係は，能力があり，満足するサービスであったと顧客から評価されていた。湯茶のサービスを行いながらアイコンタクトを多く行い，顧客からの質問の意図を正確に理解し，適切に答えることができたため，顧客から能力のある客室係であると評価され，結果的に満足したサービスであったと評価されたものと考えられる。

　このように従業員は顧客のニーズを知るために，顧客からの質問や応答を促進させる必要がある。そのときに，うなずきはどのような働きをするのであろうか。

　うなずきの機能については，フォーブスとジャクソン（Forbs & Jackson, 1980）が，①促進剤，②スピーチのコントロールや進行をあげている。①促進剤の機能とは，うなずきが相手の話したことや行ったことに対する励ましとして機能する。たとえば，あなたが添乗員として，団体旅行客に旅行の日程の説明をしたとする。そのときに，旅行客がうなずいて聞いていてくれたとしたら，自分の説明したことが理解されていると，安心することができるであろう。②スピーチのコントロールや進行の機能とは，うなずきが相手に話を続ける許可を与える機能である。旅行客のうなずきから，あなたは話を先に進めてよいと考えることができる。

　サンダームとウエブスター（Sundarm & Webster, 2000）によれば，うなずきは共感，礼儀正しさ，信頼という顧客の認知を促進するという。うなずきがもつ①促進剤の機能から，顧客は自分の話にうなずいてくれる従業員に対して，礼儀正しいと評価し，その従業員への信頼が増すということなのであろう。

　また，アイコンタクトとうなずきを多く行い，共感を示す傾聴的なコミュニケーションスタイルを行う従業員は，顧客ロイヤルティも高いことが明らかにされている（Kang & Hyun, 2012）。アイコンタクトとうなずきを多く行うことで共感を示し，相互作用を促進させ，顧客ロイヤルティを高めることが示されている。

　以上のように顧客との円滑なコミュニケーションを行うために非言語的行動，とりわけ笑顔，アイコンタクト，うなずきの機能を理解しておくことは重要である。次節では，職業人はもとよりホスピタリティ産業に従事する人にとって，知っておくべきマナーの側面から，言語的・非言語的行動について考えたい。

3．コミュニケーションとマナー

　マナーとは，それぞれの場面，関係において望ましいとされる行動の仕方である（大坊, 1990）といわれている。就業場面で顧客，上司，先輩との関係にお

いて望ましいとされる行動の仕方を学ぶことで，それぞれの関係でよりよい人間関係を築くことができる。よりよい人間関係を築くことができれば，コミュニケーションも円滑になり，仕事の遂行もスムーズに行いやすい。とりわけ，ホスピタリティ産業に従事する人にとって，顧客との対応場面でのマナーを学ぶことは必要不可欠なことである。そこで，顧客との対応場面のマナーとして，（1）挨拶，（2）身だしなみ，（3）態度と行動，を取り上げ検討する。

（1）挨　拶

　挨拶は，顧客との対応場面において，従業員が守るべきマナーとして最も重要な行動の一つである。たとえば，あなたがレストランに入ったとき，ウエイトレスがあなたに挨拶をしなかったとしたら，あなたはどう思うだろうか。あなたは，不愉快な気持ちになるのではないだろうか。それは，私たちが人と初めて出会ったときには挨拶をするということが基本のマナーの一つであるということを知っており，そのマナーが守られていなかったので，不愉快になったのである。とりわけ出会いの挨拶は，知らない人同士の気まずさや不安感，警戒心を取り除き，コミュニケーションのきっかけを与え，人間関係の形成のきっかけをつくる（深田, 1998）重要な行動である。

　挨拶は3つの効用，①相手に自分をアピールする，②それまでの相互作用に区切りをつけるか，あるいは開始を求める，③互いの役割を確認する，をもつ（cf. 大坊, 1999）。上記のウエイトレスは挨拶をしなかったことで，あなたに自分をアピールせずに，あなたに相互作用を開始したいことを伝えず，しかも自分がサービスを提供する側であるという役割を認識していなかったのである。このように挨拶は実に多くのメッセージを顧客に伝える。

　キムとヨーン（Kim & Yoon, 2012）は，従業員の笑顔を伴った挨拶などの肯定的な感情表現が顧客の感情表現と従業員のムードに及ぼす影響を検討している。従業員と顧客の肯定的な感情表現（出会いの挨拶，お礼の挨拶，笑顔，アイコンタクト，喜びの表現など），従業員のムード（幸せ，興奮，満足，リラックスなど）の程度を，顧客との相互作用が終わった段階で測定をした。その結果，従業員の肯

定的な感情表現は顧客の肯定的感情表現に影響を及ぼし，その顧客の肯定的感情表現が従業員のムードに影響を及ぼすことが明らかになった。ここでは擬態が起こり，従業員の笑顔をともなった挨拶やアイコンタクト，喜びの表現に顧客が反応し，同じように笑顔で答えることで，顧客を幸せな気持ちにしているのである。とりわけ従業員からの出会いの挨拶は，顧客の不安感を減少させるとともに，従業員にとっては顧客とのコミュニケーションのきっかけをつくる重要な役割をはたしている。また，顧客の笑顔を伴った挨拶の返礼を受けて，従業員も笑顔で顧客の対応を行うことができ，従業員のムードも高くなったのであろう。

　日本において挨拶をする際には，お辞儀を伴うことが多い。お辞儀には，会釈，敬礼，最敬礼の3つの種類[1]があり，これらのお辞儀を相手との関係を考慮して，挨拶の言葉とともに使い分ける必要がある。

（2）身だしなみ

　身だしなみとは，人に不快感を与えないように，言動や服装を整えること，またその心がけである。身だしなみは，自分のために個性を生かして楽しむものである「おしゃれ」とは根本的に異なるものである。

　では，従業員の身だしなみとしてどのような服装が顧客に不快感をあたえないのであろうか。

　服装の機能については神山（2001）が明らかにしている。そこでは服装は3つの機能，①自己の確認・強化・変容機能，②情報伝達機能，③社会的相互作用の促進・抑制の機能がある，と述べている。①自己の確認・強化・変容機能は，服装によって自分のイメージを確認したり，自分のボディ・イメージによって服装の着方を変えることで，人に見せる自分のイメージを変えたりする機能である。自分は太っているというボディ・イメージをもつ人が濃い色のスーツを着るのは，少しでも痩せて見えるように着用するのである。②情報伝達機能は，服装を通して，アイデンティティ，人格，態度，感情や情動，価値，状況的意味などに関する情報を伝える機能である。たとえば，アイデン

ティティに関する情報とは，男性風，女性風，若者風，事務員風など自己の正体に関する情報である（cf. 神山, 1983）。ホテルのベルガールが着用するよう決められている制服は，その人がベルガールであるということを顧客に知らせる。人格に関する情報とは，派手な人，地味な人などの情報である。服装が奇抜であることは積極的な人であるとともに思慮のない人という印象を相手に与える（神山・牛田・桝田, 1987）というように，服装はその人の人格に関する情報を伝える。③社会的相互作用の促進・抑制の機能は，服装を媒介にした意味が社会的相互作用を促進あるいは抑制させる機能である。レストランのウエイトレスがしみのついた制服を着てサービスをしてくれたとしたら，あなたはまたそのウエイトレスにサービスをしてもらいたいと思うだろうか。できれば別の清潔な服装をしたウエイトレスにサービスをしてもらいたいと思うはずである。このように服装は相互作用を促進・抑制する機能を持つ。

　服装はその情報伝達機能から職業を知らせるという機能をもつため，企業においては，服装や身に着ける装飾品に一定の基準を決めているところが多い（Rafaeli & Pratt, 1993）。たとえば，歯科医は男女ともに白いコートが，弁護士は男女ともにスーツが顧客から肯定的に受け取られる（Furnham, Chan & Wilson, 2013）。スーツ着用の教師の方がジーンズ姿の教師よりも高校生に知識があり，尊敬される（神山, 2001）。このように服装はその人のアイデンティティや能力までも推測させるのである。

　採用面接の際の志願者の服装は，評価にどのように影響するのだろうか。フォーサイス（Forsythe, 1990）は，面接での志願者の服装とマネジメント能力，採用との関わりを検討している。その結果，濃紺のテーラードスーツを着用した女性はベージュのドレスを着た女性よりも，活発，力強い，決断力などの特性があると評価され，採用したいと評価された。男性もスーツ着用が面接の評価に影響を及ぼす（Hathfield & Gatewood, 1978）。これらの指摘からは，企業から「普段着で」との指定がない限りは，男女とも面接試験にはスーツを着て行った方が良いということになろう（山口, 2014）。

（3）態度と行動

　シェイ（Hsieh, 2005）はレストランを利用した顧客に，ウエイターとの相互作用における彼らの行動に対する満足度および親密度が，レストランに対する全体的な満足度に及ぼす影響について調査を行った。そこではウエイターの行動に対する満足度（「ウエイターが自分の感情や反応に考慮した行動を示してくれる」など）と親密度（「毎回同じウエイターにサービスしてもらいたい」など），レストランに対する満足度（「全体的にこのレストランに満足している」）をそれぞれ取り上げた。その結果，レストランに対する満足度は，ウエイターの行動に対する満足度と関わりがあることが明らかになった。ウエイターは顧客の感情やニーズを理解し，状況に合わせた適切な行動で相互作用を円滑に行うことが求められているのである。ビットナー，ブームスとテトリアルト（Bitner, Booms, & Tetreault, 1990）が行ったレストラン，ホテル，エアラインにおいて顧客が経験した699にわたる決定的な出来事の分析からも，従業員との相互作用の際の行動に対する満足度が，全体的な顧客の満足感に影響を及ぼすという結果がだされている。

　ユングとヨーン（Jung & Yoon, 2011）は，親しみやすい態度，笑顔，アイコンタクト，うなずきなどの行動，対人距離，声のトーンやスピードを含むパラ言語，身体的魅力と感情反応，顧客の満足度との関わりを検討している。その結果，親しみやすい態度，笑顔，アイコンタクト，うなずきなどの行動が顧客の肯定的な感情反応に影響を及ぼし，その肯定的な感情反応が顧客満足に影響を及ぼしていることが明らかになった。また，それらの行動とパラ言語は，否定的な感情反応に否定的に影響を及ぼし，否定的な感情反応の低いことが顧客満足に影響を及ぼすという結果であった。また，対人距離は顧客の肯定的な感情反応に影響を及ぼし，それが顧客満足に影響を及ぼしていた（図6-4）。

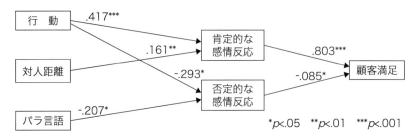

図6-4　非言語的行動と肯定的感情，否定的感情，顧客満足との関わり
（Jung & Yoon, 2011 を一部修正して作成，p. 547）
（注1）数値はパス係数で，因果の強さを表わす。
（注2）有意な関わりがあったもののみ記載。

　これらの結果からは，親しみやすい態度で，笑顔やうなずきを表すという行動が肯定的な感情を引き起こし，顧客満足を向上させていることがわかる。これは多くの先行研究を支持する結果であった。また顧客との適切な距離を保つということは，顧客の心地良い気分を向上させ，満足度があがることが推測できる。顧客との関係では「つかずはなれずの距離」が重要であるという研究結果（Burgoom, Birk & Pfau, 1990）と一致する結果であった。また，適切なトーンとスピードで話すことも従業員として重要なことであることが示されている。

　本節では，知っておくべきマナーの側面から言語的・非言語的行動について明らかにした。次節では，With コロナ期のコミュニケーションについて検討する。

4．With コロナ期のコミュニケーション

　新型コロナウイルス感染症の流行は人々の生活様式を変化させた。たとえば感染予防として，99% の人が「マスクや手洗いを実践」しており，97% の人が「マスクをしていない人が気になる」（原, 2020）と回答している。このように With コロナ期の「新しい日常」は，マスクのある日常へと変化している。ホスピタリティ産業に従事する人も顧客とのコミュニケーションを行う際に

は，マスクを着用する必要がある。上述したように，従業員の笑顔を伴った挨拶は好感をもたれ，顧客とのコミュニケーションのきっかけを作るが，マスクを着用した従業員の笑顔は顧客に認識され，顧客とのコミュニケーションに支障はでないのであろうか。マスク着用に関わる疑問について考えてみたい。

　河原・宮崎・伊藤・鎌谷（2020）は，マスクが顔の大きさの知覚に及ぼす影響を検討し，マスクを着用した方が顔が小さく知覚され，この効果はもともと大きく見える顔の人の方が大きいということを明らかにしている。なぜマスク着用は顔を小さく見せることができるのであろうか。それは，皮下脂肪がつきやすい顔面の咬筋部や下あご部分をマスクで隠すことによって，その遮断部分が平均的な大きさの顔で補間されること，さらにアモダール収縮（錯視）によって顔が収縮して知覚され，それが小顔効果につながっていると説明している。アモダール収縮とは，ある物体の一部を別の物体で遮断したときに，遮断された側の物体は縮小して知覚されるという現象をさす。また，女性の場合は，白色のマスクよりもピンク色のマスクをつけた顔の方が，他者から魅力的と評価されることも明らかにしている。

　マスク着用と表情の認識については，ホフマン・ストックバーガー－サウアー・ワニッシュ・ヘボーン（Hofmann, Stokburger-Sauer, Wanisch & Hebborn, 2021）が，オンラインで調査を行っている。そこでは対象者（340 名）に「もしあなたが顧客としてお店に行った場合」という設定で，ファッション店の従業員の写真を使って，従業員の笑顔の有無，マスク着用の有無，従業員の言語的知識（コンピテンス，専門知識など）の高低，顧客の反応（「助言を受けたい」，「このスタッフと親和関係を持ちたい」，満足度など）などを取り上げ，それぞれとの関りを検討している。その結果，マスク着用の従業員が笑顔で対応している場合，顧客は笑顔の表情を認識することが明らかになった。これは，マスクで口回りの大頬骨筋が隠れてしまうものの眼輪筋を収縮させた笑顔，心からの笑顔（p.137 図6‐2）を表すことで，マスクで隠れない上部の表情で笑顔を表していると認識されたのであろう。顧客とのコミュニケーションをスタートさせる際に，マスクを着用していても笑顔で対応することの重要性が示されている。また，マス

ク着用の有無に関わらず，顧客は笑顔の従業員の助言を受け，親和関係をもちたいと考え，満足度が高いという結果であった。笑顔は，相手に好意をもっていることを伝え，肯定的に受け取られる（cf. Liden, et al, 1993）のである。

　さらに，顧客は笑顔を表していないマスク着用の従業員に対しても，その従業員の助言を受け，親和関係を持ちたいと考え，満足度が高いという結果も明らかにされている。これはマスク着用によって，笑顔を表していない表情が半分隠れることによって，肯定的な感情表現である笑顔を表すことを期待されている（Hochschild, 1993）従業員の否定的な感情表現が隠れることから，顧客の評価が高くなったと推測されている。この結果は，マスク着用が否定的な感情の認知を増加させる（Spitzer, 2020）とは一概には言えないことを示唆している。また，マスクを着用した従業員でコンピテンスが高く，専門的知識をもっていた場合，顧客の評価が高いことも明らかになっている。マスク着用で表情が半分隠れていても言語的行動が表情から得られる情報の不足分を補い，円滑なコミュニケーションに影響を及ぼすことが示されている。これは，マスクを着用していても心を込めた発言をすることで好感度は上がる（野村・冨城・鈴木・吉岡・城戸・吉川, 2021）という結果を支持するものであった。

　コン・オー・ラム（Kong, Oh & Lam, 2020）は，ホテルのマネージャー14名，従業員6名，顧客15名にそれぞれインタビューを行い，コロナ禍におけるマスク着用についての意見を調査した。その結果，マスク着用は従業員と顧客の両者を守るために，衛生面と安全面の目的を持っているという意見に賛成の人が多かった。反対にマスクを着用しない場合は，従業員は安全ではなく守られていないと感じ，顧客は不快に思い，安全への不安や感染が広がることへの嫌悪や怒り，恐怖を感じるということが明らかになった。さらに，顧客はマスク着用がサービスの品質に影響を及ぼすことはないと考えていることも明らかにされている。従業員のマスク着用は顧客に否定的な感情を起こさず，感染の認知的リスクを下げるものとして考えているのであろう（Hofman, et al., 2021）。

　しかし，マスク着用は，互いの言葉を聞きとりにくくさせ，表情から得られる情報が少なくなり，それがコミュニケーションに影響を及ぼす（cf. Mheidly,

Fares, Zalzale & Fares, 2020 ; Spitzer, 2020）こともある。そこで，マスク着用で
あっても円滑なコミュニケーションを行うためには，どのようなことに注意し
てコミュニケーションをとればよいのであろうか。先行研究（文化庁, 2021 ; マン
ダム, 2021 ; Mheidly, et al., 2020 ; 佐藤・山内・高林・石井, 2014）からは，①うなずきや
あいづちの回数を増やす，②身振り，手振りを多く使う，③相手の表情や反応
に注意をする，④声の大きさに注意し，抑揚をつけて話す，⑤話す速度を遅く
する，⑥表情で伝えにくい分を言葉で補うようにする，⑦正しく伝わっている
かを相手に確認をするなどの注意する項目があげられている。

　マスク着用の有無には文化差（原島, 2021 ; Kong, et al., 2020 ; Mheidly, et al., 2020）
があり，マスク着用は感情伝染，擬態（mimicry）（詳細は p.112 を参照のこと）を
減らす（Kastendieck, Zillmer & Hess, 2022），表情の種類によっては区別されにく
い（Carbon, 2020）などという結果からは，今後もマスク着用の有無がコミュニ
ケーションに与える影響を検討する必要があろう。

　以上のように，第6章では，従業員が顧客との相互作用において円滑なコ
ミュニケーションを行う際に影響を及ぼす要因について，パーソナリティおよ
び非言語的行動，マナーの側面から言語的，非言語的行動に焦点を当てて，そ
れらが従業員の行動や顧客の評価とどのように関わるのかについて明らかにし
た。これらの検討は数多く行われているものの，明らかになっていないことも
多い。たとえば，特性論の Big Five と状況特性論との関係性，非言語的行動
において姿勢やお辞儀が人の印象に与える影響など，今後のさらなる研究をま
つ必要があろう。また，With コロナ期のコミュニケーションとしてマスク着
用がコミュニケーションに与える影響について先行研究を紹介した。しかし，
近い将来には一部の医療関連の仕事を除いて，マスク着用せずに顧客とのコ
ミュニケーションを行うことができる日常に戻れることを祈りたい。

【注】

1）会釈は身体を腰から15度曲げるお辞儀で，廊下や階段などで顧客とすれ違うときに行
　う軽い挨拶。敬礼は身体を腰から30度曲げるお辞儀で，最も一般的なお辞儀。最敬礼

は身体を腰から45度曲げる丁寧なお辞儀で，お礼やお詫びのときにする（cf. 山口，2007）。

引用文献

Anderson, N. R. 1991 Decision making in the graduate selection interview : An experimental investigation. *Human Relations*, 44, 403-417.

安藤清志　1995　接客行動の評価を規定する要因　総合プロジェクト　サービス経済化の進展と雇用・産業構造の変化　日本労働機構調査報告書，62, 174-193.

Bardi, J. A. 2003 *Hotel front office management*. John Wiley & Son, Third Ed.

Barrick, M. R., & Mount, M. K. 1991 The big five personality dimensions and job performance : A meta-analysis. *Personnel Psychology*, 44, 1-26.

Barrick, R., & Mount, M. K. 2005 Yes, personality matters : Moving on to more important matters. *Human Performance*, 18, 359-372.

Bendapudi, N., & Bendapudi, V. 2005 *Creating the living brand*. 鈴木英介（訳）2005　コンビニエンス・ストアーの「超」顧客サービス　ハーバードビジネスレビュー，116-123，ダイヤモンド社

Bitner, M., Booms, B., & Tetreault, M. 1990 The service encounter : Diagnosing favorable and unfavorable incidents. *Journal of Marketing*, 54, 71-84.

Bono, J. E., & Vey, M. A. 2007 Personality and emotional performance : Extraversion, neuroticism, and self-monitoring. *Journal of Occupational Health Psychology*, 12 (2), 177-192.

Brown, M. T., White, M. J., & Gerstein, L. H. 1989 Self-monitoring processes and Holand vocational preference among college students. *Journal of Counseling Psychology*, 36, 183-188.

文化庁　2021　Ⅱ生活の変化とコミュニケーションに関する意識，令和2年度「国語に関する世論調査」の結果の概要，6-11.

Burgoon, J. K., Birk, T., & Pfau, M. 1990 Nonverbal behaviors, persuasion, and credibility. *Human Communication Research*, 17 (Fall), 140-169.

Buss, A. H. 1986 *Social Behavior and Personality*. Lawrence Erlbaum Associates. 大渕憲一（監訳）1991　対人行動とパーソナリティ　北大路書房

Carbon, C-C 2020 Wearing face masks strongly confuses counterparts in reading emotions. *Frontiers in Psychology*, 11, 1-8.

Cunningham, M. R., Barbee, A. P., & Pike, C. L. 1990 What do woman want? Facialmetric assessment of multiple motives in the perception of male facial physical attractiveness. *Journal of Personality and Social Psychology*, 59, 61-72.

Dahling, J. J., & Johnson, H. M. 2013 Motivation, fit, confidence, and skills : How do individual differences influence emotional labor? In A. A. Grandey, J. M. Diefendorff & D. E. Rupp (Eds.), *Emotional labor in the 21th century*. Routledge, Pp. 57-78.

大坊郁夫　1990　社会的スキルとしての対人的なマナー行動　化粧文化，22, 30-40, ポーラ文化研究所

大坊郁夫　1999　あいさつ行動と非言語的コミュニケーション　國文学，44, 28-33.

Diefendorff, J. M., & Richard, E. M. 2003 Antecedents and consequences of emotional display rule perceptions. *Journal of Applied Psychology*, 88 (2), 284-294.

Diefendorff, J. M., Croyle, M. H., & Gosserannd, R. H. 2005 The dimensionality and antecedents of emotional labor strategies. *Journal of Vocational Behavior*, 66, 339-357.

Ekman, P., & Oster, H. 1979 Facial expressions of emotion. *Annual Reviews of Psychology*, 30, 527-554.

Forbes, R. J., & Jackson, P. R.　1980　Non-verbal behavior and the outcome of selection interviews. *Journal of Occupational Psychology*, 53, 65-72.

Forsythe, S. M. 1990 Effect of applicant's clothing on interview's decision to hire. *Journal of Applied Social Psychology*, 20, 1579-1595.

Frank, M. G., Ekman, P., & Friesen, W. V. 1993 Behavioral markers and recognizability of the smile of the smile of enjoyment. *Journal of Personality and Social Psychology*, 64, 83-93.

Freiberg, K., & Freiberg, J.　1996　NUTS!　Lynne　Rabin off Association　小幡照雄（訳）1997 サウスウエスト航空　驚愕の経営　破天荒！　日経 BP 社

Friedman, H. S., & DiMatteo, M. R.　1980　A study of the relationship between individual differences in nonverbal expressiveness and factors of personality and social interaction. *Journal of Research in Personality*, 14, 351-364.

深田博己　1998　インターパーソナル・コミュニケーション─対人コミュニケーションの心理学─　北大路書房

Furnham, A., Chan, P. S., & Wilson, E. 2013 What to wear? The influence of attire on the perceived professionalism of dentists and lawyers. *Journal of Applied Social Psychology*, 43, 1838-1850.

Grandey, A. A., Fisk, G. M., Mattila, A. S., Jansen, K. J., & Sideman, L. A. 2005　Is service with a smile enough? Authenticity of positive displys during service encounters.

Organizational Behavior and Human Decision Processes, **96**, 38-55.

Hathfield, J. D., & Gatewood, R. D.　1978 Nonverbal cues in the selection interview. *Personnel Administrator*, 30-37.

原美和子　2020　新型コロナは私たちの暮らしや意識をどう変えたか～「新型コロナウイルス感染症に関する世論調査」の結果から～　放送研究と調査　JUNE. 2021

日比野桂　2009　会話中の表情が魅力に与える影響─ほほえみとわらい顔の比較　社会心理学会第50回大会発表論文集，618-619.

Hochschild, A. R. 1983 *The management of heart*. California : University of California Press.

Hofmann, V., Stokburger-Sauer, N. E., Wanisch, A., & Hebborn, H. 2021　Masked smiles matter-employee verbal expertise and emotion display during COVID-19. *The Service Industries Journal*, **41** (1), 107-137.

Hsieh, H. 2005 The influence of International satisfaction on customers overall satisfaction : Evidence from a study in upscale restaurant selling, *The 11ᵗʰ APTA Conference Proceedings*. New Tourism for Asia-pacific, July 7-10, 176-187.

石橋尚子　1999　幼児の愛他心の発達におよぼすごっこ遊びの効果　子ども社会研究，5, 21-28.

Judge, T. A., Woolf, E., & Hurst, C. 2009 Is emotional labor more difficult for some than for others? A multilevel, experience-sampling study. *Personnel Psychology*, **62**, 57-88.

Jung, H. S., & Yoon, H. H. 2011 The effects of nonverbal communication of employees in the family restaurant upon customers' emotional responses and customer satisfaction. *International Journal of Hospitality Management*, **30**, 542-550.

神山進　1983　被服絵画統覚検査による被服意識の測定法の提案　繊維機械学会誌，36, 205-211.

神山進　2001　被服心理学の動向　高木修（監修）　被服と化粧の社会心理学　北大路書房

神山進・牛田聡子・枡田庸　1987　服装に関する暗黙裡のパーソナリティ理論（第2版）：服装とパーソナリティの間の仮定された関連性　繊維製品消費科学，28, 378-389.

Kang, J., & Hyun, S. S. 2012 Effective communication styles for the customer-oriented service employee : Inducing dedicational behaviors in luxury restaurant patrons. *International Journal of Hospitality Management*, **31**, 772-785.

Kastendieck, T., Zillmer, S., & Hess, U.　2022　(Un)mask yourself! Effects of face masks on facial mimicry and emotion perception during the COVID-19 pandemic. *Cognition and Emotion*, **36** (1), 59-61.

河原純一郎・宮崎由樹・伊藤資浩・鎌谷美希　2020　衛生マスクが顔の印象に及ぼす効果と

COVID-19 の流行　日本色彩学会誌, 6, 262-264.

Kendon, A.　1967　Some function of gaze direction in social inter-action. *Act a Psychologica*, 26, 22-63.

菊池章夫・堀毛一也（編著）　1994　社会的スキルの心理学　川島書房

Kim, E., & Yoon, D. J. 2012 Why does service with a smile make employee happy? A social interaction model. *Journal of Applied Psychology*, 97（5）, 1059-1067.

Kuo, C., Chen, L., & Lu, C. Y. 2012 Factorial validation of hospitality service attitude. *International Journal of Hospitality Management*, 31, 944-951.

Kong, A., Oh, J-E., & Lam, T. 2020 Face mask effects during COVID-19 : Perspectives of managers, practitioners and customers in the hotel industry. *International Hospitality Review*, 1-13.

Lam, W., & Chen, Z. 2012 When I put on my service mask : Determinants and outcomes of emotional labor among hotel service providers according to affective even theory. *International Journal of Hospitality Management*, 31, 3-11.

Lennox, R. D., & Wolfe, R. N　1984　Revision of the self-monitoring scale. *Journal of Personality and Social Psychology*, 46, 1349-1364.

Liden, R. C., Martin, C. L., & Parsons, C. K. 1993 Interviewer and applicant behaviors in employment interviews. *Academy of Management Journal*, 36, 372-386.

Mannell, R. C., & Kleiber, D. A.　1997　*A social psychology of leisure*. Venture Publishing, INC. 速水敏彦（監修）　2004　レジャーの社会心理学　世界思想社

Mheidly, N., Fares, M. Y., Zalzale, H., & Fares, J. 2020 Effect of face masks on interpersonal communication during the COVID-19 Pandemic. *Front Public Health*, 8:582191, doi:10.3389/fpubh.2020.582191

Motowidlo, S. J., Martin, M. P., & Crook, A. E. 2013 Relations between personality, knowledge, and behavior in professional service encounters. *Journal of Applied Social Psychology*, 43, 1851-1861.

中村陽吉（編著）　2000　対面場面における心理的個人差　ブレーン出版

野村光江・冨城智子・鈴木二三子・吉岡睦美・城戸朗子・吉川左紀子　2011　看護婦のマスク着用は応対の好ましさを低下させるか？　信学技報　電子情報通信学会, 1-5.

小口孝司　1995　職業としてのサービス　総合プロジェクト　サービス経済化の進展と雇用・就業構造の変化　日本労働研究機構調査研究報告書, 62, 158-173.

大嶋玲未・小口孝司　2012　セルフ・モニタリングと誠実性がサービス業績と上司評価に及ぼす影響　産業・組織心理学会大会発表論文集

Parkinson, B. 1991 Emotional stylists : Strategies of expressive management among trainee hairdressers. *Cognition and Emotion*, 5, 419-434.

Patterson, M. L. 1982 A sequential functional model of nonverbal exchange. *American Psychological Association*, 89, 231-249.

Pugh, S. G. 2001 Service with a smile : Emotional contagion in the service encounter. *Academy of Management Journal*, 44, 1018-1027.

Rafaeli, A., & Pratt, M. G. 1993 Tailored meanings : On the meaning and impact of organizational dress. *Academy of Management Review*, 18, 32-55.

Riggion, H. R., & Riggion, R. E. 2002 Emotional expressiveness, extraversion, and neuroticism : A meta-analysis. *Journal of Nonverbal Behavior*, 26, 195-218.

佐藤成美・山内さつき・高林範子・石井裕 2014 音声分析によるマスク着用のコミュニケーション方法についての検討 岡山県立大学保健福祉学部紀要, 21 (1), 45-55.

Scott, B. A., Barnes, C. M., & Wagner, D. T. 2012 Chameleonic or consistent? A multilevel investigation of emotional labor variability and self-monitoring. *Academy of Management Journal*, 55 (4), 905-926.

Smith, J. L., Berry, N. J., & Whiteley, P. 1997 The effect of interview guise upon gender self-report responses as a function of interviewee self-monitoring position. *European Journal of Social Psychology*, 27, 237-243.

Snyder, M. 1974 Self-monitoring of expressive behavior. *Journal of Personality and Social Psychology*, 30, 526-537.

Spitzer, M. 2020 Masked education? The benefits and burdens of wearing face masks in schools during the current Corona pandemic. *Trends in Neuroscience and Education*, 20, 100-138.

Sundarm, D. S., & Webster, C. 2000 The role of nonverbal communication in service encounters. *The Journal of Services Marketing*, 14 (5), 378-391.

鈴木真人 1997 ノンバーバル行動とパーソナリティ特性 日本心理学会第61回大会発表論文集 112.

Sypher, B. D., & Sypher, H. H. 1983 Self-monitoring and perceptions of communication ability in an organizational setting. *Personality and Social Psychology Bulletin*, 9, 297-304.

高野登 2005 リッツカールトンが大切にするサービスを超える瞬間 かんき出版

高月璋介・山田寛 2005 ホテルのサービス・マーケティング 柴田書店

Tan, H. H., Foo, M. D., Chong, C. L., & Ng, R. 2003 Situational and dispositional predictors of displays of positive emotions. *Journal of Organizational Behavior*, 24, 961-978.

Trougakos, J. P., Jackson, C. L., & Beal, D. J. 2011 Service without a smile : Comparing the consequences of neutral and positive display rules. *Journal of Applied Psychology*, 96 (2), 350-362.

和田さゆり　1996　性格特性用語を用いた Big Five 尺度の作成　心理学研究, 67 (1), 61-67.

Witt, L. A., Andrews, M. C., & Carlson, D. S. 2004 When conscientiousness isn't enough : Emotional exhaustion and performance among call center customer service representatives. *Journal of Management*, 30 (1), 149-160.

山口一美　2006　観光業におけるホスピタリティ　観光の社会心理学　小口孝司（編集）　北大路書房　Pp. 74-88.

山口一美　2007　「外見より中身」は企業社会で通用するか　ひとの目に映る自己　菅原健介（編著）　金子書房　Pp. 182-209.

山口一美（編著）　2011　はじめての観光魅力学　創成社

山口一美　2014　なぜその人は内定がもらえるのか？　なぜ人は他者が気になるのか？—人間関係の心理　永房典之（編著）　金子書房

山口一美・小口孝司　1998　サービス産業におけるスマイル研究の展望　産業・組織心理学研究, 11 (1), 3-13.

山口一美・小口孝司　2000　サービス産業における採用および就労満足に関連するパーソナリティ　社会心理学研究, 16, 83-91.

山口一美・小口孝司　2001　旅館客室係の評価を規定する心理学的要因—スマイル，アイコンタクト，パーソナリティからの検討—　観光研究, 12, 9-18.

山口一美・小口孝司　2013　リゾートにおける癒し　日本社会心理学会第 54 回大会発表論文集, 401.

Zajonc, R. B. 1985 Emotion and facial efference : A theory reclaimed. *Science*, 228, 15-21.

参考 URL

https://www.mandam.co.jp/release/search/?kw=　株式会社マンダム公式サイト　コロナ禍の対面コミュニケーションとおしゃれ・身だしなみの実態及び意識調査【マスク編】　2021 年 12 月 1 日閲覧

https://www.dailyshincho.jp/article/2021/11301059/?all=1&page8 デイリー新潮　日本人はマスクを外せなくなる？　コミュニケーションに起きている異変・・「顔学」の第一人者が警鐘　原島博　2021 年 12 月 1 日閲覧

Column 6　パーソナリティを測る

　あなたはホスピタリティ産業に従事するのに向いているのだろうか？　以下の質問紙を使って，あなたのパーソナリティを測ってみよう。

【特性論】

日本語版 Ten Item Personality Inventory 尺度（The Japanese Version of Ten Item Personality inventory : TIPI-J）

　ゴスリング，レントフローとスワン（Gosling, Rentfrow & Swann, 2003）が，Big Five の5特性を10項目で測定する Ten Item Personality Inventory（TIPI）を作成し，それを小塩・阿部・カストローニ（2012）が作成した日本版である。

①外向性（extraversion）：活動的，社交的，他の人と一緒にいるのを好み，新しい社会的関係をつくるのが得意な傾向を示す。(質問項目は，1，6で，逆転項目は6）

②協調性（または調和性）（agreeableness）：協力的で信頼ができ，共感性があり，他の人の心の状態に注意を払う傾向を示す。(質問項目は，2，7で，逆転項目は2）

③勤勉性（または誠実性）（conscientiousness）：目標を設定し，自主的に努力する傾向を示す。(質問項目は，3，8で，逆転項目は8）

④神経症性（または情緒的不安定性）（neuroticism）：用心深く，否定的な感情を持ちやすい傾向を示す。(質問項目は，4，9で，逆転項目は9）

⑤開放性（openness）：創造性に富み，芸術に興味をもつ傾向を示す。(質問項目は，5，10で，逆転項目は10）

実施手続き：5つの因子別に合計点を算出する。

結果の解釈：得点の高い人ほど，そのパーソナリティ特性をもつといえる。なお逆転項目（●）は回答数字を逆転した数字（7点→1点，6点→2点，5点→3点，4点→4点，3点→5点，2点→6点，1点→7点）を加算する。

〈日本語版 Ten Item Personality 尺度〉

　1から10までのことばがあなた自身にどのくらい当てはまるかについて，下の枠内の1から7までの数字のうち最も適切なものを括弧内に入れてください。文章全体を総合的に見て，自分にどれだけ当てはまるかを評価してください。

まったく 違うと思う	おおよそ 違うと思う	少し 違うと思う	どちらでも ない	少し そう思う	まあまあ そう思う	強く そう思う
1	2	3	4	5	6	7

私は自分自身のことを……

1. （　　　　　）活発で，外交的だと思う
2. （　　　　　）他人に不満をもち，もめごとを起こしやすいと思う●
3. （　　　　　）しっかりしていて，自分に厳しいと思う
4. （　　　　　）心配性で，うろたえやすいと思う
5. （　　　　　）新しいことが好きで，変わった考えをもつと思う
6. （　　　　　）ひかえめで，おとなしいと思う●
7. （　　　　　）人に気をつかう，やさしい人間だと思う
8. （　　　　　）だらしなく，うっかりしていると思う●
9. （　　　　　）冷静で，気分が安定していると思う●
10. （　　　　　）発想力に欠けた，平凡な人間だと思う●

【状況特性論】

改訂セルフ・モニタリング尺度（Revised-Self-monitoring Scale）

　スナイダー（Snyder, 1974）が提唱したセルフ・モニタリングの考えに基づき，レノックスとウルフ（Lennox & Wolfe, 1984）がその傾向を測るために作成した尺度。2つの下位因子からなり，それらの下位因子の特徴は以下のとおりである。

　「自己呈示の修正能力」：他者の要望に合わせて，自分の行動を変えることができる傾向を示す。（質問項目1〜7で，逆転項目は4と6）

　「他者の表出行動への感受性」：他者の感情や行動に敏感で何が適切かをすぐに見つけ出すことに優れている傾向を示す。（質問項目8〜13）

実施手続き：2つの因子別に合計点を算出する。なお逆転項目（●）は回答数字を逆転した数字（5点→1点，4点→2点，3点→3点，2点→4点，1点→5点）を加算する。

結果の解釈：得点が高いほど，人の行動への感受性が強く，人が望む行動をとることができる傾向を示す。

〈改訂セルフ・モニタリング尺度〉

　あなたは以下のそれぞれのことがらについて，どの程度当てはまりますか。それぞれについて当てはまる番号を選び，○をつけてください。

	当てはまったく当てはまらない	あやてやはまらない	いどえちならいとも	あやてやはまる	当非ては常ままるる
1. 人が集まっているところでは，周囲の期待に応じて行動を変えることができる	1	2	3	4	5
2. 人に与える印象を思い通りにコントロールできる	1	2	3	4	5
3. 自分のやり方が人に良い印象を与えていないと気づいたら，すぐに変えることができる	1	2	3	4	5
4. 相手や場所に応じて行動を変えるのが苦手である●	1	2	3	4	5
5. これまでの経験からしてどんな場面におかれても，必要に応じて行動を変えることができる	1	2	3	4	5
6. 愛想よくする方が得だと思っても，なかなかそれができない●	1	2	3	4	5
7. 何が期待されているのかわかれば，それに合った行動をとるのはたやすい	1	2	3	4	5
8. たいていの場合，目を見れば，その人の本当の感情を読み取ることができる	1	2	3	4	5
9. 人と話をしている時，私は，相手の表情のごくわずかな変化にも敏感である	1	2	3	4	5
10. 人の感情や真意をつかむことにかけては，私は直観力がすぐれている	1	2	3	4	5
11. みんながくだらない冗談だと思っている時には，おもしろそうに笑っていても，たいていわかる	1	2	3	4	5
12. 自分が何か適当でないことを言った時は，たいてい，相手の目でわかる	1	2	3	4	5
13. 人にうそをいわれても，たいてい，その人のいい方やしぐさから見破ることができる	1	2	3	4	5

共感性（Empathy）

　デイビス（Davis, 1983）が作成した尺度を，丸山・清水（1990），弓削・室山（1990）が訳出し，それを参照して大渕（1991）が作成した尺度。2つの下位因子からなる。それらの特徴は以下のとおりである。

「情緒的共感性」（emotional empathy）：他者の感情を理解する。（質問項目は1〜7で，逆転項目は3，4，7）

「認知的共感性」（perspective taking）：他者の視点に立ってものごとを捉えることができる。（質問項目は8〜14で，逆転項目は11，13）

実施手続き：2つの因子別に合計点を算出する。

結果の解釈：得点が高いほど，他者がある感情をもっていることに気づき，くわえてその感情をあたかも自分自身のもののように感じることができる傾向を示す。

〈共感性尺度〉

　あなたは以下のそれぞれのことがらについて，どの程度当てはまりますか。それぞれについて当てはまる番号を選び，〇をつけてください。

		当てはまらない	当てはまらない	どちらともいえない	やや当てはまる	非常に当てはまる
1.	何を見ても，心が動かされる	1	2	3	4	5
2.	自分のことを心やさしい人間だと思う	1	2	3	4	5
3.	人が困っているのを見ても，気の毒だと思わない時がある●	1	2	3	4	5
4.	不公平な扱いを受けている人を見ても，特にかわいそうだとは思わない●	1	2	3	4	5
5.	だまされそうな人を見ると，守ってあげたくなる	1	2	3	4	5
6.	自分より不幸そうな人を見ると，やさしくしてあげたい気持ちになる	1	2	3	4	5
7.	不幸な人を見ても，別段，気にならない●	1	2	3	4	5
8.	どのような問題にも必ず賛成と反対の立場があるので，私はその両方を見るようにしている	1	2	3	4	5
9.	人から嫌な思いをさせられた時でも，つとめて「その人の立場に立って」みようとする	1	2	3	4	5
10.	何かの決定をする時は，立場の異なる意見にも一つひとつ注意を払うようにしている	1	2	3	4	5
11.	相手の立場に立って考えるというのは，難しい●	1	2	3	4	5
12.	人を批判する前に，もし自分がその人の立場だったらどうかと考えるようにしている	1	2	3	4	5
13.	自分が正しいと確信がもてる時には，わざわざ，人の意見を聞く必要はない●	1	2	3	4	5
14.	友人の立場から見るとどうなるか考えてみることで，彼らをもっとよく理解しようとしている	1	2	3	4	5

引用文献・参考文献

Buss, A. H. 1986 *Social Behavior and Personality*. Lawrence Erlbaum Associates. 大渕憲一（監修）　対人行動とパーソナリティ　北大路書房

Davis, M. H. 1983 Measuring individual differences in empathy ; Evidence for a multidimensional approach. *Journal of Personality and Social Psychology*, **44**, 113-126.

Gosling, S. D., Rentfrom, P. J., & Swann, W. B., Jr. 2003 A very brief measure of the Big-Five personality domains. *Journal of Research in Personality*, **37**, 504-528.

岩渕千明・田中國夫・中里浩明　1982　セルフ・モニタリング尺度に関する研究　心理学研究，**53**，54-57.

Lennox, R. D., & Wolfe, R. N. 1984 Revised of the self-monitoring scale. *Journal of Personality and Social Psychology*, **46**, 1349-1364.

丸山純一・清水裕　1990　愛他的行動と人格諸特性との関連について　日本教育心理学会第32回大会発表論文集，216.

小塩真司・阿部晋吾・カトローニピノ　2012　日本語版 Ten Item Personality Inventory（TIPI-J）作成の試み　パーソナリテイ研究，**21(1)**，40-52.

Snyder, M. 1974 The self-monitoring of expressive behavior. *Journal of Personality and Social Psychology*, **30**, 526-537.

弓削洋子・室山晴美　1990　Buss（1986）による Personality Scale の信頼性・妥当性の検討　日本社会心理学会第31回大会発表論文集，224-225.

第２部

ホスピタリティ産業の
主要ビジネス

～Withコロナ期を乗り切る～

第 7 章
旅行ビジネス：
株式会社 JTB の場合

　コロナウイルス感染症の影響で人々の行動が制限され，旅行に行くことは難しくなっている。だからといって，人々の旅行に行きたいという望みが，消えたわけではない。感染症が収束したときには，約 70% の人が「今まで以上に旅行に行きたい」，「これまでと同程度，旅行に行きたい」と答えている（cf. 国土交通省，2021）ことからもわかる。

　このように人々が望んでいる旅行へ行くとき，あなたはどのような方法で旅行に行くことを決めるのだろうか。旅行会社のパンフレットを見て決める，旅行会社の店頭で相談して決める，あるいはインターネットを使って自分で航空券やホテルを予約して決める，などの方法が考えられる。とりわけコロナ禍の影響で，対面接触を避ける意味からもオンライン予約が増加している。このことは，旅行ビジネスが行っている購買代理業務の必要性が低くなってきていることを意味している。

　第 7 章では，このような状況におかれている旅行ビジネスについてとりあげる。まず，旅行に行く理由と旅行ビジネスについて明らかにした上で，旅行ビジネスの歴史，その特性と提供するサービスについて検討する。その上で，旅行ビジネスにおいて，日本で第 1 位の旅行取扱い規模を誇り常に挑戦し続けている企業として，「株式会社 JTB（以下，JTB と記す）」を取り上げ，その発展と挑戦について明らかにする。

1．人が旅行に行く理由と旅行ビジネス

（1）人が旅行に行く理由

　そもそも人は，なぜ旅行に行くのだろうか。たとえば，ある人は毎日同じことの繰り返しでつまらないから，別の人はこのところ仕事が忙しすぎたから，

あるいは，やっと夏休みがとれたからなど，人が旅行に行く理由はさまざまである。

　人が旅行に行く理由の心理の基礎となるものには，「新奇性欲求」と「逃避欲求」があるといわれている（cf. 佐々木, 2006）。それらの欲求が人を旅行へと駆り立て，さらには行った先での行動に影響を及ぼす。つまり日常生活で感じている刺激の強さによって，どちらかの欲求が強くなり，旅行先での行動が影響される（図7 - 1）。

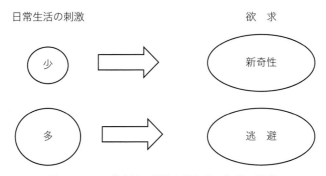

図7 - 1　日常生活の刺激と旅行先の行動の欲求
（筆者作成）

　「毎日同じことの繰り返しでつまらない」など，普段の生活で刺激が少なく退屈している状態の場合は，旅行に行って新しい体験をして「新奇性欲求」を満たそうとする。しかし，仕事が忙しすぎるなど，日常生活で刺激の多い生活をしていると，旅行に行って休養したい，気楽に楽しみたいなどの「逃避欲求」が強くなるのである。このように人の心理的側面が旅行へと駆り立て，旅行先での行動に影響を及ぼす。

　さらに，人が旅行に行く際のより具体的なモチベーションとして，5つの特性があげられるという（cf. 佐々木, 2000）。それらは，①緊張を解消したい，②楽しいことをしたい，③人間関係を深めたい，④知識を豊かにしたい，⑤自分自身を成長させたい，である。人々はこれらの特性の中で特に重視するモチベーションをもっていることもあるし，いくつかのモチベーションが組み合わ

さって旅行へ行くこともある。たとえば，旅行で避暑地に行って，友達とおいしいものを食べて散歩をしてのんびりもしたいし，地元の人との交流もしたい，そしてできれば美術館にも行って知識を得たいなど，1回の旅行で多くのモチベーションを満足させたいと考えることも多い。

　コーエン（Cohen, 1974）は，旅行者を「日常生活圏を離れて外部の地域に移動する人」と定義している。その定義に従えば，旅行とは「日常生活圏を離れて外部の地域に移動すること」と定義されよう。

　また，人は旅行へ行く機会が増え経験を重ねるほど，旅行についての考え方や取組み方が異なってくるという。ピアスとカルタビアノ（Pearce & Caltabiano, 1983）によれば，旅行経験が多くなるにつれて，旅行に行って良い経験だと感じるときは，知識を得たい，自己成長をしたいなどマズローの5段階の欲求（生理的欲求 → 安全欲求 → 所属と愛の欲求 → 自尊欲求 → 自己実現の欲求）の高次の欲求を満足させたいということが旅行の目的や欲求になる。したがって何度も旅行に行っている人は，それらの目的や欲求が満たされてはじめて，その旅行で良い経験をしたと感じ満足するのである。このステップアップ状態は，「旅行キャリア（travel career）」と呼ばれている。

（2）旅行ビジネスとその形態

　旅行業法によれば，旅行ビジネス（旅行業）とは，①企画旅行の企画・実施，②旅行者と運送関連・宿泊施設の間に立って，代理契約を締結し，または取次をする行為，③①や②に付随して，旅に関する相談や旅行者の便宜となるサービスなど，報酬を得て反復・継続して行う事業（旅行業法第2条要約）とされている（柏木，2010）。したがって，①②③の行為を無報酬で行ったり，1度行ったとしてもそれは旅行業ではないといえる。

　旅行ビジネスの形態は，①広範囲な地域に販売ネットワークを有しすべての旅行商品を造成，さまざまな流通チャネルで販売する「総合旅行系」，②旅行商品を造成し基本的に自社のチャネルで販売する「商品造成自社販売系」，③主として新聞広告や組織会員を通じて自社商品を販売する「メディア・通信販

売系」，④他社の企画商品を販売，団体旅行や個人の手配旅行を取り扱う「リ
テーラー」，⑤国内旅行宿泊や海外旅行素材を中心に半分以上を自社サイトを
通じて販売する「インターネット販売系」，⑥企業系インハウス[1]で業務出張
に特化した「業務性旅行特化系」，⑦海外または国内旅行パッケージを造成し
主として自社以外のリテーラーへ販売する「ホールセラー」，⑧海外旅行素材
を旅行会社に卸売する「海外旅行ディストリビューター」，⑨海外旅行目的の
旅行手配を日本の旅行会社から受注する「海外ランドオペレーター」が存在す
る（cf. 加藤，2013）。

　以上のように，人がもつ欲求を満足させるために旅行を企画・実施する旅行
ビジネスは，どのように発展してきたのであろうか。次節で旅行ビジネスの歴
史をみてみよう。

2．旅行ビジネスの歴史

（1）海外における旅行ビジネスの歴史

　ヨーロッパにおいて，1822年イギリスのロバート・スマート（Robert Smart）
が世界ではじめて汽船代理業を行うことを公表し，イギリスのブリストル海峡
港，およびアイルランドのダブリンに向かう蒸気船の先客予約を行ったという
記録がある（cf. 今西，2011）。旅行ビジネスとしては，1841年にトーマス・クッ
ク（Thomas Cook）が，禁酒同盟大会に参加する人のために団体割引による貸切
列車を初めて運行したのが始まりだといわれている。その理由は，クックが広
告・宣伝により参加者を募集し販売したこと，旅行中の飲食の準備など，現在
の旅行業と同様の仕事を行ったからである（松園，2012）。1845年にはクックが
団体旅行を企画化，交通機関，宿泊施設の斡旋を専業とする世界最古の旅行代
理店を始め，1851年にはロンドン万国博覧会旅行を組織して，楽しみのため
の旅行商品を販売するようになった。1872年息子のジョンと旅行会社「トー
マス・クック＆サン」を設立した。アメリカへのツアー企画や個人向けのツ
アー，旅行小切手の発行などを行い，1890年代には，世界の主要観光地に駐

在員を置いて旅行客のトラブル処理に対処した。第二次世界大戦後，1990 年に欧州共同体によって「パッケージ旅行，パッケージ休暇及びパッケージ旅行に関する指令（略称：パッケージ旅行法）」が決定され，この法律のもとで旅行業が行われるようになった。

米国では，1840 年にランシング・トラベル・ビューローが設立され，そこでは遊覧船ツアーを扱っていた。1850 年にニューヨーク州バッファローにてアメリカン・エクスプレス社が設立され，1870 年にフゲージー・トラベルが設立された。アメリカン・エクスプレス社はオルバニーとバッファロー間の貨物輸送業としてスタートし，その後，金融業を兼業するようになった。1891 年には世界初のトラベラーズチェック（旅行小切手）を発行し，1915 年ニューヨークにて旅行業に進出した。第二次世界大戦後，米国ではクルーズ客船事業が開始され，ジャンボジェット機の開発と航空運賃の自由化の影響を受け，旅行業が発達した。コンピューターシステムの発展によって CRS（Computer Reservation System）が開発され，1980 年代以降，航空，鉄道，クルーズ，ホテル，パッケージツアーなどの予約と発券が可能となり，旅行ビジネスの経営に影響を与えている。なお，全米を対象とした旅行業法制度はなく，ARC（Airline Reporting Corporation）の審査基準と登録制度がその肩代わりをしている（安達, 2002）。

（2）日本における旅行ビジネスの歴史

日本における旅行ビジネスは，1893 年に日本を訪れる外国人をもてなすことを目的として作られた「貴賓会」から始まったといわれている。1905 年には現在の滋賀県草津市に住む南新助が団体による善光寺参りを企画し，これが日本最初の団体旅行の実施であった。同年，南は日本旅行の前身にあたる旅行会社を日本で初めて設立した。1912 年には JTB の前身であるジャパン・ツーリスト・ビューローが設立され，主に日本を訪れた外国人の案内を行った。1950 年代まで旅行業者は，切符や客室予約を交通業者・宿泊業者に依頼する斡旋業で，旅行自体を商品化するものではなかった。

1955 年に近畿日本ツーリスト，1956 年に東急観光が設立され，1959 年には

ジェット機が就航した。1963年には株式会社日本交通公社（現JTB）が設立された。1964年，東京〜新大阪間に東海道新幹線が開通，東京オリンピックが開催され，多くの外国人観光客が日本を訪れた。また同年には海外渡航が自由化され，1人年1回500ドルまでの外貨持ち出しが許可された。

　アメリカのボーイング社がジャンボジェットを就航させたことで，海外旅行が一般市民にも身近なものとなった。1970年，大阪万国博覧会が開催され，1971年，旅行業法改正，旅行斡旋業から旅行業に変わった。1978年には成田空港が開港し，1980年，エイチ・アイ・エスが設立された。1991年，バブルが崩壊し，1992年，航空券の最低販売価格が廃止され，格安航空券が販売されるようになった。2003年にはビジット・ジャパン・キャンペーンが開始され，2005年，観光立国基本推進法が閣議決定され，観光は21世紀における日本の重要な政策の柱として初めて明確に位置づけられた。ネット系旅行会社，楽天，じゃらんなどが躍進する。2008年，観光庁が設立された。2011年，未曾有の被害を出した東日本大震災の影響で訪日旅行は大幅に減少したものの，2013年1月20日には年間訪日外国人旅行者数1,000万人を達成した。2019年には3,188万人の外国人旅行者が日本を訪れていたが，2020年の新型コロナウイルス感染症の世界的な流行に伴い，各国地域において水際対策などが強化されたことから，訪日外国人旅行者数は412万人（前年比87.1%減）と減少した（国土交通省, 2021）。

　このような歴史をもつ旅行ビジネスだが，どのような特性をもち，そこで提供するサービスとは何か，次節で明らかにする。

3．旅行ビジネスの特性と提供するサービス

（1）旅行ビジネスの特性

　旅行ビジネスの特性として，①無形性，②同時性，③不均質性，④消滅性，⑤顧客の参加，⑥代理性，⑦不確実性があげられる。①から⑤まではホスピタリティ産業に共通する特性であり，⑥⑦は旅行ビジネスで特徴的にみられる特

性である。それぞれの特性について，旅行ビジネスの場合で考えてみよう。

　まず①無形性とは，旅行ビジネスが顧客に，旅行に行って世界遺産を観たり，名物料理を食べるなど形にない活動を提供していることをさす。顧客はその活動を通して，ストレスを解消したり，新しい知識を得るとともに，楽しい思い出や心に残る経験をすることができる。②同時性とは，サービスの生産と消費が同時に行われることをいう。旅行に行く過程で，旅行というサービスが生産され，同時に消費もされている。③不均質性とは，サービスがプロセス，活動であり，旅行先の天候や添乗員とのコミュニケーション能力などによって，提供されるサービスは影響を受ける。④消滅性とは，旅行ビジネスで提供されるサービスがその場で生産，消費されるため，在庫ができないことをさす。たとえば人数制限を設けている添乗員付きのパッケージツアーでは，希望者が多くても定員以上の人数を引率することはできない。⑤顧客の参加とは，サービスの提供過程で顧客の参加が必要であることをいう。旅行会社の従業員は旅行計画の相談をしている時から，顧客の意見を聞くなど顧客の参加が必要である。⑥代理性とは，旅行ビジネスがその業務として代理業務を行うことをいう。航空機関や宿泊施設にとって，旅行ビジネスは航空券や宿泊予約の代理販売をしてくれるビジネスである。顧客にとって，旅行ビジネスは顧客の代理として飛行機やホテルなどの手配をする，つまり購買代理をするという特性をもつ。⑦不確実性とは，旅行ビジネスが訪問先の自然環境，政治・法律環境，経済環境，文化・社会環境など，統制不可能な不確実要因の影響を受けるという特性をもつ。たとえば，リゾートの旅行パンフレットには，素晴らしい天候の中で撮影された白い砂浜と青い海が描かれているが，訪問先の天候によってはそれを見ることができない場合もある。また，訪問先でデモやクーデターなどが起こった場合は，その国を訪問できないことも起こる。

（2）旅行ビジネスが提供するサービス

　旅行ビジネスで提供するサービスの基本は，第一に安全の確保があげられる。旅行ビジネスにおいて顧客の安全確保は，思い出に残る旅行経験を提供す

るための基本のサービスであり，旅行を実施する際の大前提である。加えて不測の事態への適切な対応が必要となる。そのためには旅行ビジネスの従業員の質的向上が重要となる。第二に手配・手続きの代行のサービスがあげられる。旅行ビジネスの特性（⑤代理性）で明らかにしたように，顧客の代わりにサプライヤー[2]である輸送機関や宿泊施設の手配と予約を行うことである。そのため顧客は，旅行に行く際の飛行機やホテルの予約を1カ所で行うことができる。サプライヤーにとっては，旅行ビジネスが予約の業務を代行してくれるため，本来はそれぞれの機関がするべき予約業務をしないで済む。第三に保障のサービスである。つまり，旅行ビジネスが顧客に提供するサービスは，保障されていることをいう。旅行ビジネスの特性である無形性から，顧客は事前に宿泊するホテルが良いか悪いかをチェックすることができない。しかし，旅行ビジネスではホテルを選択する際に設備やサービスなどをチェックしていることから，顧客はホテルの質に対する保障をしてもらえる。サプライヤーにとっても，旅行に行く個人や企業などとの取引上のリスクはないというメリットがある。第四にコンサルティング・サービスがあげられる。コンサルティング・サービスとは専門家の立場から相談にのったり，企画などを手伝うことをさす。顧客は旅行ビジネスがもつ多くの情報から適切な情報を選抜してもらい，自分の旅行のプランに生かすことができる。サプライヤーは顧客のニーズを把握しやすい立場にいる旅行ビジネスからの情報を伝えてもらうことで，設備や顧客に対するサービスなど改善に役立てることができる。第五に感動経験である。旅行ビジネスでは，旅行という活動を通して，顧客に感動という経験をしてもらう必要がある。それは顧客が旅行に行って単に地元の名産品を食べたり，名所を訪ねることだけでなく，これらの経験を通してストレスを解消したり，日常を忘れるような楽しみや地元の人との交流を通して新たな気づきを得ることで，思い出に残る感動経験を得たいと考えているからである。

　思い出に残る経験について，パインとギルモア（Pine & Gilmore, 1999）は経済価値[3]という言葉を用いて説明している。つまり，経済システムが進化したことにより，顧客のニーズが変化し，顧客は単に地元の名産品を食べるだけで

なく，その経験を通してストレスを解消したり，楽しかった思い出に残る感動を得たいと考えている。したがって，旅行ビジネスでは，経験という価値を生み出すことが重要なのである。

（3）新しい旅行スタイル

　近年，団体旅行のコモディティ化[4]が進み，人々は個人旅行へと旅行ビジネスに依存しない旅行をしはじめている。先に述べたようにインターネットの普及で，顧客はインターネットを使って交通機関や宿泊施設の予約を自分で行うようになってきた。また，インターネットにより旅行商品の価格情報が容易に手に入るため，顧客の価格への意識も高まっている。それが旅行商品の低価格化をもたらし，旅行ビジネスにとっては厳しい状況が続いている。そのため旅行ビジネスでは「旅行商品」を売るというよりも「旅行経験（旅行前から，旅行中，旅行後を含む）」を販売していくという商品造成者およびサービス提供者の意識改革と，価値に見合う対価をしっかり得られるような組織全体のサービス水準のアップが求められている（cf. 柏木, 2010）。

　さらに 2020 年の新型コロナウイルス感染症の拡大により，感染予防の観点から新しい旅行スタイルがうまれている。それは，①オンラインツアー，②マイクロツーリズムである。①オンラインツアーとは，現地を訪れずにオンライン上で観光を楽しむツアーである。このツアーは，コロナ禍で人々の行動が制限されている中で人と人とのつながりをつくるために，バーチャル旅行を楽しむ機会を提供することを目的としている。オンライン旅行予約サイトがオンラインツアーをスタートさせ，JTB や HIS など大手旅行会社もオンラインツアーを提供し始めている。中野（2021）が行った 1 都 3 県の住民の調査では，「オンラインツアーに参加したことがある」と回答した者が 2.9%，「機会があれば参加したい」が 20.6% であり，オンラインツアーの市場はまだまだ小さい。また，調査からは参加者がオンラインツアーをコロナ禍における観光の代替サービスと捉えているだけでなく，実際の旅行に役立つ情報，行きたい場所や会いに行ける現地の人を見つけるなど，実際の旅行を想起しながら参加しているこ

とも明らかにされている。②マイクロツーリズムとは，星野リゾートが提唱したツーリズムで，自宅から車で1時間〜2時間で行ける小旅行（詳細は第9章3.(5)を参照のこと）をさす。観光庁の「宿泊旅行統計調査」によると，2019年7月〜12月の宿泊客を県内客と県外客とに分けて比較すると，県内客が2020年には24.8%から31.8%と7.0%ポイント増加している（国土交通省，2021）。また，今後の国内宿泊旅行は，近場や密集しない観光地への旅行がしたいという希望が増えていることからも，マイクロツーリズムの利用が増加することが推測できる。

　以上のように，第3節では，旅行ビジネスの特性と提供するサービスに加えて，新しい旅行スタイルについて明らかにした。そこで，第4節では旅行ビジネスが直面している課題や新しい旅行スタイルに挑戦している企業として，「JTB」をとりあげ，どのように顧客に旅行経験を提供し続けているのか，その発展と挑戦について明らかにする。

4．JTB の発展

（1）JTB の概要

　1912年3月ジャパン・ツーリスト・ビューローが創立された。これは，鉄道院の木下淑夫が主張した外客誘致論に共鳴した鉄道院副総裁の平井晴二郎などが中心になって創立された。1914年2月には東京案内所で，外国人に鉄道院委託乗車券発売を開始し，1925年には「汽車時間表（のちのJTB時刻表）」を創刊した。1945年に第二次世界大戦の終戦を迎え，会社名称を財団法人日本交通公社に変更した。事業の目的を「国情文化の紹介，外客誘致を為す」とした。その背景として戦後の日本には，観光資源が唯一の資本であり，平和を迎えた日本の目指すべき国際親善の方策として観光資源が重要であったからである。1948年IATA[5]旅客代理店として認可され，各米国民間航空会社と代理店契約を締結した。1955年，「周遊券」を販売開始し，その利便性と経済性が受けて利用者が飛躍的に増えた。

　1962 年に「セット旅行」販売を開始した。顧客の要望に合わせた新しい商品企画であり，このセット旅行は旅行商品の原型で，その後のパッケージ旅行につながった。これはチケット・エージェントからトラベル・エージェントに発展していくことでもあった。1963 年に資本金 8 億円で株式会社日本交通公社を設立し，一般旅行斡旋業登録 64 号の認可を取得した。1964 年，東京オリンピック開催にあたり，国内入場券販売総代理店となった。訪日外国人向け商品として，「サンライズ・ツアー」の運行を開始した。全コースガイドつきで料金も安く，個人単位ではなかなか行けない観光ができたため外国人顧客に大好評であった。その後，1968 年，海外主催旅行「ルック」，1971 年，国内旅行企画商品「エース」の販売を開始した。

　1973 年，旅行雑誌「るるぶ」を発刊開始した。1982 年，能登半島和倉温泉にて第 1 回「杜の賑い」を開催した。1988 年，日本交通公社から「JTB」へ呼称を変更，1991 年，JTB ハワイ営業開始，1995 年にはホノルルで「第 1 回ホノルル フェスティバル」を開催した。1997 年に資本金を 23 億 400 万円に増資，創立 85 周年を迎え，1998 年にはインターネットによる旅行販売を本格的に開始した。

　2001 年，名称を株式会社ジェイティービーと変更し，2003 年，JTB グループ環境宣言制定，2004 年には海外旅行企画商品のホールセール会社 JTB ワールドバケーションズ，出版事業部門を統合した JTB パブリッシングを設立した。2006 年 4 月に，地域に正対して新たなビジネス領域を創造し発展するために，北海道から沖縄まで『地域密着』を掲げた地域会社に分社化した。2008 年，「ルック JTB」参加者が 2,500 万人を突破し，2009 年には JTB 時刻表通巻 1,000 号を発行，また，2010 年には「るるぶ」が発行点数世界最多の旅行ガイドシリーズとしてギネス世界記録 TM に認定された。

　2012 年 3 月 JTB グループは創立 100 周年を迎えた。2013 年，「ユニバーサルツーリズム」が始動し，2014 年の 10 月には JTB ホノルル支店開設 50 周年を記念し，ハワイ州が 2014 年 10 月 1 日を「JTBDAY」と制定した。2018 年，名称を「株式会社 JTB」に変更した。2020 年，コロナ禍の影響で旅行需要は

国内・海外とも大きく減少したが，旅行取り扱い規模において，JTB は日本で第1位を誇っている。また，2015 年に「国連持続可能な開発サミット」が開催され，SDGs[6]（持続可能な開発目標）が採択されたことから，JTB はその目標達成を支援する取り組みを継続して行っている。

（2）総合旅行業から交流文化事業，そして交流創造事業へ

　JTB はこれまでは総合旅行業として，顧客にとって旅行のコーディネーター役という位置づけであったが，時代の変化に合わせ事業ドメイン[7]を交流文化事業と定義し，旅行業の領域を拡大した。さらに 2018 年には事業ドメインを交流創造事業とし，その事業の定義を「JTB ならではのソリューション（商品・サービス・情報および仕組み）の提供により，地球を舞台にあらゆる交流を創造し，お客様の感動・共感を呼び起こすこと」としている。さらに2020 年7月からは，急速な市場環境の悪化と需要低迷の長期化を見据えて，中期経営計画『「新」交流創造ビジョン』をスタートさせ，交流創造事業展開にあたって「ツーリズム」，「エリアソリューション」，「ビジネスソリューション」の3つの柱を中心として行うことを明らかにしている。「ツーリズム」戦略では，「お客様が感じる実感価値の追求を最重要事項とし，JTB が提供する商品やサービスに対して，お客様が感じ，評価するものである」と位置付けている。「エリアソリューション」戦略では，「事業パートナーと共にエリア・地域の魅力向上を目的に地域事業者や自治体へのソリューションの提供と連携によるエリア開発を行い，人流創出に貢献していく」としている。「ビジネスソリューション」戦略では，「企業が抱える多様な問題解決に寄り添うことで，旅行だけに捉われない幅広いソリューションの提供により，お客様の持続的発展に貢献していく」ことを明らかにしている。

　また，JTB は旅行事業を通じて地域の人々の国内外の交流を創造し，地域が持つ様々な課題を「旅の力」を活用して解決することを目指している。

　「旅の力」には，①「文化の力」，②「交流の力」，③「健康の力」，④「教育の力」，⑤「経済の力」があるとしている。①「文化の力」とは，旅を通して，

色々な国や地域の歴史，自然，伝統，芸能，景観，生活などについて学び楽しみつつ，それらの発掘・育成・保存・振興に寄与できる力である。②「交流の力」とは，旅に行くことで国際あるいは地域間における相互理解，友好の促進を通じ，安全で平和な社会の実現に貢献できる力をいう。③「健康の力」とは，旅に行くことで，日常からの離脱による新たな刺激や感動，楽しさや癒しなどを通じ，体や心の活力を得，再創造へのエネルギーを充たすことができる力である。④「教育の力」とは，旅に行き自然や人との触れ合いを通し，異文化への理解を深め，他者への優しさや思いやり，家族のきずなを深めるなど，人間形成の機会を広げる力をさしている。⑤「経済の力」とは，多くの人々が旅行へ行くことで，旅行・観光産業の発展を促進し，雇用の拡大，地域や国の振興，貧困の削減，環境の整備・保全など，幅広い貢献ができる力をいう。①〜④までの旅がもつ力を活用することで，結果として経済の活性化につなげる力，つまり「経済の力」となるのである。

　以上のように交流創造事業を推進していくためには，スキルを活用して担当職務で高い成果を発揮するとともに，新しい情報やスキルの習得に努めながら，自ら課題を認識し，その解決に向けて自律的に行動することのできる「自律創造型社員」の育成が重要となる。そのために，あらゆる社員を対象とする教育体系の総称した概念である JTB ユニバーシティが整備され，「社員は財産」という JTB グループの象徴となっている。

（3）With コロナ期における旅行ビジネス

　With コロナ期において，JTB はどのような取り組みを行い，サービスを提供しているのであろうか。たとえば，「ツーリズム」戦略においては，三密回避するために来店予約制の導入，カウンターへのパーテーション設備に加えて，非来店型の「オンライン相談」の導入や「オンライン旅行セミナー」の開催，SNS を活用したコミュニケーションなどを実施している。2021 年 3 月にはリアルとバーチャルな体験を組み合わせた旅行商品「JTB こころトリップ」の販売を開始し，この旅行商品では海外に行くことが難しいことから，日本で

海外を体験できるプランとして，国内でレストランや大使館訪問，空港見学などリアルな体験と海外各国の魅力をオンライン配信，動画鑑賞で楽しむことができるようになっている。また，修学旅行をリアル＋VR（virtual reality：仮想現実）を融合させた新感覚体験旅行「バーチャル修学旅行360」を提案している。修学旅行の京都・奈良編では，学校にいながら京都・奈良の神社仏閣などの360度映像をスマホに取り付けた簡易ゴーグルを使って教室で視聴する。バーチャル技術を使って修学旅行の訪問先の映像体験や清水焼，扇子などの伝統工芸体験を京都と学校をオンラインでつないで実施する。さらには，舞妓，旅館の女将など様々な人々とオンラインを使って交流するなどのプログラムが提供されている。生徒たちにとっては中止になった修学旅行に代わる思い出作りの場となり，修学旅行中止によって打撃を受けた受け入れ施設にとってはコロナ禍においても売り上げの確保につながるという利点がある。さらに，マイクロツーリズムに関しても，日帰り「海外大使館ツアー」や「日本橋江戸散歩と舟遊び」日帰りツアーなどさまざまなマイクロツーリズムが提供されている。

　次節では，人々の交流を創造し交流創造事業へとつなげている具体的事例として，ホノルル フェスティバルをとりあげ，JTBの挑戦について明らかにする。

5．JTB の挑戦

（1）交流創造：ホノルル フェスティバル

1）ホノルル フェスティバルの概要とテーマ

　旅行を通じて相互往来するだけでなく，日本とハワイの歴史や文化をより深く知ることで真の交流を深めることを目的に，ホノルル フェスティバル委員会が組織され，ホノルル フェスティバル財団が設立された。1995年3月に第1回ホノルル フェスティバルが開催され，2019年3月には第25回目を迎え，参加団体336（日本178，ハワイ147，他のグローバル（日本とハワイ以外）の国々11），観客動員数は135,650名で前年度比101.2％であった[8]（ホノルル フェ

**写真①　DMO国際フォーラム
in Hawaii**

（ホノルル フェスティバル 公式サイトより）

スティバル財団, 2019）。

　フェスティバルは，毎年 3 月に 3 日間（金，土，日）開催される。フェスティバルの主なプログラム[9]としては，金曜日に①教育プログラムとしての「エデュケーショナル・スクール・ツアー」，②日本からの参加団体代表者，ハワイの関係者など，100 人以上が集まって交流が行われる「ハワイ州知事主催歓迎昼食会」，③参加団体やハワイ地元の人々との国際友好親善を深める「フレンドシップ・パーティー」，④「シンポジウム」として，「DMO 国際フォーラム in Hawaii」が開催された（写真①）。

　また，⑤「ホノルル・フラフォーマル 2019（金，土曜日に開催）」が行われ，土・日曜日には，メイン会場であるハワイ・コンベンション・センターでは，⑥日本，ハワイから 100 以上の教室や団体が参加して，地元や伝統の文化，技術，商品を紹介する「展示・実演・クラフトフェア・縁日コーナー」，⑦ステージでのハワイ，環太平洋の国々，日本からのフェスティバル参加者による「パフォーマンス」，⑧マウイ島の高校生が作成した神輿のコンテストで優勝したチームの「マウイ御輿序幕式」，⑨ホノルル日本国総領事館とホノルル フェスティバル財団の共催による「日本映画祭」，⑩ダンスレッスンのワークショップとダンス・コンペティションが行われる「アロハ・ダンス・コンベンション」（土曜日のみ），⑪アマチュアランナー対象の「Honolulu レインボー駅伝」，⑫ハワイ，環太平洋の国々，日本からの参加者によるダンス伝統芸などのパフォーマンスや日本各地の祭りがワイキキ，カラカウア大通りで再現され

る「グランド・パレード」(日曜日のみ), ⑬ワイキキビーチ沖で打ち上げられる新潟県長岡市の平和を願う花火「長岡花火」(日曜日のみ)が行われる。

　ホノルル フェスティバルは, テーマを「パシフィック・ハーモニー“愛と信頼”」とし, その目的を「異民族の文化交流によって平和的な生き方を模索すること」としている。この目的が示しているように, 民族や世代を超えた交流の輪を広げ, 日本とハワイ, ひいては環太平洋諸国との親善の輪をより大きく広げ, 世界平和への貢献を目標にあげている。

2) ホノルル フェスティバルの教育プログラムとボランティア

　教育プログラムとして, 上記にあげた①「エデュケーショナル・スクール・ツアー」, ⑧「マウイ御輿除幕式」を行っている。

　①「エデュケーショナル・スクール・ツアー」とは, 毎回金曜日に開催されるフェスティバルの舞台裏を見学するツアー (Behind the Scene Tour) である。このツアーをオアフ島の子供たちの希望者を対象に実施している (写真②)。2019 年度は参加人数が 886 名を超えるほどの人気のプログラムである。このツアーは, オアフ島の生徒や学生たちにフェスティバルで展示, 披露されるものやパフォーマンスを実際に体験してもらい, 異文化に直接触れる機会を提供

写真② エデュケーショナル・スクール・ツアー

(ホノルル フェスティバル公式サイトより)

している。⑧「マウイ御輿除幕式」はマウイ島の高校生達を対象に行っているコンテストで, 優勝した御輿をフェスティバルの期間中, ハワイ・コンベンションセンターに展示するイベントである。2019 年度で 16 回目をむかえたこのコンテストは, 日本文化を知ってもらうこと, 他島からの参加を促すことを目的としている (写真③)。

　フェスティバル開催には多くのボランティアが参加し, フェスティバル運

写真③　マウイ御輿
（筆者撮影）

写真④　日本映画祭での受付のボランティア

写真⑤　ヨーヨー祭りでのボランティア

写真⑥　プレゼント配布をするボランティア
（写真④，⑤，⑥は木谷叶絵氏撮影）

営を支えている。2019 年度第 25 回のボランティアは 489 名（地元 333 名，日本から 156 名）であった。ボランティアは，「エデュケーショナル・スクール・ツアー」で子どもたちや学生たちの案内をする担当や，観客への情報提供をするインフォメーションデスクの担当，日本映画祭での受付（写真④），綿菓子やヨーヨー釣りなどの縁日の担当（写真⑤），会場でのプレゼントの配布（写真⑥），フェスティバルの最終日に行われるグランド・パレードで，パレードの参加者の誘導などの担当，御輿を担ぐ，太鼓を鳴らすなどの御輿担当などをはじめとして様々な役割を担っている。

　ホノルル フェスティバル[10] は，ホノルルで毎年 3 月に開催される恒例行事

として定着し，環太平洋の文化交流促進事業として，ハワイにおける最大の文化交流イベントにまで発展している。

3）JTB 社員の役割の重要性

　ホノルル フェスティバルのような大きなイベントは，限られた期間に一定の場所や空間に顧客が集中する。そこで，イベントを安全で円滑に行うためには，会場・場所の運営や行われる展示，パレードの運営などが重要となり，その際に JTB が長年培ってきた MICE[11] での経験が役立っている。

　フェスティバルでは，JTB の社員が通常の業務とは別にホノルル フェスティバル財団の一員として，フェスティバルの運営に携わっている。普段，顧客と接することの少ない総務課や経理課に所属している社員も参加をする。社員は担当したい部門を自分で選んで参加をし，さまざまな場面で交流を創りだすサポート役として重要な役割を担っている。

　社員がフェスティバルに参加をすることで，得られるメリットとしては，主に①モラールの向上，② MICE の企画力や運営能力の向上，③受地からの新しい旅のスタイル提案能力の向上，④サプライヤーとの信頼関係の構築，があげられる。①モラールの向上とは，参加者やボランティアとの交流を通して，彼らや彼女たちの喜びや満足度を直接知る機会が多くなり，それは社員にとってモラール，やる気の向上につながることをいう。② MICE の企画力や運営能力の向上とは，フェスティバルにおいてイベント内容の企画立案から，当日の運営まで経験することで，イベントなどの企画力や運営能力が向上することをいう。③受地からの新しい旅のスタイル提案能力の向上とは，ハワイに来る顧客を受けいれる受地としての役割から，発地としての新しい旅行の提案を行う能力がつくことをさす。フェスティバルにおける交流を通して，顧客との接点ができ，そこからニーズを探りだし，新たな旅のスタイルを提案することが可能となる。④サプライヤーとの信頼関係の構築とは，JTB の社員がフェスティバルに参加をする大量の顧客の輸送機関や宿泊施設への予約業務の代行をするため，サプライヤーにとっては金銭の授受に関わる取引上のリスクがな

い。また，顧客のニーズに対する情報を得ることができることから，JTBとサプライヤーとの間でより深い信頼関係を築くことができることをいう。また，フェスティバルのスポンサーでもあるJTBは，ホノルル フェスティバルを社会貢献の一つとして行っており，それは地域に根を下ろした活動を行っている企業として地域での認知度があがることでもある。

4）旅の力を活用する

　ホノルル フェスティバルでは，どのような人が参加をし，観客として訪れ，交流が創造されているのであろうか。フェスティバルには，大きく分けて日本からの参加者（イベント，ボランティア）と旅行者，ハワイの参加者（イベント，ボランティア）と住民，日本とハワイ以外の国々からの参加者（イベント，ボランティア）と旅行者が訪れている。たとえば，日本からの参加者だけについて考えてみても，日本からの参加者はフェスティバルを通して，日本からの旅行者，ハワイの参加者や住民，日本・ハワイ以外の国々の参加者や旅行者との交流がそれぞれ生まれる（図7-2）。

　これらの交流を通して，フェスティバルでは先に示したような「旅の力」が発揮されている（表7-1）。開催されるイベントを通して，どのように旅の力が活用されているか考えてみよう。フェスティバルで開催されるイベントで，たとえば，④展示・実演・クラフトフェアでは，生け花，絵手紙，押し花などさまざまな日本文化をはじめとして，ハワイや環太平洋の国々の文化がイベントの参加者によって紹介される。また，縁日コーナー（金魚すくい，ヨーヨー釣りなど）やアニメコーナーでのワークショップ，コスプレカフェなどがボランティアによって行われる。これらのイベントでは，訪れた旅行者やハワイの住民がイベントの参加者やボランティアとの交流を通して，伝統や芸能，生活などさまざまな異文化について楽しみながら学ぶことができる。また，イベントの参加者やボランティアは旅行者や住民との交流を行う過程で，自国文化への再認識や誇りをもつことができると思われる。

　このようにフェスティバルのイベントを通して，「文化の力」，「交流の力」，

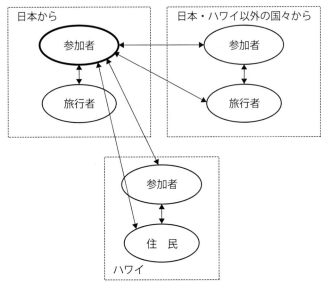

**図7－2 ホノルル フェスティバルの参加者，旅行者，住民との交流：
日本からの参加者の場合**（筆者作成）

表7－1 イベントと「旅の力」の関係

イベント名	文化の力	交流の力	健康の力	教育の力
①エデュケーショナル・スクール・ツアー	○	○		○
②ハワイ州知事主催歓迎昼食会	○	○		
③フレンドシップ・パーティー	○	○		
④DMO 国際フォーラム in Hawaii	○	○		○
⑤ホノルル・フラフォーマル 2019	○	○	○	
⑥展示・実演・クラフトフェア，縁日コーナー	○	○		○
⑦パフォーマンス	○	○	○	○
⑧マウイ御輿コンテスト，除幕式	○	○		○
⑨日本映画祭	○	○		○
⑩アロハ・ダンス・コンベンション	○	○	○	
⑪Honolulu レインボー駅伝		○	○	○
⑫グランド・パレード	○	○	○	○
⑬長岡花火	○	○		○

（筆者作成）

「教育の力」，「健康の力」が活用され，それが地域経済の活性化，「経済の力」へとつながっているのである。ホノルル フェスティバルは，今では年間 9.5 ミリオンドル（≒10億円以上）の経済効果をもたらしてしている（ホノルル フェスティバル財団，2019）。

　以上のようにホノルル フェスティバルは，財団が運営しているものの，JTB が長年培ってきた MICE での経験から得た運営能力が生かされており，結果として JTB ならではの商品，サービス，情報，仕組みを提供しているのである。それは交流を創り出す交流創造を行っているといえよう。

（2）ホノルル フェスティバルを通した JTB の挑戦

　フェスティバルに参加してパフォーマンスを行う人は，何を目的としてフェスティバルに足を運んでいるのだろうか。彼らは，フェスティバルを目標にして練習してきたパフォーマンスを単に発表するためだけに来ているわけではない。彼らはパフォーマンスを通して，人々との交流が生まれ，その結果，思い出に残る経験，楽しい経験を得ていることからフェスティバルに参加をしているのである。これらの感動経験が顧客に価値として認められる仕組みをみてみよう（図7 - 3）。

　JTB の社員はホノルル フェスティバル財団の一員として，フェスティバルを支える裏方である。主役はイベントの参加者や住民であり，ボランティアとしての参加者や住民であり，フェスティバルを見に来た旅行者，住民である。財団の団員（JTB 社員）の働きによって，フェスティバルでは，参加者，旅行者，住民のそれぞれの間で交流が創出され，互いに楽しい，癒される，ストレスを解消，満足感など思い出に残る感動経験を共有することになる。ここに新たな関係性が生まれることで，その関係性を維持したいと思い，翌年もフェスティバルに来ようと考えるのである。また，イベントに参加した人とボランティアとして参加した人は，フェスティバルを成功させるという目標に向かって，財団の団員（JTB 社員）とともに行動することで，ここにも新たな関係性が生まれる。財団の団員（JTB 社員）にとっては，参加者やボランティアとの

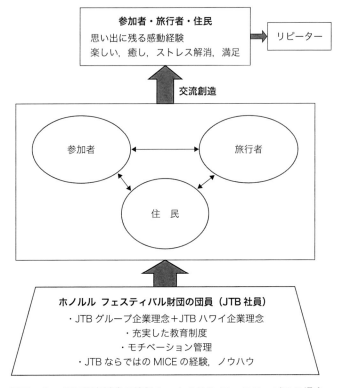

図7－3　JTB交流創造の仕組みーホノルル フェスティバルの場合
（筆者作成）

交流を通して，彼らや彼女たちの喜びや満足を身近で知ることができる。このことは，財団の団員（JTB社員）の喜びともなりモチベーションアップにつながっているのである。

　ホノルル フェスティバルは，日本とハワイの歴史や文化をより深く知ることで，真の交流を深めるという目的を達成するよう活動を続けている。この活動は間接的にではあるものの結果的には，JTBが目指している交流創造事業を推進することでもあり，グローバルビジネス戦略の先駆的役割を担っている事業ともいえよう。

　このように JTB はさまざまな交流創造事業を直接的あるいは間接的に支えることを通して，地球を舞台にあらゆる交流を創造するために挑戦を続けているのである。

【注】

1）インハウスとは，自社および契約企業の出張手配を取り扱うことをいう。

2）サプライヤーとは，仕入先，供給元，納品業者などの意味をもつ。旅行ビジネスにとっては，航空会社やホテルなどがサプライヤーであり，パッケージツアーを企画するときに，航空券やホテルの部屋を供給してもらわないと商品が作成できない。

3）パインとギルモア（1999）は，経済システムの進化により，経済システムが経験経済に移行しており，したがって，そこでの経済活動から生み出される価値を意味する経済価値は「経験」である。企業が顧客に提供するものは思い出として残り，需要の源は感動である。経済価値としての「経験」は，企業がサービスを舞台に，製品を小道具に使い，顧客を魅了するときに生じるとしている。

4）コモディティ化とは，競合する商品同士の差別化特性，たとえば機能や品質などが失われて，価格や買いやすさだけを理由に選択が行われることをいう。機能や品質で差がなく，顧客にとってはどの商品を買っても同じという状態になる。

5）IATA（International Air Transport Association）とは，国際航空運送協会の略称で，大多数の国際線を運行する世界各国の航空会社が加盟する国際団体をさす。

6）SDGs（Sustainable Development Goals）とは，国連加盟国によって採択された持続可能な開発目標を指し，「1. 貧困をなくそう」「2. 飢餓をゼロに」「3. すべての人に健康と福祉を」などをはじめとする 17 の目標からなる。この決議のねらいは 2030 年までにこれらの 17 の目標を達成することにある（国際連合広報センター，公式サイトより）。

7）事業ドメインとは，組織が経営活動を行う基本的な事業展開領域のことをいう。この事業ドメインを規定することで，自社の事業領域を明確にし，必要な事業に資源を集中して投入することで戦略の最適化を図ることができる。

8）新型コロナウイルス感染症の影響で，フェスティバルは 2020 年，2021 年，2022 年と 3 年連続中止となった。

9）第 25 回 2019 年 3 月 8 日（金），9 日（土），10 日（日）に開催された主なプログラムを記載する。

10）ホノルル フェスティバルは，2018 年ジャパン・ツーリズム・アワードの優秀賞を受賞。日本とハワイの交流の象徴的イベントとしておよそ四半世紀にわたり継続的に実施されていること，プログラムが常に進化を遂げ，企業の営業の枠を超え，地域社会に完

全に定着したことが受賞のポイントであるという。

11）MICE（マイス）とは，Meeting（会議・研修・セミナー），Incentive tour（報奨・招待旅行），Convention または Conference（大会・学会・国際会議），Exhibition（展示会）の4つの頭文字を並べた造語。

引用文献

安達清治　2002　ツーリズムビジネス（改訂版）―日本と世界の旅行産業―　創成社

Cohen, E. 1974 Who is a tourist? A conceptual clarification. *Sociological Review*, 22, 527-555.

ホノルル フェスティバル財団　2019　ホノルル フェスティバル観客数

今西珠美　2011　欧州旅行業界の構造と発展　流通科学大学論集―流通・経営編―, 24（1），131-152.

柏木千春　2010　旅行業―新しい価値を創るクラブ・ツーリズム・モデル　高橋一夫・大津正和・吉田順一（編著）　2010　1からの観光　碩学舎　Pp. 2-18.

加藤弘治　2013　観光ビジネス未来白書　統計にみる実態・分析から見える未来戦略2013年版　同友館

国土交通省　2021　観光白書（令和3年）

松園俊志　2012　旅行産業のあらまし　松園俊志・松下晶美（編著）　旅行業概論―新しい旅行業マネジメント―　同友館

中野文彦　2021　消費者から見たオンラインツアー　コラム vol.443 日本交通公社（https://www.jtb.or.jp/researchers/column/column-online-tour-nakano/ 2021年12月1日閲覧）

Pearce, P. L. & Caltabiano, M. L. 1983 Inferring travel motivation from travelers' experiences, *Journal of Travel Research*, 22（2），16-20.

Pine Ⅱ B. J. & Gilmore, J. H. 1999 *The Experience Economy*. Harvard Business School Press. 岡本慶一・小高尚子（訳）　2013【新訳】経験経済脱コモディティ化のマーケティング戦略　ダイヤモンド社

佐々木土師二　2000　旅行者行動の心理学　関西大学出版部

佐々木土師二　2006　観光の社会心理学の構成　小口孝司（編集）　観光の社会心理学　北大路書房

参考 URL

https://www.honolulufestival.com/ja/event/25th-ja/　第25回ホノルル　フェスティバル（2019）公式サイト　2019年5月6日閲覧

http://www.honolulufestival.com　ホノルル　フェスティバル　公式サイト　2021 年 11 月 30 日閲覧

http://www.jtbcorp.jp/jp/company/about_jtb/philosophy/　JTB グループサイト　2021 年 11 月 30 日閲覧

https://press.jtbcorp.jp/jp/　ニュースリリース　JTB グループ 2021 年 3 月期連結決算概要 2021 年 11 月 30 日閲覧

https://www.jtbbwt.com/education/service/solution/jh/domestic/school/trip/virtual_trip/ JTB 法人サービスサイト　リアル×VR 新感覚体験プログラム「バーチャル修学旅行 360」2021 年 11 月 30 日閲覧

https://www.unic.or.jp/activities/economic_social_development/sustainable_ development/2030agenda/　国際連合広報センター　公式サイト　持続可能な開発目 標（SDGs）とは　2021 年 12 月 1 日閲覧

http://www.jata-net.or.jp/about/jata/forth.html　一般社団法人日本旅行業協会　公式サイト 2014 年 1 月 14 日閲覧

Column 7 クルーズの旅で感動経験！[1]

　クルーズの旅が注目されている。2019年の世界のクルーズ人口は，1990年の約6.5倍（約3,000万人）に増加しており，クルーズ先進国である米国では，約1,541万人がクルーズの旅を楽しんでいる（国土交通省，2021）。日本においてもクルーズの旅に行く人は増えており，2019年のクルーズ人口は，前年度約32.1万人から，約35.7万人に増加し，過去最高を記録した[2]。

　クルーズは，動くホテルとも呼ばれており，一度乗船すれば荷物の移動がなく，さまざまなレストランもあり，プールや室内テニスなどのスポーツ設備の利用，ダンスやショーの施設，映画施設やカジノ付のクルーズ船もある。寄港地における小旅行も楽しめるため，欧米では最もリピート率の高い利用となっている。このような高いリピート率を生む要因は何なのだろうか。世界一のクルーズ人口を誇るアメリカのクルーズの中でも，ノルウエージャンクルーズライン（Norwegian Cruise Line）[3]を取り上げ，その要因を検討してみよう。

　ノルウエージャンクルーズラインは，「フリースタイル クルージング」という通常のクルーズよりも自由な食事時間や服装で，ゆったりとしたカジュアルなクルーズを提供している。そのクルーズの中でも日本人に人気の高いクルーズとして，「プライド オブ アメリカ（Pride of America）」[4]に焦点を当てて，クルーズの旅がどのようなサービスを提供し，顧客満足を向上させ，感動経験を与えているのかを明らかにする。

　プライド オブ アメリカは2005年に就航し，2016年には改装を行い，16のレストラン，12のバーとラウンジをそなえ，7日間でハワイの島々の内，オアフ島，マウイ島，ハワイ島，カウアイ島を周遊する唯一の客船である（写真①）。

写真① プライド オブ アメリカ
（ノルウエージャンクルーズライン 公式サイトより）

乗船から下船までの過程で顧客が受ける主なサービスには以下のものがある。
① 　乗　船
　　顧客は乗船する際に，船名・下船日・名前が記載された乗船カードが手渡される（写真②）。このカードは，クルーズ中の身分証明書，クレジットカード，客室のキーの機能をもつ。顧客はこのカードを 1 枚もっているだけで，船内のさまざまなサービスを受けることができる。
② 　オリエンテーションとセーフティードリル（避難訓練）
　　オリエンテーションが行われ，船内でどのようなサービスを受けることができるのかを知ることができる。クルーズ・サービスの基本である顧客の安全を保つために，国際法で全乗客の参加が義務付けられているセーフティードリル（避難経路や集合場所の提示やライフジャケットの付け方の説明など）が，乗船してから 24 時間以内に実施されている。
③ 　情報サービス
　　レセプションデスクはイベントの案内，予約など顧客の必要な情報を 24 時間いつでも提供するサービス[5] を行っている。ショアエクスカーションデスクでは，各寄港地でのオプショナルツアーの案内やその申込みができる。また，客室には前日の夜に船内新聞「Freestyle Daily」（写真③）が届けられ，翌日の船内イベント，エンターテイメントスケジュール，レストラン情報，各種施設のオープン時間，ドレスコードなどが記載されているので，そのスケジュールを参考にしながら，翌日の行動を計画することができる。
④ 　飲食サービス
　　レストランでの食事代（一部を除く）[6] はクルーズ代金に含まれている。希望者は船長と一緒に食事ができるテーブルの予約も可能となっている。

写真②　乗船カード（筆者撮影）

写真③　Freestyle Daily（筆者撮影）

写真④　スタッフによる最後の夜の舞台（筆者撮影）

⑤ エンターテイメントサービス

午前，午後，夕方18:00～夜中の12:00までさまざまなスポーツ，イベント，クラス，ショー，パーティなどが提供されており[7]，顧客を飽きさせない工夫がなされている。また，乗船した最後の夜に開催されるフェアウエル・バラエティー・ショーでは，エンターテイメント担当者，ゲストサービス担当者，レストラン担当者，客室係などの乗員スタッフ全員が舞台にあがって歌と挨拶を行っている（写真④）。

⑥ 客室サービス

毎日の清掃サービスに加えて，客室係は顧客を感動させる仕掛けを作っている。顧客は清掃が終わった部屋に戻ってくると，タオルで作った動物たちの出迎えを受ける。客室係が部屋ごとにタオルで異なった動物を作り，顧客に驚きと感動を与えている（写真⑤）。顧客は客室係にタオルの動物のお礼を言うことで，客室係と顧客との交流が生まれ，関係性が形成されるのである。

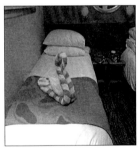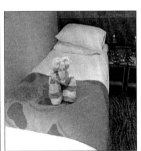

写真⑤ 左からタオルで作った「白鳥」「オラウータン」「羊」（筆者撮影）

そのほかにも緊急医療体制を整えた医療サービス，図書館サービス，インターネットサービス，下船の際に注意事項などの説明会としての下船サービスも開催されている。

このようにクルーズ船内では，さまざまなサービスが提供されているが，顧客に思い出に残る感動経験を提供している最大の要因としてあげられるのが，顧客と乗員スタッフとの交流を創出していることであろう。上記にあげた⑤エンターテイメントサービスにおける乗員スタッフによるショーや教室などでの担当者との交流，⑥客室サービスにおけるタオルの動物などをきっかけとした客室係との交流，さらには船内ですれ違うスタッフやレストランのスタッフによる挨拶から生じる交流など，さまざまな場所で乗員スタッフとの交流が生まれ，そこから新たな関係性が生み出されている。その結果，顧客にとっては，素晴らしい景色を見たり，のんびりと過ごしたり，おいしいものを食べるだけでなく，クルーズの旅は，特別な思い出として心に残り，

再度クルーズを利用したいと考えるのであろう。また感動経験を作り出しているスタッフにとっても，個々の顧客との交流によって顧客から直接感謝され，それは仕事へのモチベーションの向上につながる。クルーズの旅は，自然環境や船内の設備のみならず，顧客のコメントカードによって選ばれた「ヴァケーションヒーロー（vacation hero）」のスタッフによって，思い出に残る感動経験が生み出されている。

1) 本研究は，JSPS 科学費 24611018 の助成を受けた。
2) 2020 年の世界ならびに日本のクルーズ人口は，新型コロナウイルス感染症の発生を受けて，大幅な減少が見込まれている。
3) ノルウエージャンクルーズラインは，1966 年に創業されたアメリカのフロリダ州マイアミに本社を置く世界第 3 位のグローバルクルーズラインで，2013 年にカリビアンズ・リーディング・クルーズ・ライン（Caribbean's Leading cruise Line）を受賞したのを皮切りに，多くの賞を受賞している。
4) プライド・オブ・アメリカの船籍はアメリカで，総トン数は 80,439 トン，全長 281 メートル，全幅 37 メートル，乗客定員は 2,186 名，乗員スタッフ 927 名の中型クラスの客船である。
5) レセプションデスクでは日本語を話せる担当者や日本語による船室案内などが用意されている。日本語版の「Freestyle Daily」は毎晩日本人の宿泊している部屋に届けてくれる。
6) クルーズ代金には，クルーズ運賃，キャビン宿泊料，無料レストランでの食事代，ルームサービス（24 時間利用可能），エンターテイメントやイベント，プールやフィットネスセンターなどの施設利用料が含まれている（一部有料）。アルコール飲料は有料。
7) たとえば，生花の蘭でレイ作りやフラダンス教室，ハリウッド・ミュージカルショー，ラスベガス・ショー，ファミリー・ディナー・パーティ，仮面パーティなどをはじめとして，さまざまなエンターテイメントが提供されている。

引用文献

国土交通省　2021　令和 3 年度版交通政策白書

参考URL

http://www/ncl..com/jp/ja/　ノルウエージャンクルーズライン　公式サイト
2021 年 12 月 1 日閲覧

第8章
航空ビジネス：
日本航空株式会社の場合

　航空ビジネスは，顧客を速く，安全に目的地まで運ぶという使命をもつ。したがって，海外に行く際には，多くの人が航空ビジネスを利用する。日本においては，海外に行く場合，約99％以上の人が航空輸送を利用している（たとえば，2019年航空輸送は19,864,000人で98.9％，海上輸送は216,000人で1.1％であった）（図8－1）。

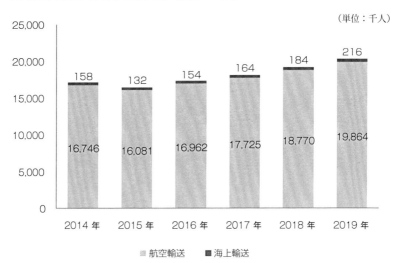

（単位：千人）

図8－1　出国日本人の旅客輸送状況
（国土交通省，2021より作成）

　そして，飛行機[1]自体が目的になることは少なく，飛行機を使って目的地に行き，ビジネスや観光，レジャーを行うという「手段」としての役割をもつ。したがって顧客の目的を達成させるためには，飛行機が安全かつ定時に目的地に着くことが求められている。

　第8章では，このような使命と役割をもつ航空ビジネスに焦点を当て，検

討する。まず，飛行機の特徴と航空ビジネスの歴史を明らかにし，航空ビジ
ネスの特性と提供するサービス，さらにそのマネジメント戦略について考え
る。その上で，日本の代表的な航空会社の一つであり，破綻を経験し，その
後，再生を果たした日本航空（以下，JAL と記す）を取り上げ，その歴史と
新たな挑戦について明らかにしたい。

1. 飛行機の特徴と航空ビジネスの歴史

（1）飛行機の特徴

　あなたは飛行機に乗る時，どのような感情をもつだろうか。飛行機が好きな
あなたは，空を飛ぶというちょっとしたドキドキ感や，この飛行機が自分たち
を世界の国々に運んでくれるというワクワクした気持ちで乗るのではないだろ
うか。翼をもたない私たち人間にとって，鳥のように大空を飛翔する飛行機
は，空を飛ぶという夢をかなえてくれる道具でもある。

　このような飛行機は，その機能や構造から派生するいくつかの特徴をもつ。
第一に，飛行機は空中を移動する代表的な交通機関である。そのため顧客は，
他の移動手段では経験できない角度から地上の眺望を堪能することができる。
離着陸の際に見ることのできる夜景や到着地の上空から見る紺碧の海岸や砂漠
など，思わず歓声をあげてしまうような景色は，飛行機が顧客に与えてくれる
最大の楽しみの一つであろう。

　第二に，飛行機は一定の時間，顧客の行動を制限するという特徴をもつ。航
空ビジネスでは，飛行中急な揺れが発生した時の危険防止のため，常にシート
ベルトの着用を求めている。そのために顧客の行動は制限され，窮屈な座席に
一定時間座っていなければならない。あなたも長時間座り続けていたことか
ら，空港に到着したときに，靴がなかなか履けないという経験をしたことがあ
ると思う。ひどいときには，「エコノミークラス症候群」[2] を起こしてしまう
こともある。そうならないように機内にあるタッチパネル式液晶モニターに
は，「エコノミークラス症候群」に関する注意や，ストレッチの仕方などの情

報を紹介している。

　第三に，飛行機には多様なニーズをもった人々が時間，空間そして異文化を共有するという特徴をもつ。座席で見知らぬ顧客と隣り合わせで座ることも起こる。通常隣り合わせの席は，夫婦や友人など心理的に近い人同士が座る座席の位置であり，互いに協力しあうときに最も選ばれる座席位置である（cf. 和田, 1999）。したがって，見知らぬ顧客との隣り合わせの座席の場合，顧客は緊張感や居心地の悪さを感じ，それが異なる文化をもつ顧客との隣り合わせだった場合には，より増加することが推測できる。

　航空ビジネスでは，顧客がこのような状態に置かれていることを理解した上で，異なる文化をもつ個々の顧客のニーズに応えるサービスを提供することが求められている。また機内では，乗務員も顧客と時間を共有している。それは，一定の時間の中で顧客に感動経験を提供する機会を多くもっているということでもある。運悪くサービスに失敗したとしても，その共有している時間の中でサービス・リカバリーをするチャンスもあるとも言えよう。

（2）海外における航空ビジネスの歴史

　1903年，米国のライト兄弟（Wilbure Wright & Orville Wright）による飛行機が，ノースカロライナ州のキティ・ホークの海岸で飛んだ。これが，動力飛行機として初めて空を飛んだ飛行機である。欧州では，1906年，フランスのアルベルト・サントス・デュモン（Alberto Santos-Dumont）が最初の動力飛行に成功している。

　欧州の民間航空は，1919年，フランスのファルマン航空会社が世界初の国際定期航空路をパリ〜ロンドン間に開設した。1933年には，国内の航空会社5社を統合して現在のエールフランスが設立された。ドイツでは，1919年にドイツ航空会社が設立され，ワイマール〜ベルリン間を結ぶ旅客定期航空を偵察機の改造機で開始し，1926年にルフトハンザ航空が設立された。また，オランダでは1919年にKLMオランダ航空が，イギリスでは1924年にインペリアル・エアウエーズが設立され，1934年，ロンドン〜シドニー間を結ぶ定期運

航路を開設し，翌年にBOAC（英国海外航空）が設立された。

　米国の民間航空は，1914年に国内線の旅客定期便が，フロリダ州タンパ・セント～ピーターズバーグ間に就航した。1927年にチャールズ・リンドバーグ（Charles Lindbergh）が，ニューヨーク～パリ間の単独無着陸飛行に成功している。同年，パンアメリカン航空が設立され，カリブ海路線ならびに南アメリカを結ぶ国際線を運航し，1937年には世界最初の大西洋横断航空便を開設した。1928年にUATC（後のユナイテッド航空），1929年にイースタン航空，1930年，アメリカン航空が設立されている。

　第二次世界大戦が終わりに近づき，国際民間航空の秩序と発展のための制度づくりの必要性から，国際民間航空会議がシカゴで開催され，1944年には国際民間航空条約，つまりシカゴ条約が採択された。

　1978年，米国では航空規制緩和法が参入規則の廃止と運賃規制の自由化を進め，世界的な航空自由化の政策潮流に先鞭をつけた（野村・切通，2010）。規制緩和の目的は，航空会社間の競争を通して安い運賃とよりよりサービスを顧客に提供することにあった。1993年にヨーロッパのEU域内でも，路線と運賃が自由化された。米国は1990年代にはいると，ヨーロッパ各国とオープンスカイ協定を結びはじめた。その協定の基本は，規制のない競争に基づく国際航空体制を促進することであった。

（3）日本における航空ビジネスの歴史

　日本においては，1910年，徳川好敏陸軍工兵大尉が初めて飛行に成功した。ただし使用したのはフランスのアンリ・ファルマン製の複葉機であった。民間飛行機については，1911年，「民間航空の父」といわれる奈良原三次男爵が，埼玉県所沢飛行場で日本初の国産機奈良原式2号を使って初飛行に成功した。1922年，井上長一が日本航空輸送研究所を設立し，11月に最初の定期便として堺～徳島間を運行した。日本最初の民間飛行機は，朝日新聞社，毎日新聞社の支援を受けてスタートをしている。それは新聞社が，航空輸送を写真情報などをいち早く伝達するための高速手段とみなしていたからである。

　第二次世界大戦後，サンフランシスコ平和条約の発効に伴い，1951年に「航空法」が施行された結果，旧日本航空により，定期航空運航が開始された。1954年には日本航空が東京〜ホノルル〜サンフランシスコ間の運行を行い，国際線がスタートした。1958年には日本ヘリコプター輸送会社と極東航空会社との合併が行われ，全日本空輸が設立された。

　1970年に新しい航空政策が閣議で了承され，1972年に運輸大臣が「航空憲法」の通達を発表した。その憲法では，①日本航空は国際線と国内幹線[3]，②全日本空輸は国内幹線，ローカル線と近距離国際チャーター，③東亜国内航空はローカル線と決められ，競争を抑えて共栄共存を図る方策がとられた。1971年，日本国内航空と東亜航空の合併により東亜国内航空（日本エアシステムの前身）が設立された。

　1986年，日本政府は航空政策を，①国際線複数社体制，②国内線競争促進，③日本航空完全民営化，に変更した。その理由として，①航空技術の革新で従来の2倍から3倍の顧客を運ぶことのできるジャンボ機が登場したこと，②旅行パッケージを利用する若年層や家族連れなど航空輸送を利用する顧客が増加し，日本航空1社では利用者や貨物の需要増加に対応するのが困難になったことがあげられる。これらの政策変更により，国際線の運航は日本航空だけでなく，全日本空輸や日本エアシステムなど複数社が運航できるようになった。

　1994年には，航空運賃に関する制度的緩和が実施され，2000年には国内線の路線と運賃が原則自由化された。その結果，多種多様な運賃が導入され，安い航空運賃を掲げるローコストキャリア（Low Cost Carrier：LCC）と呼ばれる航空会社が出現してきた。

　以上のように，航空ビジネスは飛行機がもつ機能や構造から，他のビジネスとは異なる特徴をもっていること，また航空ビジネスがどのような歴史を経て発展してきたのかが，海外と日本の歴史を概観することで明らかになった。次節では航空ビジネスの特性と提供するサービス，ならびにマネジメント戦略について考える。

2．航空ビジネスの特性，提供するサービスとマネジメント戦略

（1）航空ビジネスの特性

　航空ビジネスの特性として，①無形性，②同時性，③不均質性，④消滅性，⑤顧客の参加，⑥高速性，⑦同質性，⑧依存性，⑨装置性，⑩規制性（関与性）があげられよう。その内の①〜⑤までがホスピタリティ産業に共通するビジネスの特性であり，⑥〜⑩が航空ビジネスで特徴的にみられる特性である。これらの特性について，山口（2012）を参考にしながら，考えてみよう。

　① 無形性とは，航空ビジネスが顧客をある地点からある地点へと移動させるという形にないものを提供していることをさす。②同時性とは，チェックインや機内などで生産，提供されるサービスとその消費が同時に行われることをいう。③不均質性とは，サービスがプロセス，活動であることから，それを提供する者のパーソナリティやコミュニケーションの仕方などの影響を受ける。そのため提供されるサービスの品質管理が難しい。④消滅性とは，航空ビジネスの提供するサービスがその場で生産，消費されることをいう。したがって，顧客が少なく空席が多くてもその座席を在庫することはできず，飛行機は空席が多いまま目的地に向けて飛び立つ。⑤顧客の参加とは，サービスの提供過程で顧客の参加が必要であることをいう。たとえば，食事のサービスあるいはシートベルト着用の依頼でもすべて顧客の参加がないと成り立たない。⑥高速性とは，飛行機のスピードが新幹線「のぞみ」の 4 倍速いスピードで人を移動させるというように，高速性をもつことをいう。したがって中長距離運送においては絶大な力を発揮する。700km 以上〜 1,000km 未満では 43% の人が，1,000km 以上の場合 87% の人が飛行機を利用している（cf. 国土交通省, 2021）。⑦同質性とは，航空ビジネスの使用する飛行機がボーイング社やエアバス社など世界で数社が製造しているものであるため，使用している機材の同質性が高いことをさす。そのため航空会社ごとの差別化をするのが難しく，顧客に機内でいかに快適に過ごしてもらうかについて工夫を凝らす必要がある。⑧依存性と

は，インフラストラクチャー[4]への依存度が高いことをいう。飛行機が出発し，到着するには空港施設が必要であり，その利用の権利や発着枠などを確保できない限りは顧客を運ぶことができない。⑨装置性とは，巨額の投資による装置が必要な産業であることをいう。たとえば，最新鋭の飛行機であるボーイング787は200億円前後，同じくエアバスA350は254億円～332億円，それを保管する格納庫，飛行機を整備する整備工場，乗員や乗務員を訓練するフライトシュミレーションセンター，客室訓練所，予約センターなど多くの施設が必要となり，ビジネスをはじめるために，また維持するために巨額の資金が必要となる。⑩規制性（関与性）とは，政府の規制や関与を受けやすいことをいう。既存の代表的な航空ビジネスの多くが，それぞれの国家を代表する企業として，国営あるいはそれに準ずる形態で運営されてきたことから，政府の規制や関与を受けやすいのである。

（2）航空ビジネスが提供するサービス

　航空ビジネスが提供するサービスの最重要事項は，第一に飛行機の安全な運行である。そのためには，航空ビジネスに携わる人が安全性を追求する姿勢をもち注意をする必要がある。安全性向上に対する考え方として，「ハインリッヒの法則」（図8-2）が重要である。この法則は，米国の損害保険会社に勤務していたハインリッヒ（Heinrich）が自分の扱っていた労働災害の事例から，1つの事故の陰には29の軽微な事故があり，その陰には300の表面には出てこなかったヒヤリとしたり，ハッとしたりする状態が起こっていることを明らかにしたことに始まる。毎日の業務の中で経験している小さな事柄を見逃さず解決していくことが，大きな事故を未然に防ぐために重要であるといえる（cf. 山口, 2012）。

　また，航空ビジネスでは，飛行機の安全性を高めるためのさまざまなシステムを導入している。たとえば，飛行機の空中衝突を防止するための「航空衝突防止システム」，山や海面への異常接近を知らせる「対地接近警報システム」，局地的に風向風速の急激な変化を警報で知らせる「ウインドシア警報システ

ム」などがある。このように技術革新によるシステムの信頼性の向上，自動化の進歩，安全装置の導入などで，飛行機の安全性は向上している。しかし，それでも事故が完全になくなったわけではないことから，常に安全性向上に向けての取り組みを行っていく必要がある。

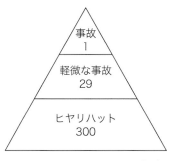

図8－2　ハインリッヒの法則

(山口・椎野，2012 より転記，p. 22)

　第二に定時発着である。飛行機が「手段」としての役割を持つことから，定時発着は顧客の本来の目的を達成するための重要なサービスである。つまり，定時に発着することで，目的地における行動を時間通りに行うことができる。この定時発着を安全性を保ちながら行うには，航空ビジネスに関わる従業員一人ひとりの協力体制が必要となる。整備業務，運航管理，機内食の搬入をするケータリング業務，機内清掃業務，旅客業務や客室業務などの担当者が，自分の業務を適切かつ迅速に行うことができて初めて可能となるのである。

　第三に多機能サービスの提供があげられる。航空ビジネスは宿泊機能，飲食機能，エンターテイメント機能，ビジネス活動機能，販売機能などの多機能をもつため，それらに関わるサービスが重要である。たとえば宿泊機能では，機内で快適な睡眠をとることができるように，座席のリクライニングが可能であったり，クラスによっては横になって眠ることができるように設備が整えられている。飲食機能では，路線や時間帯に応じた機内食や飲み物が提供されている。また，チャイルド・ミール，ベジタリアン・ミールなど，リクエストに

合わせた特別食が提供されている。エンターテイメント機能では，機内で映画，ビデオ，音楽，ゲームなどを楽しむことができる。このように航空ビジネスは多機能サービスを提供している。

　第四に心に残る感動経験をあげることができる。航空ビジネスは，機内という限られた空間に，異なる文化と多様なニーズをもった顧客が乗り合い，時間と空間，異文化を共有するという特殊な環境をもつ。そのため，異文化への理解とともに，それぞれの顧客のニーズに合わせたサービスを提供する必要がある。キャビンアテンダントのちょっとした心遣いが顧客の緊張をほぐし安心感を与えることや，声掛けをすることでコミュニケーションをスタートさせ，交流を生み出すこともできよう。航空ビジネスでは，飛行機が単なる移動の手段としての役割だけでなく，顧客へ安心感や快適さを提供することで，顧客は心に残る思い出を経験し，本来の目的である旅への期待感を高めるという役割も担っている。これは，航空ビジネスの特性である⑦同質性から，各航空会社の差別化をするという意味からも必要なことである。

（3）航空ビジネスのマネジメント戦略

　1978年に米国で行われた規制緩和によって，世界的な航空自由化が進み，航空会社間の競争が激しくなってきた。そのため，航空ビジネスでは特徴的なマネジメント戦略がとられている。

　①　ハブ・アンド・スポークス型のネットワーク戦略

　これは，地方空港から顧客を小型機で拠点の大都市にあるハブ空港に集め，幹線間を大型機で輸送するネットワーク戦略のことをいう。スポークという数多くの鉄棒が，自転車のタイヤの中心にあるハブ（車軸）を支えている形状に似ていることからこのように呼ばれる（図8−3）。

　この図から明らかなように，たとえばAに向かう飛行機にはaから乗る顧客で最終目的地がBの顧客もfの顧客も乗っていることがある。この戦略によって，航空会社は機材や人材を拠点空港に集中することで効率的な運営ができるようになった。

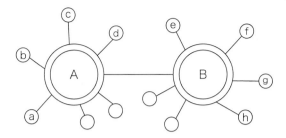

図 8 - 3　ハブ・アンド・スポークス型ネットワーク戦略
（注）◎はハブ空港，○は地方空港を表す。（筆者作成）

②　コンピューター座席予約システム（Computer Reservations System；CRS）の開発

　飛行機の座席予約，販売を支援するためのコンピューターシステムで，1970年代のジャンボジェット機就航に伴って大型航空輸送時代が到来，予約取扱量が急増し，その煩雑さと非効率化の対策として開発された。現在の CRS は，全世界の航空，その他の交通機関，ホテル，旅行商品など幅広く国際的流通ネットワークを支えるインフラに発展していることから，GDS（Global Distribution System）ともよばれる。

③　共同運航（コードシェア）とグローバル・アライアンス（Global Alliance）

　共同運航とは，ある航空会社が他の航空会社のオペレーションを行う便に，自社の便名をつけて自社便として座席を販売することをいう。共同運航のため，飛行機や従業員を増加させる必要がないだけでなく，新たな路線や便数を増加させることやチェックイン・カウンターや空港ラウンジを共有することができるなどメリットが多い。顧客にとっても，便数が多くなり選択の幅が広がる，他社のラウンジが使えマイルもたまるなどメリットが多い。このような航空会社間の世界規模での提携をグローバル・アライアンス[5]という。

　航空ビジネスでは上述したようなマネジメント戦略がとられている。日本の航空ビジネスは，世界的な景気の後退や東日本大震災などの影響により航空輸送の実績が減少したが，近年の訪日外国人旅行者の急増なども影響し過去最高を記録していた。しかし，新型コロナウイルス感染症の拡大の影響を受けたこ

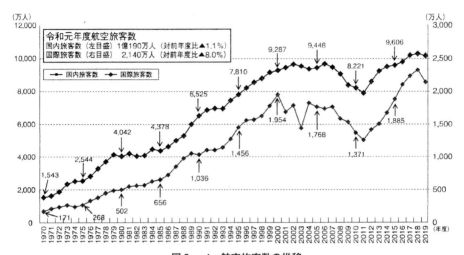

図8−4 航空旅客数の推移
(国土交通省，2021 より，p. 122)

とから，2019年における国内・国際合計旅客数は前年度から減少へと転じている（図8-4）。

　第2節では，航空ビジネスのもつ特性や提供するサービス，そして特徴的なマネジメント戦略を検討した。次節では，かつては日本のナショナル・フラグ・キャリア[6]であり，その後，2010年に経営破綻をし会社更生法の適用を受けたが，2011年に会社更生手続を終結し，再生をとげた JAL に焦点をあて，その発展と挑戦について明らかにしたい。

3．JAL の発展

（1）JAL の概要

　1951年8月日本航空株式会社が資本金1億円で設立され，スチュワーデス[7]1期生が入社し（写真①），11月1日より，自主運航による国内線定期航空輸送事業を開始した。1953年には資本金20億円で日本航空株式会社が設立され，国内幹線の運営と国際線定期航空運送事業の免許会社として発足した。また，

写真①　スチュワーデス 1 期生
(JAL 企業サイトより)

同年には「日本航空株式会社法」が公布，施行され，日本航空は，①国策会社であり，ナショナル・フラッグ・キャリアとしての位置づけが明確にされ，②政府出資・政府助成を受け，③政府監督を基本とするという点が掲げられた (cf. 野村・切通, 2010)。1959 年，東京〜ホノルル〜サンフランシスコ線を開設，国際線でハッピコートやワゴンサービスを，国内線ではおしぼりサービスを開始した。1961 年，北回り欧州線を開設，1965 年にはジャルパックが発売開始となった。1966 年にニューヨーク線，1967 年には世界一周路線（西回り）と次々に国際線定期輸送を開始した。

　1970 年，ボーイング 747 型航空機（ジャンボジェット）が就航し，一度に 500 名以上の顧客を運ぶことが可能となり，航空機旅行の大衆化を進めることになった。ジャンボ機は，「大量生産・大量消費」のシンボルであった。

　サンフランシスコ，ロンドン，ニューヨークなどの長距離路線では機内サービスの 1 つとして，1 名のキャビンアテンダントによる着物着用でおしぼりやうちわを手渡すサービス[8] や機内ラウンジを造るなどの豪華な機内仕様で，高い評価を得ていた。1978 年，創業以来，国内，国際線を合わせて 1 億人の旅客運送を達成した。

　1980 年 9 月に日本の航空会社として初のビジネスクラスの導入を行うとともに，同年，エアー・トランスポート・ワールド（ATW）誌で最優秀航空会社賞を受賞，1981 年 1 月にはエアライン・オブ・ザ・イヤーを受賞した。1983

年には国際航空運送協会（IATA）統計で旅客・貨物輸送実績世界一になり，その後5年間，1位を維持した。1987年に日航法廃止法が施行され，完全民営化された。

　1993年，日本地区において国際線にフリークエント・フライヤーズ・プログラムを導入，1995年，阪神・淡路大震災に伴い，地震対策本部を設置，支援物資輸送に貨物専用機の無償提供を行った。2004年には日本航空から日本航空インターナショナルに商号変更し，日本エアシステムは日本航空ジャパンに商号変更した。その際に，日本航空インターナショナルは国際旅客事業及び貨物事業を担い，日本航空ジャパンが国内旅客事業を担う体制に事業を再編した。

　2006年，株式会社日本航空インターナショナルは日本航空ジャパンと合併し，旧JAL，旧JASは完全一社化された。2007年にはグローバルアライアンスである「ワンワールド」に加盟をした。しかし，2001年の同時多発テロ，2003年のSARS，継続的な燃料費の上昇，2008年のリーマンショックによる景気の低迷などの影響もあり，2010年，経営破綻し，2010年1月に会社更生法の適用を東京地方裁判所に申請し，2月には市場一部から上場廃止となった。同年11月には企業再生支援機構のもとで策定した事業再生計画案が裁判所に認可された。2011年3月，会社更生手続の終結，同年4月に商号を株式会社日本航空インターナショナルから日本航空株式会社に変更し，アメリカン航空との共同事業を開始した。2011年にCAPA[9]主催のCAPAアジア・パシフィック・エアライン・オブ・ザ・イヤーを受賞し，2018年にも同賞を受賞した。また，SKYTRAX社のワールド・エアライン・スター・レーティングの最高ランクである「5スター」の評価を2018年から3年連続獲得し，さらに，エコノミークラスシートも5回目の受賞（2021年）となる「ベスト・エコノミークラス・エアラインシート」賞も受賞した。APEX[10]が主催の2021APEX EXPOにて，サービス品質，安全・安心への取り組み，サステナビリティに関する取り組みの総合評価で世界最高水準と評価され，日本の航空会社として初めて「WORLD CLASS」に認定された。また，2020年にトリップアドバイザーが主催する「トラベラーズチョイス」で日本の人気エアライン

1 位を受賞するなど数多くの受賞歴をもつ。JAL グループの運航路線数は，2021 年 3 月現在で国際線路線数 60，国内線路線数 132 である。

（2）JAL グループの企業理念と JAL フィロソフィ

　日本航空インターナショナルが破たんしてから 1 年 4 か月後，2011 年 5 月 18 日に発表された「2010 年度の経営概況」では，単体で 1,447 億円，連結で 1,884 億円の営業利益が報告された。このような結果を生み出すために，更生計画では合計 14 の施策（短期的 9，中期的 5）が掲げられた。短期的に収支改善効果が見込まれる 9 つの施策は，①航空機機種数の削減，②路線ネットワークの最適化，③航空運送事業への経営資源の集中，④機動性を高める組織・経営管理体制の構築，⑤自営空港体制の大幅な縮小，⑥施設改革，⑦人員削減，⑧人事賃金・福利厚生制度の改訂，⑨各種コストの圧縮（cf. 引頭，2013）であった。

　会長に就任した稲盛和夫の陣頭指揮のもと，2010 年 1 月，JAL 社内では，社員の意識改革が実施され，そのための徹底的なリーダー教育が行われた。2010 年 10 月からは，一般社員への教育をスタートさせ，特に顧客と直接接触をもつ空港スタッフ，キャビンアテンダント，運航を担当する機長・副操縦士，飛行機の整備をする航空整備士など，現場の社員にも，どのような考え方をもち，どのように仕事をしていくべきか一人ひとりの意識改革をめざした教育が行われた。2011 年 1 月には JAL の企業理念と JAL フィロソフィが策定された。企業理念では，まず第一に「全社員の物心両面の幸福を追求する」ことを掲げ，全社員が JAL で働いていてよかったと思えるような企業を目指すことが，結果的には顧客に最高のサービスを提供できるということを明示している。社員満足が高いことは顧客満足や顧客ロイヤルティに影響を及ぼすことは先行研究からも明らかにされている（Sesser, Heskett, Schlisinger, Covemnan & Jones, 1994）。

　JAL フィロソフィは，JAL のサービスや商品に携わる全員がもつべき意識・価値観・考え方として策定され，企業理念を実現するための心構えともいえる（表 8 - 1）。

表8－1　JAL フィロソフィ

第1部：すばらしい人生を送るために
第1章　成功方程式（人生・仕事の方程式）
　　　　人生・仕事の結果＝考え方×熱意×能力
第2章　正しい考え方をもつ
　　　　人間として何が正しいかで判断する　　　　　美しい心をもつ
　　　　常に謙虚な素直な心で　　　　　　　　　　常に明るく前向きに
　　　　小善は大悪に似たり，大善は非情に似たり　　土俵の真ん中で相撲をとる
　　　　ものごとをシンプルにとらえる　　　　　　対極をあわせもつ
第3章　熱意をもって地味な努力を続ける
　　　　真面目に一生懸命仕事に打ち込む　　　　　地味な努力を積み重ねる
　　　　有意注意で仕事にあたる　　　　　　　　　自らも燃える
　　　　パーフェクトを目指す
第4章　能力は必ず進歩する
　　　　能力は必ず進歩する

第2部：素晴らしい JAL となるために
第1章　一人ひとりが JAL
　　　　一人ひとりが JAL　　　　　　　　　　　本音でぶつかれ
　　　　率先垂範する　　　　　　　　　　　　　渦の中心になれ
　　　　尊い命をお預かりする仕事　　　　　　　感謝の気持ちをもつ
　　　　お客様の視点を貫く
第2章　採算意識を高める
　　　　売上を最大に，経費を最小に　　　　　　採算意識を高める
　　　　公明正大に利益を追求する　　　　　　　正しい数字をもとに経営を行う
第3章　心をひとつにする
　　　　最高のバトンタッチ　　　　　　　　　　ベクトルを合わせる
　　　　現場主義に徹する　　　　　　　　　　　実力主義に徹する
第4章　燃える集団になる
　　　　強い持続した願望をもつ　　　　　　　　成功するまであきらめない
　　　　有言実行でことにあたる　　　　　　　　真の勇気をもつ
第5章　常に創造する
　　　　昨日よりは今日，今日よりは明日　　　　楽観的に構想し，悲観的に計画し，
　　　　　　　　　　　　　　　　　　　　　　　楽観的に実行する
　　　　見えてくるまで考え抜く　　　　　　　　スピード感をもって決断し行動する
　　　　果敢に挑戦する　　　　　　　　　　　　高い目標をもつ

（JAL 企業サイトより筆者作成）

　JALフィロソフィの第一部は企業理念の「全社員の物心両面の幸福を追求
すること」を実現するための人としての心構えであり，第二部は企業理念の
「お客様に最高のサービスを提供する」ためのJALの社員としての心構えが明
記されている。さらに，経営管理体制の組織改革や部門別採算制度の導入など
を行うとともに，「マニュアル主義から考える現場へ」と，顧客のニーズに
合ったサービスを一人ひとりが考えて行動に移すことの重要性を学んでいっ
た。

　以上のようにJALの歴史と破たんから再生への道のりを概観してきた。次
節では，JALの挑戦として，定時運航への取り組みについて，また顧客との
接触の多いキャビンアテンダントの役割と人材育成について明らかにしてみよ
う。

4．JALの挑戦

（1）定時運航への取り組み

　航空ビジネスにとって安全かつ定時運航を行うことは，顧客の時間を守るた
めに重要なサービスである。JALは，定時性を向上させるためにさまざまな
努力を重ね，その結果，2009年から2018年まで継続して世界の大手航空会社
の中で世界第一位を誇っている[11]（表8-2）。

　では，JALではどのようにすることで，定時運航を実現させているのであ
ろうか。JALでは，数十席の小型ジェット機から約400席の大型機までさま
ざまな飛行機を使い，各地で折り返し運航を実施している。そのため空港滞在
時間を決めており，国内線の大型機では飛行機が到着して，顧客を降機させ，
次の顧客を乗せて出発するまで，空港滞在時間は55分としている。その時間
の中で，顧客の降機を促し，整備，機内清掃，機内食や飲み物などの機内用品
の積み込み，手荷物や貨物の積み下ろし，次の顧客の手荷物と貨物の積み込み
を行い，出発時間の20分前には新たな顧客を搭乗させ，定時に飛行機を出発
させる。短時間の中でこれだけの職務を行うために，JALでは以下のことを

表8−2　JALグループ　定時到着率実績

年	定時到着率実績	
2009年	メジャーインターナショナルエアライン部門	世界1位
2010年	メジャーインターナショナルエアライン部門	世界1位
2012年	メジャーインターナショナルエアライン部門	世界1位
2013年	メジャーインターナショナルエアライン部門	世界1位
	アジアパシフィックメジャーエアライン部門	
	アジア太平洋地区	第1位
	メジャーエアラインネットワーク部門（グループ）	世界1位
2014年	メジャーインターナショナルエアライン部門	世界1位
	アジア・パシフィックメジャーエアライン部門	第1位
2015年	メジャーインターナショナルエアライン部門	世界1位
	アジア・パシフィックメジャーエアライン部門	第1位
2016年	アジア・パシフィックメジャーエアライン部門	第1位
2017年	アジア・パシフィックメジャーエアライン部門	第1位
2018年	Most Consistent Winner 全世界主要航空会社部門	
	アジア・パシフィック部門	第1位
	アジア・パシフィックメインライン部門	第1位

（JAL企業サイトより筆者作成）

実行している。

①　連携プレーを行う

　離陸前，上空と地上，着陸後と，それぞれの場面で異なる担当部署の担当者と円滑なコミュニケーションを行うことで連携プレーを生み出している。たとえば，飛行中，機内でキャビンアテンダントは顧客から読書灯がつかないというクレームを受けたとする。キャビンアテンダントはそれをパイロットに伝え，パイロットはその情報を地上の整備担当者に伝える。その情報によって整備担当者は，修理のための部品を飛行機が到着するまでにそろえることができ，飛行機が到着したらすぐに機内で修理を行う。その結果，整備時間を節約することができる。このように飛行中から事前に地上との連絡を密にとり，情報を伝達し，円滑なコミュニケーションを行う。それは，空港スタッフとキャビンアテンダント，運航管理者とパイロットなどをはじめとして，飛行機を安全に運航するために必要な職務を担っている部署の担当者間でも同様のコミュ

ニケーションがなされ，連携プレーを生み出しているのである。

② 時間を貯める

飛行中のパイロットに気候などの正確な情報を伝える運航管理担当者，安全な運航につとめるパイロット，顧客との関わりを通して顧客のニーズを探り適切な対応をするキャビンアテンダントや空港スタッフ，飛行機を駐機場の決められた位置に停止できるように誘導したり，ボーディングブリッジを装着したりするグランドハンドリングスタッフ，機内の座席や床の清掃，次の顧客への物品のセッティングをする清掃担当者，不具合の箇所の修理や次のフライトに備えた飛行前の点検をする整備担当者，飲み物や機内食の搬入をする担当者など一人ひとりが確かな仕事を行い，協力しあうことで，各自の持ち場の所要時間を短縮する。つまり，時間を貯めて次の担当者へバトンをつないでいくことで，安全に定時に飛行機を運航させることができる。

③ 顧客の協力を仰ぐ

定時性を向上させるには，顧客の協力が欠かせない。その協力を得るために，空港スタッフは，顧客に必要な情報提供と適切な案内をする。たとえば，保安検査を出発時刻の遅くとも 15 分前までに受けるように伝える，搭乗する際に機内での混乱を避けるために後方の席の顧客から順番に案内をする。キャビンアテンダントは，手荷物の収納についての情報とシートベルト着用のアナウンスをする，適切な手荷物収納の案内とチェックをする，安全に関する情報をビデオで伝えるなど，顧客に適切な情報提供と案内をすることで顧客の協力を得る，それが顧客自身の安全を確保しながら，定時出発を可能にしている。

このように JAL では，連携プレーで時間を貯め顧客の協力を得ることで，安全を基盤に定時性の向上に努めている。

（2）キャビンアテンダントの役割と人材育成

1）キャビンアテンダントの役割

　キャビンアテンダントは，第一に緊急保安要員，第二にサービスを提供する接客要員としての役割を担う。第一の緊急保安要員としては，乗務前のブリーフィングで顧客の安全を守るための自分の役割の確認，機内では，離陸前の安全ビデオ上映，顧客の手荷物の適切な収納の有無，非常口近くの座席に座っている顧客への緊急脱出の際の援助依頼，顧客の安全を確保するためにシートベルトの着用の徹底，顧客の体調に対する配慮や注意などをはじめとして，安全運航するための保安要員としての役割がある。第二の接客要員としては，航空ビジネスの特性としての多機能サービスの提供と心に残る感動経験の提供があげられる。多機能サービスの提供では，宿泊機能，飲食機能，エンターテイメント機能，ビジネス活動機能，販売機能などに関わるサービスを提供している。

　接客要員として，顧客に心に残る感動経験を提供するには，どのようなサービスを行えばよいのであろうか。たとえば，以下のようなサービスを受けたとしたら，あなたは心に残る感動経験をするであろうか。

　山口さん夫婦は40周年の結婚記念の旅でハワイに出かけることにした。チェックインの手続きをしたが，残念ながら満席のため，席は離れ離れになってしまった。出発ゲートのカウンターで，山口さんは「結婚記念の旅なのでできたら隣合わせの席にならないか」と頼んでみたところ，何とか隣同士の席にしてくれた。その後，二人は出発ゲートで空港スタッフから，機内ではキャビンアテンダントから，お祝いの言葉を受けた。担当者に自分たちの情報がはいっていることに驚きながら，機内で過ごしていた。食事のサービスが終わったときに，キャビンアテンダントからサプライズのカードとお祝いのケーキが届けられた（写真②）。

　カードにはたくさんのシールが貼られ，機長やキャビンアテンダント全員からのお祝いの言葉が書かれていた。再度驚きとうれしさでいっぱいになってお礼をいった山口さん夫婦に，キャビンアテンダントは笑顔で「ご結婚40周年おめでとうございます。そのような記念のご旅行に日本航空をお選びいただきありがとうございます。」とのお祝いの言葉をかけ，それがきっかけで，ハワイについて話が弾んだ。そのやりとりを見ていた隣の顧客からも，山口さん夫婦は，「すごいですね。こんなサービスをしていただけるんですね。おめでとうございます。」と笑顔で言葉をかけてもらった。40周年の記念の旅行は素晴らしいスタートをきった。

写真② サプライズのカードとお祝いのケーキ
（山口氏撮影）

　このようなサービスは，担当者たちが企業理念である「お客さまに最高のサービスを提供します」にそって，JALフィロソフィである「一人ひとりがJAL」を実行に移すことで可能となったサービスである。顧客との相互作用の中で顧客のニーズを探り，自分のできることは何かを考え，マニュアルを超えてそれを実行に移した結果である。異なる部署の担当者との円滑なコミュニケーションが連携プレーをうみ，顧客は驚きと感動を覚え，心に残る経験をしたのである。ホスピタリティあふれる担当者たちが提供したサービスによって顧客は，思い出に残る旅行のスタートをJALからプレゼントされたのである。

2）キャビンアテンダントの人材育成

　JAL では，キャビンアテンダントの役割を遂行するための充実した教育制度 12) が導入されている。入社後の新人訓練は，①全職種共通の新入社員研修，②キャビンアテンダント専門訓練，③ OJT (On the Job Training) 乗務訓練が行われている。①全職種共通の新入社員研修では，JAL 社員としての心構え，JAL ブランドや JAL フィロソフィを学び考える研修が行われる。その後，②キャビンアテンダント専門訓練が約 8 週間あり，そこでは，まず「サービスマインド」で心の教育を学び，その後「救難訓練」，「知識と技量」を学ぶ。「サービスマインド」では，顧客視点をもち続けること，感謝の気持ちを伝えるためのコミュニケーションの重要性，顧客の気持ちやニーズに気づくための気づきの醸成などの訓練が行われる。「救難訓練」では，保安要員としての役割を果たすために，緊急脱出手順とその訓練，保安対策，非常用搭載備品，緊急用具の取扱いなど，知識だけでなく，緊急事態が発生した場合にどのように行動を起こすのかを体で覚える訓練が行われる。「知識と技量」では，日頃の乗務の中に潜んでいる不安全事象に気づき，守るべき基本事項を確実に実行し，安全に業務を遂行することを学ぶ「日常安全」，機内で病人が発生した場合の適切な救護法を学ぶ「ファーストエイド」，航空機について学ぶ「航空機について」，高齢者や乳幼児づれの顧客など手伝いを必要とする顧客の対応を学ぶ「手伝いを必要とする乗客のケア」，安全上，顧客に伝えるべき情報をわかりやすく伝える技術を学ぶ「機内アナウンス」，機内での状況を設定しロールプレイ形式で学ぶ「英語」，モックアップ（キャビンの実物大模型）にて実際の乗務の流れに沿って訓練生が業務をすすめることで学ぶ「機内乗務全般」などが行われる。これらの訓練に合格すると③ OJT 乗務訓練が行われる。この乗務訓練は約 2 週間行われ，実際のフライトでの実地訓練を行う。「訓練生」のバッチを付けて，編成外メンバーとしてフライトし，指導役の先輩キャビンアテンダントの指導を受ける。この OJT を終え，乗務適性があると評価されて「チェックアウト」，つまり，正規のキャビンアテンダントとして乗務することができる。このようにして JAL のキャビンアテンダントは「世界一選ばれ愛

される航空会社」を目指して，自分にできることは何かを考え実行していくよう成長していくのである。上記のように初期訓練を終え，国内線に乗務したあと，国際線移行の訓練を受け国際線に乗務をするというように，キャリアアップをはかる道，キャリアパスが用意されている。

（3）With コロナ期におけるサービス

新型コロナウイルス感染症の拡大によって，2020 年 9 月 JAL は国際線で最大 96%，国内線でも同 70% という減便を余儀なくされた（cf. 日本経済新聞, 2021a）。そのため JAL は「在籍型出向」という形で，グループ全体で 1 日最大約 1,400 名を，約 120 の外部企業・団体への出向を進めてきた（日本経済新聞, 2021b）。「在籍型出向」とは，出向先との雇用関係を維持しながら，別の企業で働く働き方をいう。この制度を取り入れることで，JAL は人件費の削減と雇用維持を図ることができる。乗務機会の少なくなったキャビンアテンダントにとっても異なる職場や職種で仕事をすることは，新たな知識やスキルの習得に繋がり，元の職場に戻ったときにそれらを活かして仕事をすることができるというメリットがある。たとえば出向先のコールセンターでの電話応対では音声のみから顧客の感情や要望を推測するため，新たなスキルが必要となる。このような経験から得たスキルは，機内での顧客との対応に活かすことが可能となるであろう。

航空ビジネスを利用する顧客は機内に一定の時間座っていることが必要とされているため，コロナ禍において顧客にとって最も心配なことは密閉状態でコロナ感染のリスクが高いのではないかということであろう。しかし，機内の空気は飛行中概ね 2 分〜 3 分で入れ替わり，常に機外からも清潔な空気を取り込み 2 分〜 3 分ですべて機外に排出される仕組みになっている。機内を循環する空気は高性能空気フィルターを通り，清潔に保たれており，客室内の空気は常に天井から床下に流れて特定の場所に滞留はしないため密閉状態にはならないのである。さらに，JAL は安全・安心のフライトへのさまざまな取り組みを行っている。たとえば，機内では，消毒スプレー完備や機内消毒の徹底，長期

間持続する抗ウイルス・抗菌コーティングを機内の座席や壁面などをはじめとして顧客が直接手を触れる箇所に実施している。機内のサービスでは，キャビンアテンダントはマスク・手袋を着用し，食事は蓋を被せたまま，または個包装された状態で提供されている。フルサービスキャリアとして，JALのキャビンアテンダントは対面での直接的コミュニケーションとサービスで顧客に感動経験を提供してきた。しかし，Withコロナ期におけるサービスでは，「世界一清潔なキャビン」を目指し，感染防止対策は新しいサービスの一環であり，それが顧客に安全・安心を伝えることになると考えている。さらに，2020年12月より日本のエアライン初となる国際線利用の顧客に渡航時の新型コロナウイルス感染症への費用負担・サポートをする「JALコロナカバー」や2021年6月には国内線利用の顧客に対して出発前後のPCR検査を受けてもらう「JALあんしんPCRサポート」を実施するなど，安全・安心なサービスを提供し続けている。これらのさまざまな取り組みが評価され，2021年スカイトレックス社の「Covid-19 Safety Rating」で5スターを，アペックスの「Health Safety Powered by SimpliFlying Audit」ではダイヤモンドとそれぞれの評価機関で最高評価[13]を獲得している。

（4）JALの挑戦

　JALとしての価値観を共有し，一人ひとりがマニュアルを超えて常に顧客価値を考え，行動に移していくその仕組みを整理してみよう（図8-5）。

　安全で高性能な新機種の導入や機材の点検・整備と迅速な修理，清潔で心地よい空間を提供する機内，機内食の新メニュー開発やエンターテイメント/ビジネス環境の改善と充実などによって，安全性の高い飛行機で，利便性が高い機内設備と清潔で快適な機内空間が生まれている。また，企業理念やJALフィロソフィ，安全・安心への取り組み，職務内容に応じた専門的人材育成制度によって，円滑なコミュニケーションから連携プレーがうまれ，それが安全運航と定時性，さらには一人ひとりが自分のできることは何かを考えサービスを提供することで，顧客に最高のサービスを提供しているのである。そのサー

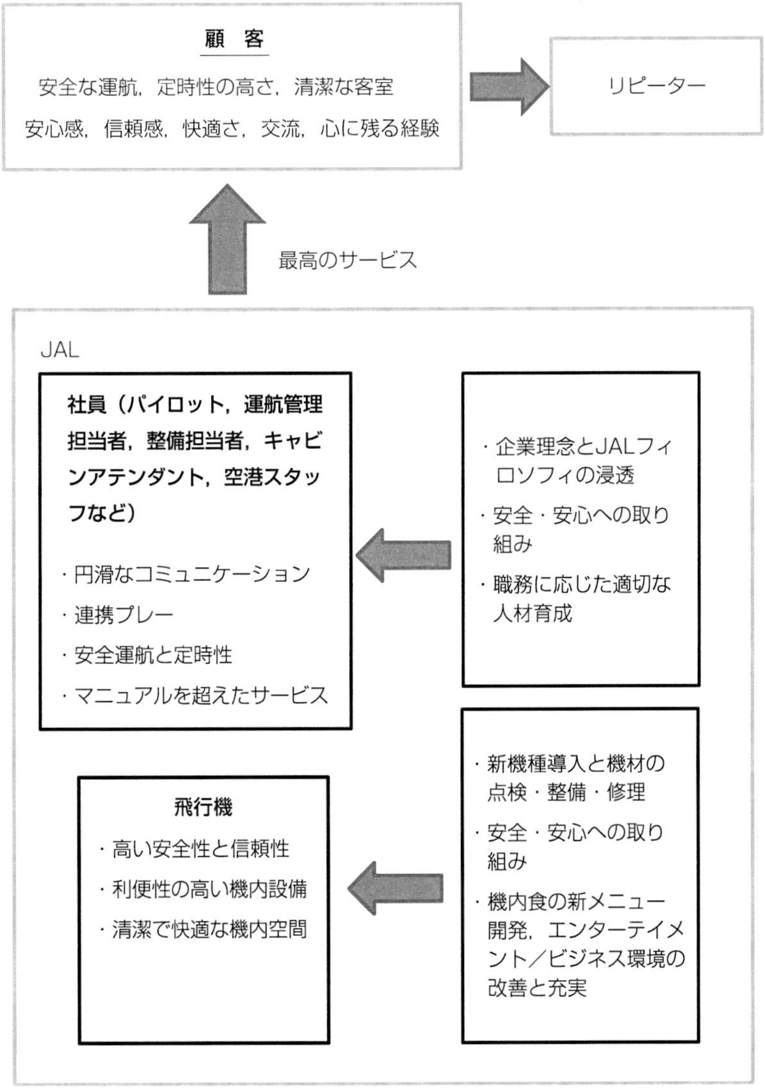

顧　客

安全な運航，定時性の高さ，清潔な客室
安心感，信頼感，快適さ，交流，心に残る経験

リピーター

最高のサービス

JAL

社員（パイロット，運航管理担当者，整備担当者，キャビンアテンダント，空港スタッフなど）

・円滑なコミュニケーション
・連携プレー
・安全運航と定時性
・マニュアルを超えたサービス

・企業理念とJALフィロソフィの浸透
・安全・安心への取り組み
・職務に応じた適切な人材育成

飛行機

・高い安全性と信頼性
・利便性の高い機内設備
・清潔で快適な機内空間

・新機種導入と機材の点検・整備・修理
・安全・安心への取り組み
・機内食の新メニュー開発，エンターテイメント／ビジネス環境の改善と充実

図8-5　JALの「最高のサービス」提供の仕組み
（筆者作成）

ビスを受けた顧客は，安心感，信頼感，快適さや交流を通じた心に残る感動経験をすることで，再度 JAL を利用したいと考えるのである。

　JAL では，JAL フィロソフィに記載されているように，「一人ひとりが JAL」として何ができるかを考えて，サービスを行う，つまり個別的なサービスである応用的サービスを提供しているのである。このような顧客の視点に立ったマニュアルを超えたサービスを行うためには，ホスピタリティあふれた社員の採用や育成に加えて，ホスピタリティを育てる企業の環境づくりが重要であろう。

　JAL グループは，今後のあるべき姿を示した「JAL Vision 2030」の実現に向けて「2021 年～ 2025 年度 JAL グループ中期経営計画」を策定した。『安全・安心　確かな安全をいつも心地よい安心を感じられる社会を創ります』，『サステナビリティ　誰もが豊かさと希望を感じられる未来を創ります』の実現と，SDGs の達成に貢献していくことを掲げている。「世界で一番お客さまに選ばれ，愛される航空会社」を目指す JAL の挑戦は続く。

【注】

1) 航空機（aircraft）は大気圏の中で大気の浮力や揚力を利用して航空する乗り物の総称であり，それは，空気より軽いか重いかで，軽航空機，重航空機に分けることができる。飛行機（airplane）は，推進用の動力装置を備えた固定翼の重航空機の 1 種である（cf. 日本航空広報部, 2007 ; cf. 全日空広報室, 1995）。

2) エコノミークラス症候群とは，急性肺血栓塞栓ともいう。機内では長時間狭い椅子に座ったままの状況を強いられることが多いため，足の血液の流れが悪くなり，静脈の中に血の塊（静脈血栓）ができることがある。この静脈血栓が歩行などをきっかけに足の血管から離れ，血液の流れに乗って肺に到着した場合は，肺の静脈を閉塞し呼吸不全や心肺停止を起こすことがある（cf. 循環器病情報サービス, 2014）。

3)「幹線」とは札幌（新千歳），東京（羽田），成田，大阪（伊丹），関空，福岡，那覇を相互に結ぶ路線をいい，「ローカル線」とはそれ以外をいう（JTB 総合研究所, 2013）。

4) インフラストラクチャーとは，国民の福祉向上と国民経済の発展に必要な公共施設のことをいう。鉄道，空港，バス路線，道路，橋，ガス，電話，下水道，電気など民間企業では設立が難しいものをさす。

5) 現在のグローバル・アライアンスは，ユナイテッド航空，ルフトハンザ航空，シンガ

ポール航空，全日空などによる「スター・アライアンス（Star Alliance）」，アメリカン航空，ブリティッシュ・エアウエイズ，キャセイ・パシフィック航空，日本航空などの「ワンワールド（One World）」，エア・フランス，デルタ航空，大韓航空などの「スカイチーム（Sky Team）」が 3 大グループに集約されているといわれている。

6）ナショナル・フラッグ・キャリアとは，国を代表する航空会社のことで，日本では第二次世界大戦後，日本航空がその航空会社であるといわれていた。

7）1996 年 10 月 1 日にスチュワーデスからフライトアテンダントに呼称変更し，その後，2011 年 1 月にキャビンアテンダントに呼称変更をした。

8）着物着用は，機内で着用に時間がかかること，緊急時の対応に支障がでることを理由に 1980 年代後半に廃止された。

9）CAPA（the Centre for Asia Pacific Aviation : アジア太平洋航空センター）とは，オーストラリアにある航空に関する情報を分析し，データ提供を行うシンクタンクである。

10）APEX（Airline Passenger Experience Association）は北米を拠点にする業界最大のエアアライン業界団体の一つ。世界の航空会社，空港，エアアライン関連のサプライヤーなどが参加する非営利団体である。

11）これらの賞は，米国の Flight Stats 社が調査し発表している賞で，メジャーインターナショナルエアアライン部門は世界の大手航空会社を対象に，遅延 15 分未満で到着した便の比率を調査したもので，2009 年から始まった。

12）2020 年 10 月からマルチプレイ VR を活用したキャビンアテンダント訓練の実証実験を開始している（JAL サイトより）。

13）2 つの評価機関が評価したポイントは，①衛生・清潔性，②非接触性・自動化，③航空旅行のサポートであり，それぞれの評価項目で世界最高水準であると評価された。

引用文献

稲盛和夫　2012　ゼロからの挑戦　PHP ビジネス新書
井上泰日子　2010　新・航空事業論　エアライン・ビジネスの未来像　日本評論社
引頭麻実　2013　JAL 再生　高収益企業への転換　日本経済新聞出版
JTB 総合研究所　2013　エアポートビジネス入門　JTB 総合研究所
国土交通省　2021　観光白書（令和 3 年度版）
国土交通省　2021　令和 3 年度版　交通政策白書
日本経済新聞　2021a　JAL，雇用維持へ社員出向　異業種でも気遣い光る　2021 年 4 月 6 日付

日本経済新聞　2021b　飛べぬCA　陸で接客修行　2021年10月4日付

日本航空広報部　2007　最新航空実用ハンドブック　航空技術/営業用語辞典兼用　朝日新聞社

野村宗訓・切通堅太郎　2010　航空グローバル化と空港ビジネス　同文舘出版

Sasser, W. E. Jr., Heskett, J. L., Schlisinger, L. J., Loveman, G. W. & Jones, T. O. 1994 *Putting the service-profit chain to work*. Harverd Business Review, March-April.　小野讓司（訳）1994　サービス・プロフィット・チェーン実践法　ダイヤモンド・ハーバード・ビジネスレビュー　ハーバード・ビジネス

田中政子　1973　Personal spaceの異方的構造について　教育心理学研究　21, 223-232.

山口一美　2012　エアライン・ビジネス　山口一美・椎野信雄（編著）はじめての国際観光学　創成社　第2刷

和田実　1999　出会いのコミュニケーション　諸井克英・中村雅彦・和田実（著）親しさが伝わるコミュニケーション──出会い・深まり・別れ　金子書房

全日空広報部（編）1995　エアラインハンドブック　Q&A100──航空界の基礎知識　ぎょうせい

【参考文献】

月刊エアステージ　2021年9/10合併号

【参考URL】

https://www.jal.com/jal　JAL企業サイト　明日の翼　Vol. 02　お客様の大切な時間を守るために〜定時到着率世界第一　2014年8月30日閲覧

http:www.jal.com/ja/outline/route.html　JAL企業サイト　2021年10月31日閲覧

http://www.jal.com/ja/outline/message.html　JAL企業サイト　2021-2025年度JALグループ中期経営計画　2021年10月31日閲覧

https://www.jal.co.jp/jp/ja/info/2020/other/200403　JAL企業サイト　機内の空気循環について　2021年11月1日閲覧

https://press.jal.co.jp/ja/release/202103/005995.html　JALプレスリリース　JALの「安全・安心の取り組み」がアジアで初めて世界最高水準の評価をダブル受賞　2021年11月1日閲覧

https://press.jal.co.jp/ja/release/202012/005882.html　JALプレスリリース　日本のエアライン初　国際線ご利用のすべてのお客様に渡航時の新型コロナウイルス感染症への費用負担・サポート，「JALコロナカバー」をスタートします　2021年11月1日閲覧

https://press.jal.co.jp/ja/release/202106/006111.html　JAL プレスリリース　国内線ご利用時に，出発前と帰着後のセットでの PCR 検査が可能になります　2021 年 11 月 1 日閲覧
https://press.jal.co.jp/ja/release/202009/005789.html　JAL プレスリリース 日本初，マルチプレイ VR を活用した客室乗務員訓練の実証実験を開始　2021 年 11 月 1 日閲覧
http://www.ncvc.go.jp/cvdinfo/pamphlet/blood/pamph46.html　循環器病情報サービス　2014 年 3 月 15 日閲覧

コラム8　Column　LCC は旅のスタイルを変える！

　あなたが，福岡に住んでいる両親を訪ねようとしたとき，既存の航空会社の運賃が特割でも片道約 26,000 円かかっていたのが，およそ 5,000 円の航空運賃で行けるとしたら，いままでよりも数多く福岡に帰省することができる。週末には北海道でスキーをして，日曜日の夜に東京に帰ってくることも航空運賃が安ければ手軽にできる。このように LCC（Low-Cost Carrier：格安航空会社）の登場は，人々の空の旅のスタイルと行動を変化させている。

　では，実際に LCC の就航によって，人々の旅のスタイルと行動はどのように変化したのだろうか。「LCC 利用者の意識と行動調査 2017」によると，『国内線 LCC の就航がもたらした「旅行」への変化は何か』という質問に対して，「LCC 就航がきっかけで国内旅行をした」26.6%，「旅行回数が全体的に増えた」24.3%，「あまり行かなかった地域に行くようになった」12.1% などの回答がみられ，LCC が人々の旅のスタイルや行動に影響を及ぼしていることがわかる（JTB 総合研究所, 2017）。

　LCC のビジネスモデルは，アメリカのサウスウエスト航空（SWA）から始まったといわれている（赤井・田島, 2012）。サウスウエスト航空は，1971 年，テキサス州内の地域限定の航空会社として設立，運航を開始した。基本スタイルは「低運賃，短距離直行便」で，ポイント・ツー・ポイント輸送を行い，路線を広げていった。2019 年の輸送旅客数は 16 億 268 万 1,000 人で，世界 1 位の輸送量を誇っている（日本航空協会, 2020）。

　日本の LCC は，2012 年から事業を開始し 2021 年 4 月時点では計 4 社（Peach Aviation，ジェットスター・ジャパン，春秋航空日本，ZIPAIR Tokyo）によって国内線 52 路線，国際線 13 路線が運航されている（国土交通省, 2021）。

　LCC が安い航空運賃を提供できる要因は何か。必ずしもすべての LCC にあてはまるとはいえないものの LCC のビジネスモデルの特徴として共通する要因は，以下のとおりである。

① 使用する機材を統一する。

　使用する機材を中型機（150席クラス），ボーイングB-737，エアバスA319，A320などに統一する。このことによって，パイロットの訓練プログラムの簡素化，整備マニュアルの統一，補修部品在庫の軽減などができる。

② 地方空港やセカンドリー空港を使用する。

　これらの空港は空港使用料が，基幹空港より安いことや希望する時間帯に発着枠を確保しやすいので短時間で折り返し運航ができる。

③ ポイント・ツー・ポイントの運航をする。

　2地点間（ポイント・ツー・ポイント）の折り返し運航を基本とし，乗継便の手配はしない。輸送パターンの単純化を図ることで，飛行頻度を増やすことができる。

④ 座席数を増やし，モノ・クラスとする。

　座席間の間隔を詰め，使用しないギャレーなどの不要なスペースをなくすことで，座席数を増やすことができる。

⑤ チケットの直接販売をする。

　チケットはインターネットや予約センターなどで直接販売をする。販売にかかる経費を節減できる。

⑥ 運賃は変動制をとる。

　予約状況，季節，時間帯などによって運賃を変化させる運賃変動制をとっている。早期購入で割引率の高い「早期割引」や購入が早ければ早いほど安くなる「カウントダウン運賃」を採用しているケースが多い。

⑦ 付帯サービスは有料とする。

　預入荷物，機内サービスの飲み物，スナックなど，優先搭乗などについて，有料としている。旅客が受けたいサービスだけを，有料で選択できる形にしている。

　このような特徴をもつLCCの日本での認知度も上がってきており，国内線LCC，国際線LCCとも旅客数は増加している[1]（図8−1；図8−2）。

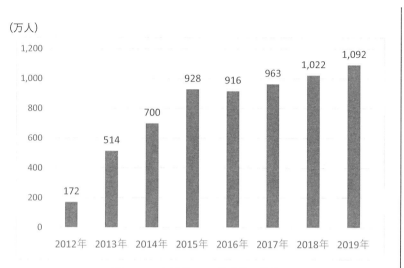

図 8 − 1　国内線 LCC 旅客数の推移
（交通政策白書, 2021 より一部削除し筆者作成, p.121）

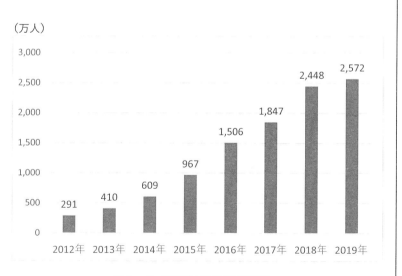

図 8 − 2　国際線 LCC 旅客数推移
（交通政策白書, 2021 より一部削除し筆者作成, p.121）

1）コロナ禍の影響で 2020 年の国内線及び国際線 LCC 旅客数は減少することが推測できる。

引用文献

赤井奉久・田島由紀子　2012　格安航空会社の企業経営テクニック　TAC 出版

JTB 総合研究所　2017　LCC 利用者の意識と行動調査 2017

国土交通省　2021　令和 3 年度版 交通政策白書

日本航空協会　2020　航空統計要覧 2020 年版

野村宗訓・切通堅太郎　2010　航空グローバル化と空港ビジネス　LCC 時代の政策と戦略　同文舘出版

第9章
宿泊ビジネス：
星野リゾートの場合

　私たちは，どのようなときにホテルを利用するのだろうか。旅行先で泊まるときはもちろん，家族や友人とちょっとおしゃれな食事をしたいとき，ゆっくりスパやエステを楽しみたいときなど，私たちは生活のさまざまなシーンでホテルを利用する。このようにホテルは宿泊という機能だけでなく，交流の場を提供する，あるいは癒しを与えるなど多くの機能をもつ。

　第9章では，多機能をもつ宿泊ビジネスの中でも主にホテルに焦点を当てその歴史や分類を明らかにした上で，宿泊ビジネスの特性と提供するサービスや特徴的な運営方式を検討する。その上で，日本発のリゾート運営企業として挑戦し続けている企業である星野リゾートをとりあげ，その発展と挑戦について明らかにする。

1．宿泊ビジネスの歴史とその分類

（1）海外における宿泊ビジネスの歴史

　1774年，イギリス，ロンドンにコベント・ガーデン（Covent garden）が開業，これがホテル業の始まりであった。

　19世紀後半には，豪華絢爛で特権階級のための迎賓館，社交場としてのデラックスホテル，つまり「グランドホテル」が開業した。たとえば，1850年にフランス，パリにグランドホテルが営業を開始し，1855年にはナポレオン三世の創意によって，パリに貴族の館や宮殿を模したホテルであるホテル・ルーブルが建設された。これらのホテルは，フランス革命で消滅した貴族の生活をホテルで富裕層に味わってもらうことを目的として建設されたのである。1874年にドイツのベルリンにカイザー・ホーフ，1876年にはドイツのフラン

クフルトにフランクフルター・ホーフが開業した。1889 年にロンドンのサボイ・ホテルが，1898 年にパリにリッツ・ホテルが開業した。特にリッツ・ホテルは，部屋，装飾，料理など一般の生活とは異なるサービスが受けられるホテルというコンセプトをもち，これは今日の高級ホテルで提供されるサービスの原型ともなっている（cf. ジェイティービー能力開発, 2011）。また，リッツは，フランチャイズ方式によるチェーン展開を行い，その経営形態はその後の他のホテル経営に影響を与えるものであった。

　アメリカにおいては，16 世紀から 18 世紀末までは，自宅を改装した程度の「イン」が主流をしめていた（松笠, 2010）。1829 年にはボストンにトレモント・ホテルが開業した。フランス料理のサービスがあり，ロビーを設置し，客室には無料の石鹸つき室内洗面器を設置，客がドアに施錠することを可能にしたことから，「近代ホテル産業の祖」といわれている。1893 年に「グランドホテル」として，ウオルドルフ・アストリア・ホテルがニューヨークに，パレスホテルがサンフランシスコに開業した。その後も，富裕層を対象としたグランドホテルである豪華なホテルが，大都市部を中心に建設された。1908 年，エルスウオース・ミルトン・スタットラー（Ellsworth Milton Statler）が五大湖の近くのバッファローに，「コマーシャルホテル」と呼ばれる中級ホテルのバッファロー・スタットラー・ホテルを開業した。このホテルは，一般の人々を対象にした安価で清潔で安心できるホテルであり，ここでは防火ドア，全室浴室つき，無料の新聞などが提供された。ホテルの 1 階，2 階，3 階をすべて同じレイアウトにすることで建設費を大幅に抑え，その結果，安価な価格帯で多くの宿泊客に均一なサービスを提供することに成功した。

　スタットラーの死後，ホテル売却を受けたコンラッド・ヒルトン（Conrad Hilton）は，1954 年にホテルの名前を「ヒルトン」と改名し，管理運営受託方式でホテル経営をおこなった。この戦略でヒルトンは，短期間に国内外でホテルチェーン網を拡大した。また，アメリカでもホテルのフランチャイズ方式が始まり，シェラトンホテル，インターコンチネンタルホテル，マリオットホテルなどをはじめとするホテルチェーンが急増した。1957 年，州間高速道路網

の建設が始まり，この道路によってモーテル (motel) と呼ばれる自動車で旅行するファミリー層を対象とするホテルが建設された。1960 年代以降には，コンドミニアム[1]，タイムシェア[2] など新しい形態のホテルが出現した。

（2）日本における宿泊ビジネスの歴史

　江戸時代以降，宿泊と飲食を提供する場所としては，行楽を目的とする旅行者が宿泊した旅籠屋や商人が商用で利用した問丸 (問屋)，寺社に詣でる人々が利用した宿坊，大名が参勤交代で利用した本陣・脇本陣があげられる。また，外国人のために作られた宿泊施設としては，阿蘭陀宿（おらんだじゅく）と呼ばれた宿泊施設があり，江戸の日本橋，大阪，京都の 3 箇所に建てられた。日本における宿泊施設は，外国人向けと日本人向けとに施設を 2 分してきており，前者はホテル，後者は旅館として現在に続いている。

　1853 年，黒船来航により外国との貿易が始まり，外国人のための宿泊施設として，1863 年にイギリス人のスミス (W. H. Smith) によって横浜に横浜クラブが建設され，外国人居留地のイギリス人やアメリカ人を対象とした会員制の会食場兼宿泊施設として利用された。1867 年，築地に築地ホテル館が建設され，これが日本における宿泊ビジネスの始まりといわれている。

　明治時代初期には日光に金谷ホテル (1873 年)，箱根に富士屋ホテル (1878 年)，軽井沢に万平ホテル (1894 年) が開業した。日本を訪れた外国人にとって日本の夏は蒸し暑いため，避暑地としての日光，箱根，軽井沢が快適であり，これらの 3 つのホテルは，日本のリゾートホテルとしての草分け的存在であった。1890 年には，国の迎賓館として帝国ホテルが開業した。このホテルは明治政府の要請で国策的に建てられた。

　1929 年から政府が外国人観光客の誘致に積極策をとり始め，上高地ホテル，志賀高原ホテル，川奈ホテルなどをはじめとして，多くのリゾートホテルが建設された。また都市部では，新大阪ホテル，名古屋観光ホテル，横浜のニューグランドホテルなどが開業した。1938 年に中産階級の人々のために低価格で実用的な「コマーシャルホテル」の要素をもったホテルである第一ホテルが，

東京新橋に開業した。それまでは，ホテルは外国人とごく一部の人のみの存在だったが，一般の人々に広まっていった。

1948年に「旅館業法」[3]が，1949年には外客来訪促進を目的として「国際観光ホテル整備法」[4]が制定された。1964年に東京オリンピックが開催されることから，その前に日本を代表とするホテルが次々に誕生した。これが，「第1次ホテルブーム」と呼ばれるものである。1960年に銀座東急ホテル，1962年にホテルオークラ，1963年に東京ヒルトンホテル（現キャピタル東急ホテル），1964年に東京プリンスホテル，ホテルニューオータニなどが建設された。

1970年に大阪万国博覧会が開催されるのに向けて「第2次ホテルブーム」が起こる。ホテルプラザや東洋ホテルなど京阪神地区に大規模ホテルが建設された。東京では1969年に赤坂東急ホテル，1970年にホテルパシフィックが，1971年には新宿に高層ホテルの京王プラザホテルが建設された。京王プラザホテルでは，デイナーショーやイベントを実施し，大規模なホテルのパブリックスペースを埋めるためにさまざまなイベントを開催した。また，1960年代後半には，ビジネス客の出張需要に対応したシングルルームを主とした客室をもつビジネスホテル，たとえば，サンルートホテルや東急インなどが開業した。ホテル施設数の急増と旅行の効率化，衣食住の洋風化が人々のホテル利用を促すようになり，同時に高度経済成長によりビジネスでの出張機会を増大させたことから，ビジネスホテルの需要が高まったのである。1972年，札幌冬季オリンピック，1975年，沖縄国際海洋博覧会が，1978年に成田国際空港が開港し，「第3次ホテルブーム」が起こった。成田国際空港の周辺に空港ホテルが建設された。しかし，1978年に起こった第2次オイルショックで，ブームは終焉にむかった。

1980年代になると，日本経済の最盛期とともに企業による宴会や接待，婚礼が最盛期を迎えたことで，そのニーズに応えるためにさまざまなタイプの客室，複数のレストラン，宴会場をもつホテルへと転換するホテルも出てきた。「第4次ホテルブーム」がおこり，特に地方都市でホテルの建設が盛んとなった。1986年，サンルートプラザ東京が東京ディズニーランドの隣に開業し，

このホテルがテーマパーク複合型ホテルの日本における第1号であった。1988年にリゾート法[5]が施行され，リゾート開発によるホテル建設ラッシュが続き，「第5次ホテルブーム」が起こった。

　1990年代には，ビジネス客を対象としてより簡素化，安価なホテルが誕生する。ルートイン，スーパーホテルなどである。また，1990年に「第6次ホテルブーム」が起こり，外資系のホテルが日本に続々と進出してきた。1991年に起こったバブル崩壊の影響は，ホテル業界にも影を落とし，とりわけ企業の宴会などを担当していたホテルの宴会部門や料飲部門は打撃を受けた。そのような中で，1992年にフォーシーズンズ・ホテル椿山荘東京，1994年，パークハイアット東京，ウエスティンホテル東京，1997年，ザ・リッツ・カールトン大阪などが開業し，その後も，コンラッドホテル，マンダリン・オリエンタル・ホテル，ザ・リッツ・カールトン東京など，外資系超高級ホテルが東京に進出してきた。

　2014年にコートヤード・バイ・マリオット東京，アンダース東京，アマン東京が開業し，2016年に日本の旅館のコンセプトをもつ「星のや　東京」が開業した。2020年開催の「オリンピック・パラリンピック東京大会」を見据えて，東京から沖縄までホテルの建設ラッシュが続いた。しかし2020年に発生した新型コロナウイルス感染症の拡大によって，宿泊ビジネスは甚大な影響を受け，2020年の客室稼働率は34.6%（2019年62.7%）に減少した（国土交通省，2021）。

（3）宿泊ビジネスの分類

　宿泊ビジネスは，その立地・機能によって，また価格によってさまざまな種類がある。そこで，ここでは宿泊ビジネスの主な分類について，立地・機能による分類と価格による分類について明らかにしてみたい。

1）立地・機能による分類

<u>大都市立地</u>

　① シティホテル[6]

　大都市に立地するホテルで，都市型ホテルとも呼ばれる。宿泊，レストラン，バー，宴会場，ショッピングアーケード，挙式用のチャペルなどをもつ，多機能型ホテルである。このシティホテルには，鉄道やバスなどのターミナルにあるターミナルホテル，ホテル内に国際会議場や展示場をもつコンベンションホテル，大都市に隣接するウォーターフロントなどに立地し，スパ，エステなどリゾートホテルと同様のサービス機能をもつアーバンリゾートホテルなども含まれる。

　② ビジネスホテル

　交通の便が良い場所に立地し，出張で来たビジネスマンなどを対象顧客として，宿泊機能に特化したホテルで，機能的で低価格のホテルが多い。

<u>郊外・中小都市立地</u>

　① コミュニティホテル

　地方都市に立地する中規模のホテルで，シティホテルのような多機能型ホテルである。地域の交流の場としての機能を果たしている。

　② エアポートホテル

　空港の周辺に立地し，航空旅客や航空会社の乗務員を対象としたホテルである。

　③ モーテル

　幹線道路沿いに立地し，車を利用する顧客を対象としたホテルで，低価格のホテルが多い。

<u>リゾート立地</u>

　① リゾートホテル

　高原，湖，海辺，温泉地などの観光地や行楽地に立地し，観光，レジャー，

保養，スポーツなどの目的で利用されるホテルである。プールやスパ，テニス
コートなどの施設をもつところが多い。また，テーマパークを訪れた顧客を対
象としてテーマパークに併設されたホテルや，スパやエステを充実させたスパ
ホテルもリゾートホテルに分類される。

2）価格による分類（ジェイティービー能力開発, 2011）

　価格による分類としては，主に最高級価格帯である①ラグジュアリークラス
（Luxury class），高級価格帯の②ハイクラス（High class），中間価格帯である③
ミッドクラス（Mid class），ミッドクラスとバジェットとの中間帯である④エコ
ノミークラス（Economy class），低価格帯の⑤バジェットクラス（Budget class）
の5つのクラスに分類できよう（表9-1）。

　また，世界的にはホテルを価格別に星（★）数で分類することが一般化して
いる。このような星分類は，表9-1に示した価格別カテゴリー分類におおむ
ね対応している（cf. 仲谷・杉原・森重, 2006）。

　宿泊ビジネスは，上述したような歴史を経て発展をしてきた。その発展の過
程で宿泊ビジネスの種類も多様となり，機能も多機能をもつようになったので

表9-1　ホテルの価格と星（★）別分類

クラス	内　容	星（★）の数
①ラグジュアリー（Luxury）	最高級価格帯で，大都市の外資系ホテル	★★★★★
②ハイ（High）	高級価格帯で，都市部のシティホテル	★★★★
③ミッド（Mid）	中間価格帯で，都市部のビジネスホテルや中小都市のコミュニティホテル	★★★
④エコノミー（Economy）	ミッドクラスとバジェットとの中間の価格帯のホテル	★★
⑤バジェット（Budget）	低価格帯のホテルで宿泊機能特化型ホテル	★

（筆者作成）

ある。このように多種類，多機能である宿泊ビジネスはどのような特性をもち，そこではどのようなサービスを提供しているのか，次節で整理をしてみたい。

2．宿泊ビジネスの特性と提供するサービス

（1）宿泊ビジネスの特性

　宿泊ビジネスの特性として，①無形性，②同時性，③不均質性，④消滅性，⑤顧客の参加，⑥装置性，⑦労働集約性があげられる。①〜⑤まではホスピタリティ産業に共通する特性であり，⑥⑦は宿泊ビジネスに特徴的にみられる特性である。それぞれの特性について，宿泊ビジネスの場合で考えてみる。

　①無形性とは，宿泊ビジネスが顧客に宿泊施設で快適に休む，寝るという形のない活動を提供していることをさす。②同時性とは，サービスの生産と消費が同時に行われる。たとえば，ホテルの部屋で快適なベッドに寝ていることは，ホテルの提供するサービスの生産と消費を同時に行っていることになる。③不均質性とは，サービスは活動であるため，たとえば，ホテルのフロントスタッフやベルボーイなど，サービスを提供する人のその日の体調やパーソナリティによって提供されるサービスの品質が異なってしまうことをさしている。④消滅性とは，宿泊ビジネスで提供されるサービスはその場で生産，消費されるため，それをとっておくことができないことを意味している。つまり，閑散期に宿泊客が少ないからといって，その日の空室を在庫としてとっておくことはできない。⑤顧客の参加とは，サービスを提供する過程で顧客の参加が必要であることをいう。フロントでチェックインの手続きをしてもらうときにも顧客の参加が必要である。⑥装置性とは，土地や建物に巨額の費用が必要な産業であることをいう。広大な土地に宿泊施設だけでなく，レストラン，スパ，プールなど多くの施設が必要である。⑦労働集約性とは，宿泊ビジネスが労働力に対する依存度が高い産業であることを意味する。つまり，人による労働が中心となって業務が行われているビジネスである。フロントスタッフ，ベル担当，レストラン担当，スパ担当，客室清掃係など多くの人の力によってビジネ

スが成り立っている。

（2）宿泊ビジネスが提供するサービス

　第一に危機管理のサービスがあげられる。宿泊ビジネスは，自然災害や火災，食中毒，感染症事故，あるいは顧客のけが・急病などリスクに囲まれながら営業を行っている。これらのリスクに対して，日頃から定期点検や施設の補修などを行うこと，危機管理体制を決めておくことで，それらのリスクを回避することができる。万が一に危機が発生した時のポイントは，①迅速，②機転，③誠実，④隠さないの4つであり，初動対応が重要となる（cf. ジェイティービー能力開発, 2011）。危機管理をきちんと行うことで，顧客に安全で安心というサービスを提供することができる。コロナ禍においても感染症予防処置をどのように行っているか企業のホームページに明確に記載し，顧客に安全・安心を提供するよう努めている。

　第二に多機能サービス[7]の提供があげられる。宿泊ビジネスは，多機能サービス，つまり，宿泊機能，飲食機能，社交機能，レクリエーション機能，婚礼機能，販売機能，ビジネス活動機能などの多機能をもつため，それらに関わるサービスを提供している。宿泊機能では，顧客の「休息をとる」「睡眠をとる」「くつろぐ」などのニーズに対して，客室の広さや寝具，浴室，化粧室や調度品などに工夫を凝らし，飲食機能では，顧客の「食べる」「飲む」などのニーズに応えるために，さまざまな種類のレストランでの食事やバーでのアルコールやスナックなどのサービスを提供している。社交機能では，レストラン，ラウンジ，バーなどで「食べる」「飲む」に加えて，「集う」「語る」「交流する」という顧客のニーズに応えるためのゆったりとしたスペースや調度品，心地よい音楽などを用意することで，食べたり飲むだけでなく，集い，語り，交流できるようにサービスを提供している。

　第三に感動経験を提供することをあげることができる。宿泊ビジネスを利用する過程で，顧客に感動経験を提供することが必要となる。顧客は個々の宿泊ビジネスがもつ機能が提供されるだけでなく，その活動を通して感動を得るこ

とを望んでいる。たとえば，リゾートホテルでは，プールで泳いだり，プールサイドで本を読み海を眺めるだけでなく，これらの経験を通して，ストレスを解消し，癒しを得たり，家族と一緒に過ごすことで喜びを感じたり，思い出に残る感動経験をしたいと考えているのである。宿泊ビジネスにおいても，これらの感動経験という価値を提供していくことが望まれている。

（3）宿泊ビジネスの運営

　宿泊ビジネスの中でもホテルは，所有，経営，運営の3者で成り立っている。所有とは，土地・建物などの不動産所有者であり，経営は所有者から土地・建物を賃借して経営にあたり，事業全体の損益の帰属する経営会社である。運営は，経営会社と契約により日々のホテルの運営を担当する会社である（cf. 松笠, 2010）。また，ホテルは，主に以下の4つの形態で運営が行われている。

　①　所有直営方式[8]

　自社でホテルの土地建物を所有し，自ら経営・運営する方式をさす。建物の設計・建築からホテルの経営戦略・販売促進などをはじめとしてすべてを自社で行うため，サービス内容などの統一化が図りやすいというメリットがある。

　②　リース方式

　第三者が建設して所有するホテルの土地・建物を，チェーン展開を図るホテル会社がリース料を支払って賃借し，経営と運営を担当する方式をさす。所有者が建物を骨組みのみで貸す場合と，内装・設備済で貸す場合がある。

　③　管理運営受託方式

　ホテルの土地建物所有者が経営を行うが，ホテル運営だけは運営会社に委託する方式をさす。運営会社は，所有者より売り上げに応じて委託料を受けとる。運営会社は土地や建物などに投資をしないため，経営のリスクを負うことはなく，所有者にとっては，高度のノウハウが必要とするホテル運営を運営力のある会社に委託することで，ホテル運営を行うことができる。

　④　フランチャイズ方式

　ホテルの運営会社がチェーン本部となり，ホテル経営の総合的な経営システ

ムを加盟店に販売する方式である。フランチャイズ加盟ホテルは，チェーン本部に加盟料を支払う。チェーン本部は，直接的な投資を最小限に抑えるとともにチェーン展開も図ることができる。加盟ホテルは，運営から送客までのノウハウの指導を本部から受けることができる。

　以上のように第2節では，宿泊ビジネスの特性と提供するサービスについて明らかにした上で，宿泊ビジネスの特徴的な運営方式についても検討を行った。次節では，観光業を日本の基幹産業として，観光で日本を盛り上げていくことを目指して，挑戦を続けている企業の1つである星野リゾートを取り上げ，その発展と挑戦について明らかにする。

3．星野リゾートの発展

（1）星野リゾートの概要

　1914年に星野温泉旅館を開業したのが，現在の星野リゾートの始まりであった。1921年には星野温泉旅館で，内村鑑三，与謝野晶子，島崎藤村，北原白秋などが集い「芸術自由教育講習会」が開催されていた。1929年に水力発電所を開業，1951年に株式会社星野温泉と改組した。中西悟堂と星野嘉政（2代目経営者）が，星野温泉地域と隣接する国有林における生態系の保護活動を行い，その結果，1974年にその国有林が，「国設軽井沢野鳥の森」と指定された。そこでは，1991年にガイド付きツアーをスタートさせ，これが野鳥研究室（現ピッキオ）につながっていった。1992年に所有を本業とせず，運営会社を目指すという企業将来像を発表した。

　1995年，社名を星野リゾートに変更し，同年，軽井沢ホテルブレストンコートを開業し，2001年からリゾートや旅館の運営事業に取り組み始め，同年にリゾナーレ八ヶ岳，2003年，アルツ磐梯リゾート，2004年にはトマムリゾートとそれぞれの運営を開始した。2005年，軽井沢では星野温泉旅館の改造計画をすすめ，「星のや」ブランドとして「星のや軽井沢」を開業し，「星のや」ブランドの展開を開始した。さらに，2011年には温泉旅館ブランド「界」，

デザイナーズリゾートの「リゾナーレ」を立ちあげ，さらに2013年，日本で初めて観光に特化した不動産投資信託（リート）を立ち上げ，星野リゾート・リートとして東京証券取引所に上場した。現在，星野リゾートは，主に5ブランド[9]運営事業を行っている。

（2）星野リゾートの企業ビジョン

リゾート事業は，「金融」，「所有」，「開発」，「運営」という4つの役割を持つ。日本では，「金融」以外の3つの役割をすべて担っている企業が多いが，海外では，それぞれの役割をそれぞれ専門会社が担当するケースが多い。とりわけリゾートではその「所有」と「運営」の分離をし，所有者はリゾートの所有のみを行い，運営についてはリゾート運営の専門会社に任せることで利益を最大化し，観光産業への積極的な投資を行っている。また，運営会社にとっては運営に特化することで，世界規模で多くの運営案件や知名度を獲得することができるというメリットがある。

星野リゾートは，1991年に業務内容をリゾートの「運営」に特化することを決め，「リゾート運営の達人になる」という企業ビジョン，目指すべき会社の将来像を掲げた。2014年には，企業ビジョンを「ホスピタリティ　イノベーター（Hospitality Innovator）」に変え，さらに現在は，企業ビジョンを「Globally Competitive Hotel Management Company（世界で通用するホテル運営会社）」に変更している。世界に誇る「日本のおもてなし」を磨き，顧客に地域魅力の楽しみ方や新たな感動経験を提供することで，世界で通用する運営会社になることを目指している。

星野リゾートでは顧客満足度と経営利益率の向上を目指すと共に，自然を資源として活かしながら保全につとめ，施設運営による周辺環境への負荷を限りなくゼロに近づけることを行いながら，新たな企業ビジョンである「Globally Competitive Hotel Management Company（世界で通用するホテル運営会社）」を達成するために，CSV（Creating Shared Value）経営を行っている。CSV経営とは，共通価値（Shared Value）の創造に取り組む経営をさし，社会のニーズや問題に

取り組むことで社会的価値を創造し，その結果，経済的価値が創造されるというアプローチをとる（ポーター・クラマー，2014）。つまり，地域の魅力を発信することで地域のブランド力を高め，地域の魅力が高まることは星野リゾートの業績を向上させる。さらに地域のブランド力が高まることは，その地域の自然環境や伝統文化，地場産業など，貴重な資源を次世代に受け継ぐことに繋がると考えている。また，CSV経営を促進するためのフレームワークとしてSDGs（詳細は第7章を参照のこと）を捉えており，さまざまな施設でSDGsの取り組みを行っている。

（3）事業戦略

　星野リゾートでは，上記にあげた企業ビジョンを達成するために，①サービスチーム，②フラットな組織，③旅館メソッドの3つの軸をキーワードにして事業を展開している。①サービスチームは，「一人ひとりがサービス・クリエーターであれ」という考えのもと，顧客の感動経験を創りだす新たなサービスを提供するチームである。それを可能にしているのが，スタッフの「マルチタスク」という働き方である（図9－1）。

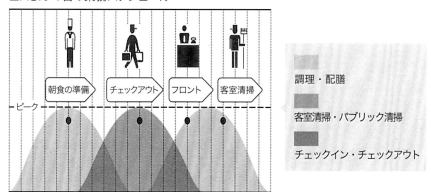

図9－1　スタッフのマルチタスク業務スケジュール
（星野リゾート　採用サイトより）

　スタッフ一人ひとりがホテルや旅館の運営に関わる業務スキル全般を習得することで，顧客の動きに合わせてさまざまな役割を担うことが可能となる。それは，少ない人数でも効率的に運営することを可能にするだけでなく，セクションごとに縦割りになりがちな運営業務を一人ひとりが全体を理解しながら働くことで改善に向けた気づきが共有しやすく，サービスの改善や新たなサービスの創造につなげることができる。さらに，スタッフは開示されている数値化・グラフ化された経営情報や顧客満足度のデータをもとに，各自が良質なサービスと収益・コストのバランスについて考え，課題や対策を具体的にして，自分の意見を持って業務に臨むことができるのである。

　②フラットな組織とは，年齢や性別，国籍や職位に関係なく，スタッフ同士が対等な関係で議論ができる組織をさす。その組織では，一人ひとりが自由な発言を大事にし，「誰が言ったか」ではなく「何を言ったか」を重視し，チームの目標達成に向けてお互いに切磋琢磨しながら前進していくことを目指している。そのため組織形態は，階層を最小限にしたユニット型チーム編成となっている（図9－2）。

図9－2　星野リゾートのユニット型組織

（星野リゾート 採用サイトより）

　ユニットは，ユニットディレクターが指揮，統率し，個々のプレイヤー（スタッフ）が自由に動きまわりながら，同じゴールに向かうチームである。ユニットディレクターは，顧客満足度と収益性向上のための戦略を打ち出し，ビジョン実現に向かってプレイヤーとともに最前線で闘う変革請負人であり，プレイヤーは，上から押し付けられた仕事をこなすのではなく，創造的な活動と行動を通じてチームに貢献していくという働き方をする。

　③旅館メソッドとは，日本旅館の「おもてなし」の方法でサービスを提供することをさす。つまり，茶の湯において主人が趣向を凝らして客をもてなすように，スタッフがその地や季節の魅力を，趣向を凝らして顧客に提供することでもてなすよう試みている[10]。各施設のスタッフは，訪れる顧客もまだ知らない地域の魅力を発見し，楽しんでもらえる企画やコンテンツを組み立てる。それは，顧客の要望に応えるだけのサービスでは，「サービスのコモディティ化」が起こることを避けるためでもある。

（4）星野リゾートの社内制度

　星野リゾートでは，「自分のキャリアは自分でつくる」ことを大事にしている。そのためにさまざまな社内制度が用意されている。

　その社内制度として，①入社時期自由選択制度，②OJT制度，③社内ビジネススクール「麓村塾（ろくそんじゅく）」，④ユニットディレクター（以下UDと記す）・総支配人立候補制度，⑤公募制度がある。①入社時期自由選択制度とは，留学やボランティア活動など，やりたかったけど何らかの理由でできなかったことをしたいと考えている人に，入社時期を選択することで，それを行う機会を与えるための制度である。②OJT制度とは，日本国内の施設でサービスチームのスタッフとして1年間業務習得を行う制度で，現場で働きながら星野リゾートのミッションやビジョン，文化や組織を学習する。③社内ビジネススクール「麓村塾」とは，問題解決，マーケティングなどビジネススキルを学ぶ「ビジネス講座」，日本各地の魅力への知見を深める基礎力を養う「地域文化講座」，英語や中国語など語学を学ぶ「語学講座」など，自らが描くキャ

リアに応じて学ぶことができる。講師は社内スタッフで構成され，業務に活か
せるように実践型の講座も多い。④UD・総支配人立候補制度とは，立候補に
よってそれらの職位を決めることをさす。年2回開催されるプレゼンテーショ
ン大会で，立候補したスタッフは，UDや総支配人になった際に設定する目標
や戦略，経営方針をプレゼンテーションし，聞いているスタッフのアンケート
や日頃の仕事ぶりなどで，UD・総支配人が決定する。⑤公募制度とは，新規
に運営を開始する施設や既存施設，サポート系ユニットへの配属が公募制と
なっており，社歴や職務経験などに関係なく誰でも応募することが可能な制度
である。

（5）Withコロナ期の新たな旅の提案─マイクロツーリズム

　星野リゾートでは新たな旅の提案として，マイクロツーリズムを進めてい
る。マイクロツーリズムとは自宅から車で1〜2時間で行ける小旅行を指し，
その特徴として，①コロナ感染拡大防止と地域経済を両立させる観光である，
②地域から学び地域再発見を提供する，③地域文化の作り手とネットワークを
強め運営力を高める，をあげている。①コロナ感染拡大防止と地域経済を両立
させる観光であるとは，地元や近場を旅することで長距離移動が発生しないた
め感染拡大防止が可能であり，季節ごとに同じ場所を訪れても異なる体験がで
きることから，リピート需要の可能性があり地域経済に貢献できる観光である
という特徴をもつ。②地域から学び地域再発見を提供するとは，Withコロナ
の時代だからこそ地域の人々との交流を深めて新たな魅力を発見し，それをイ
ベントや企画に落とし込み宿泊施設で提供することで，地域の人々に改めて地
域の特性を発見，愛着をもってもらうことができるという特徴をもつ。③地域
文化の作り手とネットワークを強め運営力を高めるとは，コロナ禍で課題を抱
えている地域文化の作り手の状況把握を行い，リゾート運営会社として貢献で
きる取り組みを行うことで企業としての運営力を高めることが可能となるとい
う特徴をもつとしている。たとえば，「星のや京都」で実施したマイクロツー
リズムの地元顧客対象の滞在プランでは，2020年8月に近畿エリアの顧客が

１割以下から約４割へと増加し，宿泊稼働率約 80% という実績をだしている。

　以上のように，第３節では，星野リゾートの企業概要，企業ビジョンを明らかにした上で，星野リゾートの事業戦略，社内制度，マイクロツーリズムについて明らかにしてきた。次の節では，圧倒的な非日常感を顧客に提供しているラグジュアリーホテルである「星のや」ブランドの「星のや軽井沢」を取りあげ，そこでの挑戦はどのように行われているかを検討する。

４．「星のや軽井沢」の挑戦

（１）環境経営（SDGs）への挑戦：「星のや軽井沢」はゼロエミッションを達成

　環境経営への挑戦として，①自ら使うエネルギーをできるだけ自給していくEIMY（Energy In My Yard：自分の庭のエネルギー），②焼却・埋め立てごみゼロを目指した活動であるゼロエミッション，③顧客に地域の自然や文化を理解し楽しんでもらうことで，それを保護し，持続的に利用する新しい旅行形態であるエコツーリズムを行っている。

　「星のや軽井沢」では，エネルギーの自給自足 EIMY で，電力の 71%（2020年時点）を自家水力発電や温泉排熱の自然エネルギーで賄っている。また「星のや軽井沢」を中心とする星野エリア[11]では，100% リサイクルをするゼロエミッション（排出物をゼロにする）を，2011 年から達成し続けている。100 年以上の歴史をもつ「星のや軽井沢」は，「自然と共にある」という理念をもつことから，その実践に向けて工夫をし，ホテル・サービス業界で初めて達成したのである。ゼロエミッションの達成を維持するためにゼロ委員会を発足させ，各施設に専任の担当者を設けて分別のチェックを行い，環境対策維持の活動を行っている。

　また，このような絶え間ない環境への取り組みから，2003 年，星野リゾートは第６回グリーン購入大賞「環境大臣賞」を受賞したのを皮切りに，多くの賞を受賞している（表9-2）。

表9－2　星野リゾート　環境経営アワード歴

年	賞　　名
2003 年	星野リゾート　第6回グリーン購入大賞「環境大臣賞」受賞
2004 年	星野リゾート　第2回日本環境経営大賞「環境経営優秀賞」受賞
2005 年	ピッキオ　第1回エコツーリズム大賞「大賞」受賞
2006 年	星野リゾート eco japan cap2006 ソーシャル・エコビジネス・アワード「三菱東京 UFJ 銀行賞」受賞
	星野リゾート　第15回地球環境大賞「富士三景ビジネスアイ賞」受賞
2007 年	ピッキオ　農林水産省オーライニッポン大賞「大賞」受賞
	星のや軽井沢　第9回電力負荷平準化機器・システム表彰「財団法人ヒートポンプ蓄熱センター事長賞」受賞
	星野リゾート　第10回地球温暖化防止活動「環境大臣賞」受賞
2008 年	星野リゾート　社団法人長野県観光保全協会「信州エコ大賞」受賞
	星のや軽井沢　土木学会デザイン賞2008「選考委員特別賞」受賞
2010 年	ピッキオ　国土交通省「第11回中部の未来創造大賞「優秀賞」受賞
2011 年	ピッキオ　イオン環境財団第2回生物多様性アワード「優秀賞」受賞
2012 年	星野リゾート　リデュース・リユース・リサイクル推進功労者「経済産業大臣賞」受賞
2013 年	ハルニレテラス　土木学会デザイン賞2013「最優秀賞」受賞
2016 年	「平成28年度循環型社会推進功労者環境大臣表彰」受賞

（筆者作成）

（2）「星のや軽井沢」"谷の集落"

　「星のや」ブランドは，それぞれの施設がもつコンセプトに沿って独特の世界観が広がるように設計されている。「星のや軽井沢」の設計テーマは"谷の集落"である。このテーマに沿って設計された施設の中で，その地の魅力を活かし顧客にゆったりと過ごしてもらうために，「星のや軽井沢」の提供するサービスは，顧客を迎えるところからスタートする。

　まず顧客は，星野エリアの入り口にあるレセプションに案内される（写真①）。ここは，いわば非日常空間への入り口にあたる。専用車が用意できるまでの間，レセプション内で出迎えのお香がたかれ，顧客は音楽と地元の素材で作られた飲み物がサービスされる。そこで，スタッフから，飲み物や館内での

写真①　レセプション内

アクティビティなどの説明があり，顧客はこれから経験するであろうことがらに期待感を膨らませる。

　専用車の用意ができると，スタッフの運転で，顧客はゆっくりと“谷の集落”の中を案内してもらいながら（写真②③），集落内にある施設，木々や川，あるいは鳥などについて説明を受け，木々や植物の香り，鳥の鳴き声に感動する。離れのように独立した客室まで誘導され（写真④），客室では滞在中“谷の集落”の住民としてどのように滞在をすればいいのかなどのアドバイスを受ける。

　「星のや」ブランドは「現代を休む日」というテーマを掲げており，顧客が日常のせわしない時間の流れから解き放たれるように，客室にはテレビや時計が設置していない，あるのは癒しを促すCDのみである。自然の光に気づくために，客室の照明は少し暗くしてある。すべての部屋のテラスからは四季折々の景色を眺めることができる。“谷の集落”の住人として，リラックスできる館内着，作衣（さむえ）と下駄（写真⑤-1，⑤-2）が用意してあり，それを着て集落内の散策を楽しむのである。

　集落にある施設には，軽井沢の自然がもつ魅力を発見するためのさまざまな工夫がなされている。たとえば，「集いの館」と呼ばれる施設には，ライブラ

写真② 集落内を流れる川

写真③ 集落内の橋

写真④ 客室

写真⑤－1 作衣（さむえ）

写真⑤－2 下駄

写真⑥　ライブラリーラウンジ

写真⑦　集落内の水行灯

（写真①〜⑦まで筆者撮影）

リーラウンジ（写真⑥）があり，そこではゆったりとコーヒーを飲みながら軽井沢について書かれた書籍や雑誌を読んだり，集落内の景色を楽しむことができる。また，集落に流れる川に浮かぶ水行灯への点灯を見ながら，幻想的な雰囲気に浸ったり（写真⑦），コロナ禍においては，感染防止対策として１日１組限定の貸し切り席での紅葉を楽しむ「森の紅葉野点」[12]など，顧客を"谷の集落"の住人として心地よく滞在するためのさまざまな工夫を通して，その地や季節を再発見するような魅力を提供しているのである。

（3）「星のや軽井沢」と感動経験

　「星のや軽井沢」では，顧客を圧倒的な非日常感の空間へ誘い，新たな魅力を創造し心地よい滞在を提供することで，顧客に宿泊し地元料理を楽しむだけでなく，そこでの滞在を通してストレスを解消したり，新しい発見をして感動したり，思い出に残る経験，つまり感動経験を提供している。その感動経験がどのように生み出されているのかを整理してみたい（図9－3）。

　「星のや軽井沢」では，施設は安全と危機管理を基礎に，自然を資源として活かしながら保全につとめる環境経営を行い，"現代を休む日"というコンセプトに沿った心地よい滞在を促進する施設づくりと食事のメニューの開発，ス

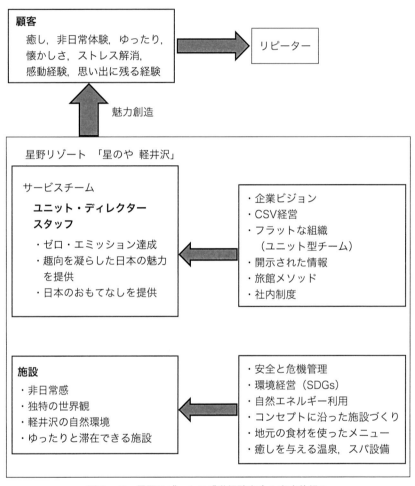

図9－3　星野リゾートの感動経験を生み出す仕組み
(筆者作成)

トレス解消や癒しを与える温泉やスパ設備などに支えられている。また，サービスチームのスタッフは，星野リゾートの企業ビジョンを達成するために，フラットな組織であるユニット型チーム，開示されている情報，旅館メソッド，充実した社内制度によって，顧客に趣向を凝らしたその地ならではの魅力を提

供することが可能となっている。

　顧客は，「星のや軽井沢」に宿泊するだけでなく，コンセプトに沿った施設内を散策する中で新たな自然の魅力を発見したり，テラスから四季折々の景色を眺めることで癒しを感じる。あるいは施設を利用する過程で，ゆったりとした時間を楽しんだり，スタッフの趣向を凝らしたサービスを受け，感動を経験するのである。スタッフのサービスは，レセプションでの顧客のお迎え，専用車での客室までの案内，客室での過ごし方などの説明の過程で，顧客との交流を通して，スタッフが顧客のニーズを探りだすだけでなく，この地の新たな魅力を知ってもらいたいという気持ちから生み出される。これらのもてなしは，マニュアルで決められたサービスである固定的サービスではなく，応用的サービスである。このようなスタッフの応用的サービスを支えているのが，フラットな組織であるユニット型チームや開示された情報，旅館メソッド，充実した社内制度である。つまり，フラットな組織でのユニット型チームでは，スタッフが自由な発言を大切にしている組織の中で，自分の仕事のやり方を自分で決めることができる，つまりエンパワーメント（詳細は第3章2. エンパワーメントを参照のこと）が与えられているのである。エンパワーメントが与えられていることでスタッフは，顧客のニーズに応えることができ，それによって仕事への満足度があがること（Linden, Wayne & Sparrowe, 2000）が推測できる。また，開示されている情報は自分たちがチームでどのようなサービスを提供するかを決める際に重要な判断材料として必要であり，旅館メソッドは「日本のおもてなし」を実現するために必要な知識であり，充実した社内制度はスタッフ一人ひとりが自分で考える力を養い，文化度そして創造性を高めるために重要なものである。このような組織のサポートを受けて，スタッフは顧客へ新たな魅力を創造し提供することで，顧客は癒しや驚き，発見といった感動経験をする。その結果，再度，「星のや軽井沢」に来たいと考えるのであろう。

　以上のように，「星のや軽井沢」をはじめとして，星野リゾートグループでは，チーム一丸となって世界に誇る「日本のおもてなし」を磨き，新たな感動経験の提供に挑戦をし続けている。

【注】

1）コンドミニアムとは，1957年にスペインで出現した，ホテルの1室を分譲する形式を
　さす（cf. 川名, 2010）。

2）タイムシェアとは，リゾートマンションなどを所有または利用する際に，その期間の
　経費だけを負担するシステム。バケーション・オーナーシップとも呼ばれる。

3）旅館業法は，1948年に公布され，旅館業に対し，公衆衛生の見地から必要な取り締ま
　りを行うとともに，旅館業によって善良な風俗が害されることのないように必要な規制
　を加え，経営を公共の福祉に適合させることを目的とした法律である（cf. 前田, 1998）。

4）国際観光ホテル整備法では，施設の内容に加えて，宿泊者に洋朝食が提供可能，外国
　語の館内案内標記があること，外国語が話せる従業員を雇用することを規定している。

5）リゾート法は総合保養地域整備法といい，この法律の目的は，国民が余暇等を利用し
　て滞在しつつ行うスポーツや教養文化活動等の多様な活動に資するための整備を民間事
　業者の能力の活用に重点を置きつつ促進することで，ゆとりある国民生活を実現し，地
　域の振興を図ることであった。2003年にリゾート法の見直しがなされ，基本方針が変更
　されている（cf. 国土交通省 公式サイト）。

6）海外では，ダウンタウン・ホテル（Downtown Hotel），米国ではアーバンホテル
　（Urban Hotel）ともいう。

7）宿泊ビジネスの種類によっては，多機能サービスを行っていないホテルや旅館があ
　る。宿泊機能だけに特化したホテルなどがその例である。

8）日本のホテル経営は，所有直営方式が多くとられている。たとえば，鉄道会社は所有直
　営方式をとっているところが多い。それは，鉄道会社が沿線に不動産を多く所有している
　ことから，ホテル運営をすることで土地を有効活用できるだけでなく，旅客と運送との間
　で相乗効果が期待できるからである。

9）「星のや」ブランドは計8か所，「界」ブランドは18か所，「リゾナーレ」ブランドは計5
　か所，「OMO」ブランドは5か所，「BEB5」ブランドは2か所が開業し，その他の個性的な
　施設を合わせると51施設を運営している（2021年11月現在）（星野リゾート 公式サイトよ
　り）。

10）星野リゾートでは，西洋のサービスを顧客とサービス・スタッフとの間には上下関係が
　あるものとして捉え，日本のおもてなしは茶の湯で亭主が客をもてなすように，顧客とス
　タッフが平等の関係にあるとしている。また，星野リゾートでは，顧客の受けるものやオ
　ペレーショナルなものはサービス，ニーズをくみとるものはおもてなしとしている。

11）星野エリアの中で，ゼロエミッションを達成したのは，「星のや軽井沢」，軽井沢ホテル

ブレストンコート，村民食堂，トンボの湯，ピッキオである（星野エリアホームページより）。

12）これらのサービスは季節によって異なるものを提供している場合がある。

引用文献

ジェイティービー能力開発　2011　ホテル概論　改訂第5版

川名幸夫　ホテル・マネジメント　山口一美・椎野信雄（編著）　はじめての国際観光学　創成社

国土交通省　2021　観光白書　平成3年度版　第Ⅰ部日本の観光の動向

Linden, R. C. Wayne, S. J., & Sparrowe, R. T. 2000 An examination of the mediating role of psychological empowerment on the job, interpersonal relationships, and work outcomes, *Journal of Applied Psychology*, 85 (3), 407-416.

前田勇　1998　現代観光学キーワード事典　学文社

松笠裕之　2010　ホテル業　高橋一夫・大津正和・吉田順一（編著）　1からの観光　碩学社

仲谷秀一・杉原淳子・森重喜三雄　2006　ホテル・ビジネス・ブック　中央経済社

中沢康彦　2010　星野リゾートの事件簿　なぜお客様はもう一度来てくれたのか？　日経BP社

徳江順一郎　2011　宿泊産業　徳江順一郎（編著）　サービス＆ホスピタリティ・マネジメント　産業能率大学出版部

参考URL

https://careerforum.net/ja/event/bos/company/_33/2034/company.detail　ボストンキャリアフォーラム 2018 の企業情報　2021 年 10 月 23 日閲覧

http://recruit.hoshinoresorts.com/work/career.html　星野リゾート 採用サイト キャリア　2014 年 12 月 18 日閲覧

https://www.hoshinoresorts.com 星野リゾート 公式サイト　2021 年 10 月 22 日閲覧

https://www.hoshinoresorts.com/information/release/2020/09/106281.html　星野リゾート プレスリリース 2020 年 9 月 30 日　〜With コロナ期の新たな旅の提案，取り組み実績を報告します〜星野リゾートが提案する「マイクロツーリズム」　2021 年 10 月 23 日閲覧

https://www.hoshinoresorts.com/information/release/2021/10/166542.html　星野リゾート プレスリリース 2021 年 10 月 13 日　【星野リゾート】CSV 経営をさらに推進するために星野リゾートが考える SDGs の取り組み　2021 年 10 月 23 日閲覧

http://www.mlit.go.jp/kokudoseisaku/chisei/crd_chisei_tk_000025.html　総合保養地域整備法　国土交通省 公式サイト　2021 年 10 月 25 日閲覧

── コラム9 老舗ホテル：帝国ホテルの挑戦 ──
Column

　ホテル業界の競争が激化する中で，2020 年に開業 130 年目を迎えた日本の老舗ホテル，帝国ホテル（写真①）はその競争にどのように打ち勝っていくのか。

　帝国ホテルの歴史からその理由をさぐってみよう。

写真①　帝国ホテル 東京の正面玄関（帝国ホテル 公式サイトより）

　1890 年，帝国ホテル[1] は東京都千代田区内幸町に開業した。ホテルの南隣には鹿鳴館があり，外国人にとって日本の窓口であった横浜港，東海道線のターミナル駅であった新橋，さらに外国人居留地であった築地を結ぶ，当時の外国人が行き来するコースに位置していた。そのため帝国ホテルは外国貴賓の接待・宿泊のため，つまり日本の迎賓館の役割を担って誕生した。

　この外国貴賓を迎えるという伝統は今も続いている。世界中の多くの賓客が宿泊してきたという実績から，たとえば，2019 年に行われた天皇陛下即位正殿の儀の際には，帝国ホテル 東京では 27 か国の使節団を受け入れた。そのため 1 年半前の 2018 年 4 月には全体受け入れ準備ミーティングを行い，2019 年 6 月には「即位礼受け入れ委員会」を設置，8 月に各国の打ち合わせ窓口となる 32 名の「ホテルリエゾン」を選出した。「ホテルリエゾン」には，普段大使館を担当している営業部国際営業課の担当者に加え，管理部門の担当者，帝国ホテル 大阪に所属している者など全社横断で選出された。彼らの仕事は，賓客接遇，大使館との交渉，社内関係各部署への手配，料金交渉，支払処理など多岐にわたった。2019 年 10 月 22 日に行われた即位礼正殿の儀，饗宴の儀，23 日の内閣総理大臣夫妻主催晩餐会へ出発する計 3 回の業務運営では，秒刻みでの車列出発が求められるため，1 週間前に当日に想定されている車両台数での車列を組み，事前のリハーサルを行った。

　さらに，①全スタッフが代表賓客の対応にあたる，②常に基本プレーを心がける，③情報共有を徹底することを行った。①全スタッフが代表賓客の対応にあたるでは，

「ホテルリエゾン」に加えて，現場の他のスタッフ，管理部門のスタッフも賓客の対応にあたった。これが可能だったのは，すべてのスタッフが現場の出身であったり，接客の研修を受けていること，互いに業務を助け合える環境が整っていたことがあげられる。②常に基本プレーを心掛けるとは，緊急対応や賓客の接遇で普段の業務と異なることが起こったとき，そのようなときこそスタッフは基本に忠実に行動することを心掛けたのである。③情報共有を徹底するとは，携帯電話やメールでの情報のやり取りだけでなく，社内情報共有ツールとして，クラウド型のソーシャルワーキングサービスを導入し，担当者が必要な情報を随時アップデートできる体制を整えた。このような準備と努力によって，使節団の受け入れは成功のうちに終了することができたのである。

　帝国ホテルは，1999年からお客様の期待を上回るサービスを提供し，お客様から「さすが帝国ホテル」という評価をもらうことを目的として，「さすが帝国ホテル推進活動」を実施している。この活動の柱となっているのが「行動基準」と9つの実行テーマであり，それらが記載されたカードをスタッフ全員が携帯している。9つの実行テーマは「挨拶・清潔・身だしなみ・感謝・気配り・謙虚・知識・創意・挑戦」である。その中で，「挨拶・清潔・身だしなみ」はスタッフの立ち振る舞いと条件であり，「感謝・気配り・謙虚」は心のありよう，「知識・創意・挑戦」は意欲とその土台である教養知識を表している（cf. 川名, 2006）。

　この実行テーマにもあげられているように帝国ホテルではその創意と挑戦によって，業界のパイオニアとしてさまざまな新たなサービスを生み出してきた（表9-1）。

　たとえば，ランドリーサービスは，海外でも評価が非常に高く，最初からとれていたボタンまでもつけてくれる。そのため世界中の約200種類以上のボタンと数えきれないほどの糸を常にストックしている。また2014年2月からは，ビュッフェスタイル・レストラン「インペリアルバイキング　サール」の夕食時にレストラン内を巡回し，顧客のさまざまなニーズに気づき応えるバイキングコンシェルジュを配置するなど，ホテル業界初の試みを行ってきた。

　2020年に発生した新型コロナウイルス感染症拡大は，帝国ホテルにも甚大な影響を及ぼした。しかし，そのような中で帝国ホテルの創意と挑戦は続けられている。たとえば，帝国ホテル 東京では，2020年2月に従来の客室に最小限の設備投資をすることで，サービスアパートメントとしての事業をスタートさせた。洗濯・乾燥機，電子レンジなどアパートメントとして部屋に備え付けられている設備を共有の「コミュニティールーム」に集約させて最小限の機能を保証し，ランドリーやルームサービスなどホテルサービスをサブスクリプションサービス（期間定額制）で提供することにしたのである。この事業によって，客室稼働率の引き上げを目指している。また，感染予防の観点から休業となったビュフェスタイルのレストランでは，タブ

表9－1　帝国ホテルの「はじめてづくし」

年	項　目
1910年	ホテル内に郵便局を開設，外国人宿泊者が本国に郵便を送るのに便利
1911年	ホテル内に製パン部を設置し，顧客に常に焼きたてのパンを提供
1911年	ホテル内に大型ランドリーを設置，ランドリーサービスを開始
1922年	顧客がホテルから出なくても買い物ができるようにアーケードを設置
1923年	結婚式と披露宴をホテル内で行えるようホテルウエディングを開始
1924年	専属バンドと契約し，ライト館でジャズやダンス音楽を演奏
1929年	火器厳禁の飛行船シェッツペリン伯号の中で，日本～ロサンゼルス間の機内食を提供
1954年	ホテル内にエスカレーターを設置
1958年	バイキング（ビュッフェスタイル・レストラン）を開始
1966年	シアターレストラン（ディナーショー）を開始
2005年	ロビーでのサービス向上を図るため，遊軍的な動きをする熟練スタッフ，ロビーマネージャーを配置
2014年	バイキングで各テーブルを見て回り，接客を行う熟練スタッフ，バイキングコンシェルジュを配置

（筆者作成）

レット端末のオーダーバイキングを行い，それは好きなものを好きなだけ，好きなタイミングで食べられるというバイキングの良さを残しながら，感染防止対策をした形式として考えられたシステムである。この新たなシステムでは，オーダーが入ってから作り始めることから，顧客に出来立てを提供することができるだけでなく，料理卓に料理を常時展示する必要がないため廃棄ロスが削減されるなどの利点がある。これは，SDGs達成に貢献する取り組みの1つでもある。コロナ禍におけるこれらの試みの多くは，従業員のアイデアによって生み出されている。

　これらのアイデアはどうやって生み出されたのであろうか。それは，2020年5月12日に社長の定保英弥が約2,500名の全従業員に送ったメールから始まっている。定保社長はそのメールで帝国ホテルに安全かつ安心して顧客に来館してもらうための工夫やアイデアを募ったのである。その結果，5,437件のアイデアが集まり，それを受けて経営陣は「運営再開準備委員会」を設置し，すべてのアイデアをリスト化し，すぐに実行できるもの，費用を立て実行に移すもの，中長期的に検討が必要なものに分け実行しているのである。

　このように途切れることのない創意と挑戦によって，2020年度までの12年連続でシティホテル業種の顧客満足1位を獲得し続けている。帝国ホテルは「伝統は常に革新とともにある」という精神のもと，老舗ホテルの挑戦はこれからも続く。

　1）帝国ホテルは，東京都千代田区にある帝国ホテル 東京に加えて，大阪府大阪市にある帝国ホテル 大阪，長野県松本市にある上高地帝国ホテルがあり，2026 年には帝国ホテル 京都（仮）を開業予定。

引用文献

　川名幸夫　2006　帝国ホテル伝統のおもてなし　日本能率協会マネジメントセンター

参考URL

　http://www.imperialhotel.co.jp/　帝国ホテル 公式サイト　2021 年 11 月 22 日に閲覧
　https://www.imperialhotel.co.jp/j/company/release/2020/reopening_of_imperial_
　　　vbiking-sal.html　帝国ホテルニュースリリース　安全・安心対策と「オーダーバイキング」の導入でニューノーマルに対応した「バイキング」スタイルを発信 2020 年 11 月 21 日閲覧
　https://www.imperialhotel.co.jp/j/company/release/2020/apartments_at_the_imprial.
　　　html　帝国ホテルニュースリリース　「ホテルに住まう」新しい価値の提案　サービスアパートメント事業を開始　2021 年 11 月 21 日閲覧
　https://www.imperialhotel.co.jp/j/company/release/2021/sustainable_cafeteria_
　　　espoir.html　帝国ホテルニュースリリース　サービス産業生産性協議会の ICSI（日本版顧客満足度指数）で 12 年連続顧客満足 1 位を獲得　2021 年 11 月 21 日閲覧

第10章
テーマパーク・ビジネス：
ユニバーサル・スタジオ・ジャパンの場合

　大学生の神林さんは，学期末のレポートが全部終わったので，久しぶりに
友人3人とテーマパークに出かけた。以下が神林さんのその日の日記である。

　　今日，テーマパークに行ってきた。「試験が終わったら絶対に行こうね」
　とあっちゃんたちと約束をしていたからだ。駅の改札口を出ると，目の前
　にテーマパークのシンボルの建物が見えて，思わず歓声をあげた。アトラ
　クションやショーを楽しんで，キャラクターたちと一緒に写真もたくさん
　撮った。従業員の人に写真を撮ってもらったけれども，どの人も笑顔で感
　じが良かった。話題のアトラクションは混んでいたけど，待っているとき
　も従業員の人がてきぱきと案内をしてくれたので困らなかった。みんなで
　一緒に乗れて大感激。楽しんでおしゃべりして，ショップで買い物してス
　トレス解消。写真もメールで交換し，あのときの楽しかったことをもう一
　度思い出している。

　この日記から，神林さんたちがテーマパークへ行って，ストレスを解消し，
楽しい経験を通して友達との思い出作りをすることができたことがわかる。
　このように人々のストレスを解消し，楽しく思い出に残る経験を提供する
とされるテーマパーク・ビジネスに，第10章では焦点をあてる。まず，テー
マパークとレジャーとの関わり，テーマパークとは何かについて検討し，加
えてテーマパーク・ビジネスの歴史，その特性と提供するサービスを明らか
にする。その上で，世界のテーマパークの中でも常にトップ10にはいる一大
テーマパーク，「ユニバーサル・スタジオ・ジャパン」に焦点をあて，その
テーマパークを運営する企業である「合同会社ユー・エス・ジェイ」を取り
上げ，その発展と挑戦について明らかにする。

1．レジャーとテーマパーク

（1）レジャーとレジャー産業

　テーマパークはホスピタリティ産業に属し，その中でもレジャー産業[1]に含まれる。そこで，まずレジャーとは何かについて考えてみたい。

　レジャーは，以下にあげる３つの属性をもつ（Mannell & Kleiber, 2004）ことから，レジャーとして解釈される。第一の属性として，自由で拘束のないことがあげられる。それは何かをしなければならないという要請から自由であることである。冒頭にあげた神林さんたちは誰からも強制されることなくテーマパークへ行くと決めたので，レジャーとして解釈される。第二の属性としては，人が活動や状況に関わっているときに，内発的に動機づけられていることをあげることができる。つまり楽しい経験を求めてある活動に参加をしていることは，参加することそれ自体が最終目的であって，別のものを得るための手段ではないと本人が認知している場合，レジャーとして解釈される。神林さんたちは，テーマパークに行って楽しい経験をすること自体が最終目的であって，別のものを得るための手段ではないと認知している。第三の属性としては，参加から得られた経験の性質や質に基づくものをあげることができる。ある行為が楽しく，愉快で，喜びに満ちたものとして経験されるとき（Lee, Dattilo & Howard, 1994），それはレジャーとして解釈されやすくなる。神林さんたちは，まさにテーマパークでの経験が楽しく喜びに満ちたものとして経験されたことから，レジャーとして解釈される。以上のことから，レジャーとは，自由で拘束がなく，内発的に動機づけられていて，楽しく喜びに満ちたものとして経験されることであり，それらを提供する産業がレジャー産業である。

　このようなレジャー産業での経験は，多局面にまたがる経験となることをマンネルとクリーバー（Mannell & Kleiber, 1997）が，クローソンとネッチ（Clawson & Knetsch, 1966）が指摘した５つの局面をとりあげ説明している（表10 - 1）。

表10−1　レジャー産業での経験における5つの局面

局　面	経験内容
期　待	旅行やイベントについて相談したり計画する時期
往　路	レクリエーションの場所に向かう行程
現　場	その場所での実際の活動あるいは経験
復　路	家までの帰路
回　想	その活動あるいは経験の回想，記憶

(Clawson & Knetsch, 1966 より作成)

　神林さんたちは，①「期待」の局面で，テーマパークへ行く相談をしているとき期待に胸を膨らませた経験をし，②「往路」の局面では，テーマパークに行く途中で，一番最初にどのアトラクションに乗ろうかを相談するなどの経験をする。③「現場」の局面では，実際にテーマパークに行ってアトラクションに乗ったり，ショーを見たりといった経験をし，④「復路」の局面では，楽しかったアトラクションはどれだったかなどと話しながら帰宅するときの経験を，⑤「回想」の局面では，帰宅後，メールで交換した写真をみて，テーマパークにいた時の楽しかった経験を思い出す。このようにレジャー産業において顧客は多局面にわたる経験をする。

（2）テーマパークとは

　それでは，テーマパークとは何か，確認をしておこう。テーマパークとは，入場料をとり，特定の非日常的なテーマのもとに施設全体の環境づくりを行い，テーマに関連する常設かつ有料のアトラクション施設[2]を有し，パレードやイベントなどを組み込んで，空間全体を演出する事業所と定義されている。遊園地などと比較して，テーマパークは明確なテーマが設定されている。また，テーマパークとは，発生した興奮と感動を収容できる「大きな閉ざされた空間」であるともいわれている（根本, 1990）（図10−1）。

　以上のように，テーマパークはホスピタリティ産業の中のレジャー産業に位置づけられ，明確なテーマにそって空間全体が作られている事業所であること

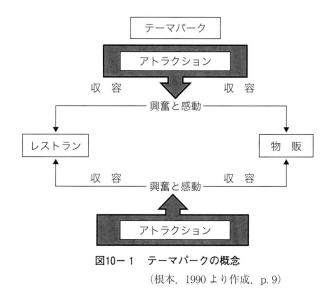

図10-1　テーマパークの概念

（根本，1990 より作成，p. 9）

が明らかになった。そこで，このテーマパーク・ビジネスの歴史について，次節で確認しておこう。

2．テーマパーク・ビジネスの歴史

（1）海外におけるテーマパーク・ビジネスの歴史

　海外におけるテーマパークのルーツは，イギリスやフランス，ヨーロッパ北部において，貴族の庭園技術をもとに造られたプレジャー・ガーデンと呼ばれる貴族の庭園であるといわれている。17 世紀後半にこれらの庭園は市民に公開されており，そこでは自然の中にヨーロッパ，中東，中国風の建物が点在し，散歩や食事，ショーなどを楽しむことができた。18 世紀のロンドンでは，プレジャー・ガーデンの中でも，とりわけヴォクソル・ガーデンが広い庭園をもち植え込みも多く，都会の中の田園の趣があり，また趣向を凝らした設備も多くて人気があった（cf. 竹山，2008）。このプレジャー・ガーデンの自然に親しむための庭園はのちに都市公園へと，見世物やサーカス，ゲームなどの娯楽を

楽しむものは遊園地へと発展していった。

　1843年にプレジャー・ガーデンの流れをくむものとして，デンマークにチボリ公園ができ，これが世界最初のテーマパークといわれている（cf. 松井，2001）。チボリ公園には，コースターや回転木馬などの小規模なアトラクションやレストラン，ミニカジノがあり，とりわけイルミネーションが有名であった。1873年にオーストリア，ウイーンのプラーターでウイーン万国博覧会が開催され，1895年，プラーターの一角にテーマパーク「ウイーンのヴェネツィア」が開園した。

　アメリカでは，19世紀の初頭，ニューヨーク，マンハッタン島にあった「ジョーンズの森」には，射的場，ビリヤード，ボウリング，ロバ乗りからゲーム，音楽，ダンスそして屋台や有名なビヤガーデンまであり，ニューヨーク市民に親しまれた（伊藤，1994）。1860年頃，「ジョーンズの森」は都市公園のセントラルパークと，アミューズメント性の高い遊園地のコニーアイランドとに分かれた。コニーアイランドはアメリカで最初の本格的な遊園地であった。しかし，20世紀半ばになると自動車の普及により広範囲に移動することが可能となったことや，手軽に楽しめる映画の発達でアミューズメント・パークは衰退していった。

　1955年にはロサンゼルスの郊外アナハイムに，ディズニーランド（現カリフォルニア・ディズニーランド・リゾート）が開園した。その創始者であるウォルト・ディズニーは，大人と子どもの両方が楽しめるパークをつくりたいと考え，ディズニーランドを「ファミリーエンターテイメント」，「あらゆる年代の人間が楽しめる健全なパーク」，「地上で一番幸せな場所」をコンセプトとして開園した。1964年にユニバーサル・スタジオ・ハリウッドが開業し，1971年にフロリダ州オーランドにウォルト・ディズニー・ワールドリゾートが開園した。1983年に東京ディズニーランド，1990年にはフロリダにユーバーサル・スタジオ・フロリダが開業した。1992年にディズニーランド・パリ，2001年に東京ディズニーシー，2005年に香港ディズニーランド，2016年に上海ディズニーリゾートが開園している。

（2）日本におけるテーマパーク・ビジネスの歴史

　日本におけるテーマパークの先駆けとしては，1965 年に開園した博物館明治村（愛知県犬山市）があげられる。明治村は名古屋鉄道の出資で開園され，明治時代の建物を保存，歴史的資料を収集，保存管理をしている。1975 年には東映太秦映画村（京都府京都市）が，1976 年に四国村（香川県高松市）が開園した。

　1983 年 4 月には東京ディズニーランド（千葉県浦安市）が開園した。初期投資額は 1,800 億円で 7 つのテーマ別のエリアがあり，そのエリアごとにテーマに合わせたアトラクションや物販店，飲食店が設置された。同年 7 月に長崎オランダ村（長崎県西海市）[3] が開園した。長崎県にゆかりの深いオランダの街並みを忠実に再現することをコンセプトに造られた。このように本格的な大型テーマパークが登場したことから，この年は「テーマパーク元年」といわれる。1986 年には日光江戸村（栃木県日光市）が開園し，1987 年には総合保養地域整備法（リゾート法）が制定され，リゾート開発が各地で進められるとともに多くのテーマパークが開設された。

　1990 年にはサンリオ・ピューロランド（東京都多摩市），東京セサミプレイス（東京都あきる野市）[4]，スペースワールド（福岡県北九州市）をはじめとして 7 施設が開園した。1992 年に長崎オランダ村の拡大版ともいえるハウステンボス（長崎県佐世保市）が開園した。続く 1993 年には東武鉄道が東武ワールドスクウエア（栃木県日光市），1994 年には近畿日本鉄道が出資をし，志摩スペイン村（三重県志摩市）を開園した。これらのテーマパークが開園したことによって，前述した明治村とともに，日本の 3 大私鉄資本によるテーマパークが開園したことになった。これらの私鉄は，比較的，観光輸送の比率が高い鉄道であることから，利用客増大策も兼ねてテーマパーク事業を展開したのである（奥野，2008）。

　2001 年 3 月にユニバーサル・スタジオ・ジャパン（大阪府大阪市）が，同年 9 月に東京ディズニーシーが開園した。この年から日本のテーマパークは東西二強時代にはいったといわれた。1997 年〜 2001 年にかけて，テーマパークの閉園や休園が相次ぎ，その理由として，テーマ性の弱さや陳腐化，計画の甘さが

指摘されている（大和，2010）。現在は，東京ディズニーランド，東京ディズニーシー，ユニバーサル・スタジオ・ジャパンの3つのテーマパークが市場の大部分を占めている。

　このように発展してきたテーマパーク・ビジネスがもつ特性とそこで提供されるサービスについて，次節で明らかにする。

3．テーマパーク・ビジネスの特性と提供するサービス

（1）テーマパーク・ビジネスの特性

　テーマパーク・ビジネスの特性として，①無形性，②同時性，③不均質性，④消滅性，⑤顧客の参加，⑥装置性，⑦創造性，⑧エンターテイメント性があげられよう。①から⑤まではホスピタリティ産業に共通する特性であり，⑥⑦⑧はテーマパーク・ビジネスで特徴的にみられる特性である。まず，①無形性とは，テーマパーク・ビジネスで提供するサービスは無形の価値を提供していることをいう。つまり，楽しい経験，思い出深い経験，感動経験を提供している。②同時性は，サービスの生産と消費が同時に行われることから，テーマパーク・ビジネスでは従業員との相互作用を通して，あるいはアトラクションに乗ることで，生産されるとともに消費されることをいう。③不均質性とは，サービスはプロセスあるいは活動であるため，顧客が接触する従業員やアトラクションなどの環境条件によって，いつも同じ経験ができるとは限らない。④消滅性とは，提供されるサービスがその場で生産，消費されることをいう。閑散期に空席が多いとしてもショーを開演し，そのときの空席は在庫できない。⑤顧客の参加とは，サービス提供過程で顧客による参加が必要であることをいう。パークで顧客が楽しそうに過ごしていることで，それは他の顧客にも伝わり，パーク全体の雰囲気が異なってくるのである。⑥装置性とは，アトラクションなど装置に莫大な資金を必要とすることをいう。たとえば東京ディズニーランドの「トイ・ストーリー・マニア！」の投資額は約115億円，「スター・ツアーズ：ザ・アドベンチャーズ・コンティニュー（3Dライドアトラク

ションにリニューアル）」の投資額は約 70 億円と，それぞれのアトラクションに莫大な費用がかかっている。⑦創造性とは，常に新しいアトラクションなどを企画・運営する必要があることをいう。何度も来場してもらうためにも追加投資を行い，さまざまなアトラクションを創造し，導入，リニューアルを行うことが必要である。⑧エンターテイメント性とは，来場した顧客を楽しませる，感動させる特別な仕組みが必要である。アトラクションのみならず，パレードやイベントをはじめとして，さまざまな場面や場所で特別な仕組みを考え，顧客を楽しませることが重要となる。

　このような特性をもつテーマパーク・ビジネスでは，どのようなサービスを提供しているのか，次節でまとめておこう。

（2）テーマパーク・ビジネスが提供するサービス

　テーマパーク・ビジネスで提供されているサービスの基本は，第一に，安全で清潔なことがあげられる。スリル満点のアトラクションなどは，定期的かつ綿密なメインテナンスによって安全性が維持されている。安全性の確保は，安心してパークを楽しむための基本的なサービスである。パーク内が清潔であることも，気持ちよくパーク内のアトラクションやショーを楽しむための基本的なサービスである。第二に，良質なエンターテイメントがあげられよう。テーマに沿ったアトラクションやショー，レストラン，物販店などのテーマパーク・ビジネスが提供するサービスを通して，顧客はあたかもその世界にいるような気分になったり，ストレスを解消したり，感動を経験することができる。伊藤（1994）[5] は，パークが舞台の提供者であり，顧客自身が主役になって自由に演じることができるように情感演出に優れ，顧客の気分を高め酔わせることが重要である。そのためには，パーク内のそぞろ歩きにも食事にも買い物にも，すべてアトラクションに負けないエンターテイメント性の高い楽しさを提供することが必要となることを指摘している。第三に，感動経験をあげることができる。たとえば，冒頭にあげた神林さんたちはテーマパークに行って，アトラクションに乗ったり，ショーを見たり，また従業員との関わりをもつこと

で，ストレス解消し楽しさや感動を経験した。このようにテーマパークは顧客にさまざまな要因によるサービスを通して，感動経験を提供する。その結果，顧客は楽しい思い出を持ち帰ることが可能となる。このように思い出に残る経験を演出することが，テーマパーク・ビジネスにおいて，顧客に期待を上回る満足を提供するための重要な要因である。パインとギルモア（Pine & Gilmore, 1999）が指摘しているように，テーマパーク・ビジネスにおいても経験という価値を生み出すことが重要なのである。

　以上のように，テーマパーク・ビジネスは8つの特性をもち，そこで提供しているサービスはまず安全で清潔であり，良質なエンターテイメントを提供することで顧客に感動経験を提供することが明らかになった。第4節では，このようなサービスを提供し，顧客に楽しかった思い出を記憶に残し続ける努力をしている企業として，「合同会社ユー・エス・ジェイ」を取り上げ，その企業が運営しているテーマパークである「ユニバーサル・スタジオ・ジャパン」の発展と挑戦について明らかにする。

4．ユニバーサル・スタジオ・ジャパンの発展

（1）米国ユニバーサル・スタジオ

　ユニバーサル・スタジオ・ジャパンの概要に触れる前に，米国のユニバーサル・スタジオについて簡単に触れたい。

　1915年，カール・レムルは養鶏場の跡地に"ユニバーサル"という名の映画撮影所を開設した。その撮影所を訪れた人々は一人25セント支払って，スタジオから提供されるお弁当を食べ，野外観覧席に座ってサイレント映画が作られていく様子を見ながら楽しんだ。それまでは関係者以外は映画撮影の舞台裏を見ることができなかったのが，はじめて一般に公開された。これはハリウッドの歴史を大きく変える出来事であり，ユニバーサル・スタジオの映画をテーマにしたエンターテイメントの原点であるといわれている。

　1964年，カリフォルニア州ロサンゼルス市の映画・テレビ撮影所の中心地

であるハリウッドに，ユニバーサル・スタジオ・ハリウッドが開業した。映画の撮影スタジオの表と裏を見せるという新しいスタイルのテーマパークとして人気を博し，現在でもオリジナル映画やテレビをベースとしたライブ・エンターテイメントを提供している。

　1990 年には，フロリダ州オーランドにユニバーサル・スタジオ・フロリダがテーマパークとして開業された。1993 年にパークの入口付近に 1950 年代をテーマとしたユニバーサル・シティウオークができた。1999 年には，フロリダ第 2 のテーマパークとして，アイランズ・オブ・アドベンチャーがユニバール・スタジオ・フロリダの隣接地に開業，そこに 2010 年 6 月 18 日に映画の「ハリー・ポッター」の世界を忠実に再現した「ザ・ウィザーディング・ワールド・オブ・ハリー・ポッター」がオープンし，人気を博している。

　現在ユニバーサル・スタジオは，アメリカ本土のハリウッド，フロリダ以外に，海外では日本のユニバーサル・スタジオ・ジャパンに加えて，2010 年にユニバーサル・スタジオ・シンガポール，2021 年 9 月にはユニバーサル・スタジオ・北京が開業している。

（2）ユニバーサル・スタジオ・ジャパンの発展

1）ユニバーサル・スタジオ・ジャパンの概要

　1994 年 12 月に大規模テーマパークの開発建設のための企画および調査などを目的として，大阪市港区に大阪ユニバーサル企画株式会社が設立された。1996 年 2 月には米国法人エムシーエー・インク（現ユニバーサル・スタジオ・インク）との間にテーマパーク「ユニバーサル・スタジオ・ジャパン」の企画，建設および運営に関する基本契約を締結し，商号を株式会社ユー・エス・ジェイに変更した。1998 年 3 月に米国法人ユニバーサル・スタジオ・インク，他ユニバーサルグループ各社との間に「ユニバーサル・スタジオ・ジャパン」の企画，建設および運営に関するライセンス契約を締結し，2001 年 3 月大阪市此花区にユニバーサル・スタジオ・ジャパン（Universal Studio Japan）を開業した（写真①）。

写真① ユニバーサル・スタジオ・ジャパン エントランス®
(写真提供 ユニバーサル・スタジオ・ジャパン)

　パークは大阪市を筆頭株主として，株式会社ユー・エス・ジェイが事業主体
で，出資者に名を連ねている住友金属と日立造船の工場跡地に開業した。総工
費1,700億円で，敷地面積が540,000m²（パーク面積は390,000m²）であった。

　ユニバーサル・スタジオ・ジャパンはユニバーサル・スタジオとしては3番
目のテーマパークであり，海外では日本がはじめての進出であった。開業当時
は8つのエリアがあり，街並みを再現した「ハリウッド・エリア」，「ニュー
ヨーク・エリア」，「サンフランシスコ・エリア」，映画をもとにした「ジュラ
シック・パーク」，「ウオーターワールド」，「アミティ・ビレッジ」，日本のみ
のエリアである「ウエスタン・エリア」，「スヌーピー・スタジオ」からなって
いた。アトラクションは18施設で，いずれもアメリカで評判の良かったもの
と日本独自のアトラクションがつくられた。

　開業初年度は1,100万人の入場者があり，世界でもっとも早く1,000万人を
達成したパークであった。2012年10月29日には開業時から累計入場者数が
1億人を突破した。

　2014年7月に総工費450億円をかけて「ウィザーディング・ワールド・オ
ブ・ハリー・ポッター」のエリアがオープンし，多くの入場者を魅了してい
る。このように合同会社ユー・エス・ジェイ[6]は追加投資を行い，新規アト
ラクションの導入やリニューアル，ショーの新設を行い，さまざまなゲストの

期待にこたえるサービスと世界最高のエンターテイメントを提供しようとしている。その結果，ユニバーサル・スタジオ・ジャパンは世界のテーマパークの入場者ランキングでも 5 位にランクインし，世界のユニバーサル・スタジオの中でも一番入場者が多い（図 10 - 2）。

　ユニバーサル・スタジオ・ジャパンのアトラクションやパレードは，国際団体テーマエンターテイメント協会からその素晴らしさを認められ，多くの賞を受賞している（表 10 - 2）。

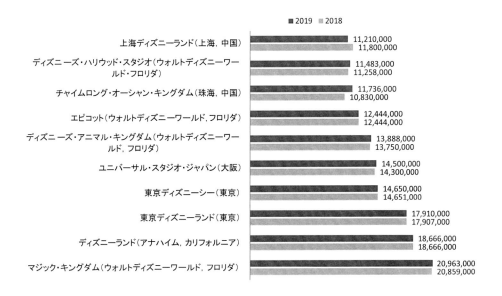

図10 - 2　世界の主要テーマパーク・トップ 10 の 2018 年～ 2019 年の増減
（単位：人数）

（2020 年　Theme Index Museum Index 2020 :
Global attraction attendance report より筆者作成）

表10－2　ユニバーサル・スタジオ・ジャパンが受賞したアトラクションとショー

企画名	種類	受賞した賞
ウオーターワールド	ライブスタントショー	1996年度，2017年度THEAアワード受賞
アニメ・セレブレーション	アトラクション	2002年度THEAアワード，アウトスタンディング・アチーブメント賞
ピーターパンのネバーランド	アトラクション	2007年度THEAアワード，イベント・スペキュタクラー部門のアウトスタンディング・アチーブメント賞
天使のくれた奇跡	ショー	2009年度IAAPA主催ビッグEアワードの総合プロダクション部門最優秀賞
マジカル・スターライト・パレード	パレード	2009年度ビッグEアワードの総合プロダクション部門特別賞
スペース・ファンタジー・ザ・ライド	アトラクション	2011年度THEAアワードのアトラクション部門のアウトスタンディング・アチーブメント賞
ピーター・ヴァウター	ショー	2012年度IAAPA主催ブラス・リング・アワード，ライブ・エンターテイメント・エクセレント部門最優秀男性パフォーマンス賞
ユニバーサル・レインボー・サーカス		2013年度IAAPA主催ブラス・リング・アワード，ライブ・エンターテイメント・エクセレンス部門の最優秀総合プロダクション賞
天使のくれた奇跡Ⅱ〜The Song of an Angel〜	ショー	2013年度THEAアワード，ライブ・ショー部門のアウトスタンディング・アチーブメント賞
天使のくれた奇跡Ⅲ〜The Voice of an Angel〜	ショー	2017年度IAAPA主催　ライブ・エンターテイメント・エクセレント部門最優秀賞
ヴァイオリン・トリオ	ストリートパフォーマンス	2017年度IAAPA主催　アトモスフィア／ストリートショーパフォーマンス／アクト部門最優秀賞
ユニバーサル・スペクタクル・ナイトパレード　〜ベスト・オブ・ハリウッド〜	パレード	2018年度THEAアワード，ライブショースペクタキュラー部門受賞

（筆者作成）

２）合同会社ユー・エス・ジェイの企業ビジョンと行動規範

　合同会社ユー・エス・ジェイは企業ビジョンとして，以下をあげている。

『私たちは，ゲストの期待を常に上回る「ワールドクラスの体験」を提供し，世界のエンターテイメント・リーディングカンパニーを目指します。』

　この企業ビジョンを達成するために，合同会社ユー・エス・ジェイはゲスト，取引先，クルー[7]，企業市民，それぞれに対する行動規範を規定している。たとえば，ゲストに対しては，①安全と衛生，②クオリティの追求，③情報の提供，④エンターテイメントをあげている。①安全と衛生では，テーマパークの基本のサービスである安全と衛生を最優先にすることで，ゲストに安心してパークを楽しんでもらうことを第一の行動規範としている。②クオリティの追求では，ゲストの声に誠実に耳を傾け，仕事の改善に役立てることで，質の高いサービスを追求するとしている。この行動規範は後述するクルーの行動に強く反映されている。③情報の提供では，ゲストが求め役に立つ情報をより正確に，迅速に，わかりやすく提供することをあげている。ここでは，ゲストとのコミュニケーションの重要性を規定している。④エンターテイメントでは，全員がエンターテイナーの気持ちで行動することで，ゲストにパーク体験を楽しんでもらうことを心がけることが決められている。これらの行動をクルーが充分に行うことができるように，クルーに対して，企業が企業として責任をもって行うべき行動規範として，①安全で清潔で快適な環境づくり，②人格・人権の尊重，③公正な評価をあげ，従業員ならびに社会に公表，約束をしている。

　以上のように，ユニバーサル・スタジオ・ジャパンがどのように発展してきたか，そのために合同会社ユー・エス・ジェイが掲げる企業ビジョンについて明らかにしてきた。次にさらなる感動をゲストに提供するために，合同会社ユー・エス・ジェイが行っている挑戦について明らかにしてみよう。

5. 合同会社ユー・エス・ジェイの挑戦

(1) ブランド戦略の変更

　2001年にユニバーサル・スタジオ・ジャパンは映画のテーマパークとしてオープンした。キャッチフレーズは「ザ・パワー・オブ・ハリウッド (2001年～2002年)」,「映画の世界に飛びこもう (2003年～2004年)」とし,若者層をターゲットとして,体験アトラクションとの機能的なつながりを重視したパーク設計にしていた。しかし,2004年にブランド戦略の大幅な変更を図り,ターゲットを女性層,家族層へと変更し,ワールドクラス・ファミリー・エンターテイメントを提供するパークへと移行することとした。テーマの拡大も行い,「ゲストがどうなれる」に変え,パーク内での体験を通じた情緒的なつながりを生み出す仕掛けづくりを行った (図10-3)。大規模な投資によるメガアトラクションをゲストに提供するのではなく,シーズンごとに「ゲストがどうなれるか」,つまりパーク内でのさまざまな体験ができるようにシーズンイベントを開催する戦略に変更したのである。

　パーク5周年を迎えた2006年にはキャッチフレーズを「物語は,ここで生まれ変わる」とし,「ピーターパンのネバーランド」,オズの魔法使いをテーマとした「ランド・オブ・オズ」などのように日本人にもなじみの深いストーリーを導入した。2011年は10周年として「史上最大,最高のハッピー・サプ

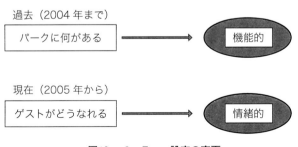

図10-3　テーマ設定の変更

(中井,2013より一部修正して作成)

ライズ」をキャッチフレーズとして掲げ，ＣＭに父と娘を登場させ，普段一緒に来る機会の少ない父と娘にも来てほしいというアピールを行った。2012 年には新エリア「ユニバーサル・ワンダーランド」をオープンし，スヌーピー，エルモ，ハローキティのキャラクターが一堂に介するエリアを作り，「世界最高をお届けしたい」をキャッチフレーズとした。それは，2014 年 4 月に「ウィザーディング・ワールド・オブ・ハリー・ポッター」エリアを導入することが決定していたからである。つまり，このエリアを導入することで関西のテーマパークから日本のテーマパークへの脱皮を行ったのである。2017 年には新エリア「ミニオン・パーク」をオープンし，家族が楽しめる場所になっている。2021 年には，世界初の「任天堂」のテーマエリアである「スーパー・ニンテンドー・ワールド」をオープンし，日本が誇るエンターテイメント・ブランドの魅力を日本国内のみならず世界へ発信している。

**写真②　スーパー・ニンテンドー・ワールド
マリオカート〜クッパの挑戦状**
（ユー・エス・ジェイ 企業サイトより）

（2）パーク体験と感情領域の拡大

　このようなブランド戦略の変更により，ゲストのパーク体験はどのように変化したのか考えてみよう。2004 年まで，パークでの体験はアトラクションに依存した刺激系の体験（エキサイティング）であり，その体験を通してゲストに

ストレス解消と感動を与えていた（図10-4）。ゲストは「パークに何がある」
と期待してパークを訪れ，パークはアトラクションを楽しむ場所であった。そ
のためパークは，いわば単一的な価値（エキサイティングという刺激系の価値）を
提供していたことから，新アトラクションがない限りはリピート来場につなが
りにくいという弱点をもっていた。そこでゲストが感じる感情領域を拡張す
る，あるいはシフトできるようにパークを変えていった。パークのもつ強みで
あるエキサイティングな体験ができる要素を生かしながら，「ゲストがどうな
れるか」，つまりゲストがパークに来て多彩な楽しみ，多彩な感情を経験でき
るように変えていったのである（図10-5）。

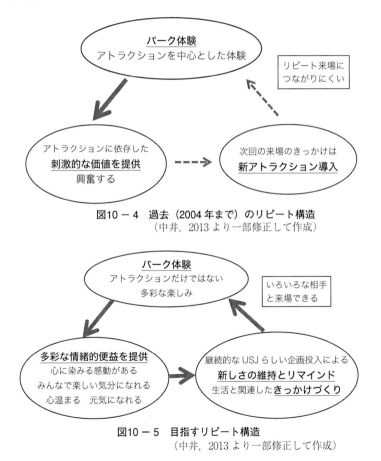

図10－4　過去（2004年まで）のリピート構造
（中井，2013より一部修正して作成）

図10－5　目指すリピート構造
（中井，2013より一部修正して作成）

　パークをアトラクションだけではない多彩な楽しみが経験できる場所，特別な思い出や絆を作れる場所，日常を忘れて思いっきり楽しめる場所，新鮮な感動に触れることができる場所として設計することによって，ゲストは心に染みる感動を経験できる，みんなで楽しい気分になれるなど，多彩な感情を経験できるようになったのである。その結果，ゲストはあるときは恋人と，別の時には友人と，そして家族と一緒にと，さまざまな人と来場したいと考えるようになり，リピーターとしてパークに足を運ぶことができるようにしたのである。

　このように多彩な情緒的便益をゲストに提供し，リピーターとなってもらうためには，継続的なユニバーサル・スタジオ・ジャパンらしい企画投入による新しさの維持とリマインドが重要となる。ユニバーサル・スタジオ・ジャパンらしい企画投入では，たとえば 2007 年，究極のコースターとして「ハリウッド・ドリーム・ザ・ライド」，2009 年には夜のパレード「マジカル・スターライト・パレード」，2014 年には話題の「ウィザーディング・ワールド・オブ・ハリー・ポッター」の企画を導入，2021 年，フロートとマッピングによるパレード「ユニバーサル・スペクタクル・ナイト・パレード〜ベスト・オブ・ハリウッド」を導入するなど，ユニバーサル・スタジオ・ジャパンらしい新企画投入を行っている。

　開業 15 周年を迎えた 2016 年には「RE-BOOOOOOOORN（リ・ボーン）！さあ，やりすぎよう，生き返ろう」をテーマに，最新鋭コースター「ザ・フライング・ダイナソー」をはじめとして，これまでのテーマパーク概念を吹き飛ばす「やり過ぎ」アトラクションやイベントを実施した。ゲストのさまざまな感情便益を刺激し，脳を活性化し，元気にして若返らせるという目的で行ったのである。2020 年 2 月からはブランドのテーマを「NO LIMIT!」に変更し，限界をもたないアイデアとチャレンジ精神によって生み出すテーマパーク体験が，2020 年のコロナ禍で生じた人々の不安やストレスを解消し，超元気になれるようにという目的で実施されている。2021 年に創立 20 周年を迎え，引き続き「NO LIMIT!」をテーマに，「ワクワクドキドキ」をさらに超えるさまざまなイベントを開始している。テーマ「NO LIMIT!」は，創立 20 周年を記念

して行うイベントを開始することを表す言葉としてだけでなく，ユニバーサル・スタジオ・ジャパンがゲストに提供する価値を端的に表す言葉として，さらにはクルーに対するメッセージとしての役割をもつという。

　また，新企画はそれを立ち上げた当初は集客力があがるものの，その後ニュースなどで取り上げられないと集客力が落ちてくることから，ゲストに思い出してもらうリマインドを行うことで集客力のアップを図っている。たとえば2007年に投入された「ハリウッド・ドリーム・ザ・ライド」は，2013年には「ハリウッド・ドリーム・ザ・ライド～バックドロップ」としてゲストに公開し，既存のアトラクションに新しさを付加することで再度パークに足を運んでもらう，2018年には，進化させた「ハリー・ポッター・アンド・ザ・フォービドゥン・ジャーニー」を登場させる，あるいは夏のイベントやハロウィン，クリスマスなどの季節と家庭の行事を結び付けることでリマインドを行い，季節や行事ごとにゲストが新たな感動を経験できるようにしているのである。

　また，ユニバーサル・スタジオ・ジャパンの本質からはずれない形での他の企業とのコラボレーション企画を打ち出していることも，ゲストに多彩な楽しみを提供するために重要な役割を担っている。たとえば，夏のシーズンには人気アニメーションの「ワンピース」(2007年, 2010年～) によるショーや「NARUTO」(2008年, 2009年)，冬のシーズンには人気ゲームの「モンスターハンター」(2011年, 2012年, 2014年) をテーマとしたイベント「モンスターハンター・ザ・リアル」，2021年には「鬼滅の刃　XRライド」(写真③) などを開催し，これらは投資額が小さいものの期間限定と話題性で集客効果が大きく，ユニバーサル・スタジオ・ジャパンの快進撃を支える要因の一つとなっている。

（3）クルーの役割と教育制度

1）クルーの役割の重要性

　2005年から行ったブランド戦略変更とテーマ拡大により，今まで以上にクルーの役割が重要となっている。つまり，アトラクションに依存しない，多彩

写真③　「鬼滅の刃　XR ライド」
（ユー・エス・ジェイ 企業サイトより）

な楽しみをゲストに提供し，その結果，ゲストにさまざまな情緒的感動を経験してもらうためには，クルーからゲストへの働きかけが必要だからである。そのため，2009 年，合同会社ユー・エス・ジェイは「マジカル・モーメント・プロジェクト（Magical Moment Project）」といわれる新プロジェクトを立ち上げ，2014 年からは，「マジカル・モーメント・プログラム（以下，MMP と記す）」を実行している。加えて，2018 年からは「Crew is the No1 Attraction!」を掲げ，クルーの価値を最大化させ，他とは比較できないユニバーサル・スタジオ・ジャパンのクルー独自の魅力を発信するよう試みている（中井，2021）（図 10 - 6）。

　まず，「ありえない "ワクワクドキドキ"」というブランドは，①私たちのありたい姿，②私たちの大切にしているもの，③私たちのアクションの 3 つの要素で構成されている。①私たちのありたい姿は，「どこにもない瞬間を生み出す」ことで，そのために，②私たちが大切にしているものとして，ゲストに徹底的に寄り添いプロフェッショナルに，ゲストとともに楽しみ，チームワークでそこまでやるのかといわれるようなことに挑戦する。それをゲストに提供する際には，③私たちのアクションとして，PIA（Positive Interaction：ポジティブ・インターアクション；以下 PIA と記す）と BASIC が重要となる。クルーは PIA，

Magical Moment Program

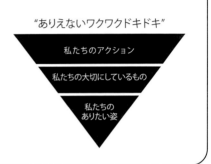

図10－6 マジカル・モーメント・プログラム
(中井，2021 より作成)

つまり積極的にクルーからゲストに対して声かけをすることによって「マジカル・モーメント (Magical Moment)」を創る。「マジカル・モーメント」とは，PIA によってゲストとクルーとの心が通じあえた瞬間をさす。また PIA を行う際に，ゲストとの対応において基本を踏まえた上で声かけをすることが重要であることから，5つの基本ポイント，BASIC が重要となる。それらは，Behavior (ふるまい)，Appearance (身だしなみ)，Safety (安全)，Information (情報)，Cleanliness (清潔) である。それらを守って行動することで有効な PIA が生まれる。この PIA と BASIC によって「マジカル・モーメント」が創られ，結果的にゲストに「ありえないワクワクドキドキ」を経験させることが可能となるというのである。つまり，ゲストに今まで経験したことのないほどの多彩な情緒的感動を経験してもらうことができるのである。

　その瞬間をゲストとクルーが共有することによって，双方に付加価値が与えられる。ゲストとクルーとの心の交流が生まれ，それはゲストに感動と満足感を与え，パークへのリピートを促すことになる。クルーにとっては，ゲストに

声をかけることで生まれるゲストとの関係性によって，直接ゲストからの反応を得られる機会が多くなることで，仕事に対するモチベーションの向上につながるのである。

2）教育制度の充実

　クルーがゲストに「BASIC」をふまえた上で PIA を行い，多くの「マジカル・モーメント」を創るためには，クルーの仕事への動機づけが必要であり，そのためには充実した教育制度が不可欠である。

　オリエンテーションでは，接客を行う上での基本的な対応として，スマイル，アイコンタクト，言葉遣い，姿勢の 4 つの基本的なトレーニングを行っている。それは，スマイル，アイコンタクトが，第 6 章でとりあげたように，ゲストに好感をもっていることを伝え，コミュニケーションをスタートさせるための重要な行動であり，正しい言葉遣いや姿勢は，相手に敬意をもっていることを示すマナーの 1 つであるからである。

　また，「マジカル・モーメント」の研修では，たとえば，スクリーンに映し出された小学生の子どもの写真を見てどう声をかけるかを考える。15 人が 3 組に分かれ，30 秒でいくつの言葉を考えついたかを競う。マニュアルにある言葉ではなくクルー自身の言葉で声かけをすることでゲストに親しみを感じてもらい，コミュニケーションをスタートさせることができる。実際に「マジカル・モーメント」を始めたことで，ゲスト満足度調査でクルーの対応をあげるゲストが増加しているという。クルーは担当部署の仕事を最優先としながらも PIA でゲストと積極的にコミュニケーションを行うことで，ゲストに期待以上の感動や満足感を与えている。

　また，正社員の研修としては，①自己成長と②選択機会の提供を通して社員自身が主体的にキャリア形成をしていくことができるようなサポートシステムが提供されている。①自己成長のための社内教育として，ユニバーサル・アカデミーという社内大学内では，新入社員研修，中堅社員研修などの階層型プログラムとリーダーシップ研修，コミュニケーション研修などをはじめとした選

択型プログラムが用意されている。②選択機会の提供としては，社員対象に社内公募制があり，自分でキャリアチャンスをつかめるような機会が提供されている。そのために，キャリア面談や異動希望を随時申請できる環境がある。また，社員の評価とキャリアについては，毎年目標設定を行うパフォーマンスマネジメントを採用し，マネージャーによる個々人の「対話とディベロップメント」を重視している。つまり，高頻度のコミュニケーションを通して，相互に質問・理解・納得し，パフォーマンスの最大化と個々人の育成を図っているのである。そして，「成果」と「行動」を統合してパフォーマンスと定義し，パフォーマンスの発揮度合に応じて，育成機会や報酬（昇給・賞与）を提供している。

（4）With コロナ期におけるパーク運営

　2020 年に発生した新型コロナウイルス感染症の蔓延によって，テーマパーク業界も休園を余儀なくされ，大きな影響を受けた。その結果，2020 年の世界のテーマパーク入場者数は，マジック・キングダム（ウォルトディズニーワールド・フロリダ），上海ディズニーランド（中国）についでユニバーサル・スタジオ・ジャパンは第 3 位であったものの，入場者数は前年度比 65.2% 減の4,901,000 人であった（TER 公式ホームページより）。緊急事態宣言によって休園や時間短縮が行われたが，2020 年 2 月からブランドのテーマを「NO LIMIT!」に変更し，訪れたゲストに "超感動と超興奮" 体験をしてもらい，日本を【超元気】にすることを宣言している。

　これらを実行するために，国が公表している「遊園地・テーマパークにおける新型コロナウイルス感染拡大予防ガイドライン」に沿って，ゲストとクルーへの感染防止対策を行っている。また，アルコール消毒やマスクができないゲストのために，アルコール不可がわかるシールや，マスクが着用できないことがわかるシールを作成，配布している。

　感染予防のマスク着用，ディスタンスの確保，大声禁止などの厳しい状況の中で，クルーがゲストとの PIA を実行するために，さまざまな対策が実行さ

れた。まず，クルーはアイコンタクトの強化として，目の表情を豊かにするトレーニングを行い，マスクをしていても顔全体の動きでゲストに笑顔が伝わるようにした。また，一つひとつのジェスチャーを大きくすることで，ゲストとの距離をとりながらもコンタクトができるようにした。たとえば，"エアハイタッチ"を行うことで，近くにいないゲストとのコンタクトをとれるようにしたり，エンターテイメントショーでは"拍手""地団駄"での参加を促し，声を出さない演出を行った。さらに，"大声プロップス"を製作し，ホワイトボード部分にゲストが叫びたいことを書いてもらい，あたかも叫んでいるようにして写真をとる（写真④）ことで，記憶に残る経験となる様に工夫を行い，ゲストとの PIA を通して「マジカル・モーメント」を創りだすよう試みたのである。

写真④　大声プロップス

（写真提供　ユニバーサル・スタジオ・ジャパン）

（5）合同会社ユー・エス・ジェイの挑戦

　合同会社ユー・エス・ジェイは，「クルーが一番のアトラクション」と位置づけ MMP を行い，With コロナ期の中でゲストとの距離をとりながらも，クルーはゲストに笑顔でアイコンタクトを行いながら挨拶をすることで，ゲストに歓迎の気持ちや親しみやすさを伝えることができる。クルーがコミュニケー

ションのきっかけを作ることで，新しい関係性が生まれる。それは，マニュアルに決められた対応を行う固定的サービスを提供するのではなく，ゲストとの関わりの中で，ゲストのニーズに合った対応を臨機応変に行う応用的サービスを提供することになる。したがって，いつもゲストのニーズに合った対応をできるかどうか確実性は低く，むしろ不確実性の高い状況でのサービスを提供することになる（第1章を参照のこと）のである。それでもあえて PIA を通してゲストとコミュニケーションを行うことは，ゲストとの交流を生み，ゲストのニーズを理解したり，満足度を知ることができる。また，ゲスト自身が気付かないニーズをみつけ，それを提供することも可能であろう。つまりクルーとゲストとが協働することで新たなアトラクション，ショー，イベントなどのヒントをもらい新規開発に生かすことが可能となるのである。これは合同会社ユー・エス・ジェイが企業ビジョンを達成するために，ゲストに対する行動規範（②クオリティの追求）であげていることでもある。ゲストとの関係性の中で，クルーは自分の行った行動でゲストが喜んだり，感動している姿を身近で見ることができるため，クルーのモチベーションも向上する。このように合同会社ユー・エス・ジェイは，個人のホスピタリティに頼るのではなく，組織としてホスピタリティを生み出し，ゲストに思い出に残る感動経験を提供する仕組みを作っているのである。

　合同会社ユー・エス・ジェイが組織として，パークの中でのホスピタリティとしての「マジカル・モーメント」を創りだし，その結果，感動経験をゲストに提供している仕組みを整理してみよう（図10 - 7）。

　パークはアトラクション・ショーの新規企画の開発と維持，季節ごとの新規企画，継続した追加投資，ユニバーサル・スタジオ・ジャパンの本質からはずれないコラボレーションによって，創造的でエンターテイメント性の高いアトラクションやショーが維持され，加えて，商品・メニューの開発，親しみやすいキャラクター，テーマに沿った物販店や飲食店，安全で清潔なパークによって，パークが支えられている。また，クルーは，合同会社ユー・エス・ジェイのコンセプト，MMP の取り組み，充実した教育制度，自己成長と選択の機会

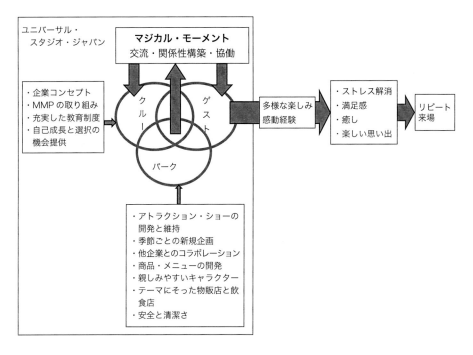

図10−7　ユニバーサル・スタジオ・ジャパンの仕組み
(筆者作成)

提供などによって，ゲストとの PIA を通して交流を生み出している。ゲスト
は，創造的でエンターテイメント性の高いアトラクションに乗るだけでなく，
クルーとの交流を通して，ストレス解消，癒し，感動経験をする。これによっ
てゲストは思い出に残った経験をもう一度したいと思い，再度パークを訪れ
る。クルーからの声かけによって生じる「マジカル・モーメント」に感激を
し，ゲストとクルーの感情的なつながりが醸成されることで，再度クルーと関
わりを持ちたいと考え，パークを二度三度と訪れるゲストもいる。これは，観
光地において，最初は美しい景色に感激をするものの二度三度訪れる人は，そ
の地の人々との関わりに感激し，再訪するという先行研究を支持するものであ
る（Pena, Jamilena & Molina, 2013）。クルーとのコミュニケーションにおいて期待

以上の楽しさが得られれば，満足度は大きく向上し，滞在時間延長にも寄与するのである（山口, 2008）。

　このようにユニバーサル・スタジオ・ジャパンは，テーマパークの使命でもある安全で質の高いアトラクションを提供することに加えて，ゲスト，クルー，パークとの情緒的つながりを重視している新しい形のテーマパークである。これは，アトラクションやショーを重視し，クルーがマニュアルに沿った対応を行い，ゲストから求められた情報のみを伝える最小限の形での関わりを行っている従来のテーマパークとは異なることを意味している。合同会社ユー・エス・ジェイはクルー，そしてパーク全体がゲストに歩み寄り，ゲストを巻き込み，協働して感動を創り上げていくという，いわば現存のテーマパークにはない形を創りあげようと挑戦しているのである。この姿勢は，Withコロナ期においても変わらない。これがユニバーサル・スタジオ・ジャパンの魅力であり，ゲストに感動を提供し続けている理由でもある。

【注】

1）中島（2013）は，テーマパークが生活文化産業でもあり，その産業において，特に余暇の充実を目的に，体を動かし，何かに参加し，同行者との楽しい時間を共有するための施設を提供する産業と位置づけられるとしている。

2）アトラクション施設とは，映像，ライド（乗り物），ショー，イベント，シミュレーション，仮想体験（バーチャルリアリティ），展示物の施設などをいう（経済産業省「平成22年特定サービス産業実態調査」ホームページより）。

3）オランダ村と同様のコンセプトをもつハウステンボス（佐世保市）が1992年に開園し，オランダ村はそのサテライトパークとして営業を続けたものの，ハウステンボスの経営不振などの影響を受け，2001年10月21日に閉園した。

4）東京セサミプレイスは2006年12月31日閉園している。

5）伊藤（1994）は，もてなすこと（エンターテイメント）を一つのテーマ性のもとにくくり，顧客が情感を満喫することができるようなさまざまな工夫がなされているテーマパークをエンターテイメント・テーマパークとしている。

6）2018年10月，社名を「合同会社ユー・エス・ジェイ」に変更した。

7）ユニバーサル・スタジオ・ジャパンでは，来場する顧客をゲストと呼び，パークで働く従業員をクルー，ショーに出演する従業員をキャストと呼んでいる。

引用文献

Clawson, M., & Knetsch, J. L.　1967　*Economics of outdoor recreation*, Baltimore, MD : Johns Hopkins Press.

伊藤正視　1994　人が集まるテーマパークの秘密　日本経済新聞社　5 刷.

Lee, Y., Dattilo, J., & Howard, D.　1994　The complex and dynamic nature of leisure experience, *Journal of Leisure Research*, **26**, 195-211.

Mannell, R. C., & Kleiber, D. A. 1997 *A social psychology of leisure*, Venture Publishing Inc.　速水敏彦（監訳）　2004　レジャーの社会心理学　世界思想社

松井洋治　2001　国内テーマ・パークの盛衰と今後の方向性に関する考察　埼玉女子短期大学研究紀要　**12**, 259-272.

中井彰基　2013　研修用資料

中井彰基　2021　研修用資料

中島恵　2013　テーマパーク産業の形成と発展—企業のテーマパーク事業多角化の経営学的研究—　三恵社

根本祐二　1990　テーマパーク時代の到来　ダイヤモンド社

Pena, A. I. P., Jamilena, D. M. F., & Molina, M. A. R. 2013 Antecedents of loyalty toward rural hospitality enterprises : The moderating effect of the customer's previous experience, *International Journal of Hospitality Management*, **34**, 127-137.

Pine Ⅱ B. J., & Gilmore, J. H. 1999 *The Experience Economy*, Harvard Business School Press.　岡本慶一・小髙尚子（訳）　2013　【新訳】経験経済　脱コモディティ化のマーケティング戦略　ダイヤモンド社

竹山貴子　2008　近代的聴衆の誕生と子ども　人間文化創成科学論叢　**11**, 369-378.

徳江順一郎　2011　関係性とサービス，ホスピタリティ概念，徳江順一郎（編者）サービス＆ホスピタリティ・マネジメント　産業能率大学出版部　Pp. 35-53.

山口有次　2008　観光・レジャー施設の集客戦略　日本地域社会研究所

大和里美　2010　テーマパーク—思い出に残る感動の演出　高橋一夫・大津正和・吉田順一（編著）　1 からの観光　碩学社　Pp. 65-81.

参考 URL

https://www.usj.co.jp/company/news/2020/1105.pdf　合同会社ユー・エス・ジェイ ニュースリリース 「テーマは「NO LIMIT!」さらなる "超感動・超興奮" 体験で日本を【超元気】にします！」 2021 年 10 月 25 日閲覧

https://recruit.usj.co.jp/career/company/vmvs.html 合同会社ユー・エス・ジェイ 公式サイト 会社を知る 2021年10月29日閲覧

https://www.usj.co.jp/company/news/2021/0318.html 合同会社ユー・エス・ジェイ ニュースリリース "世界初"となる「任天堂」のテーマエリア 『SUPER NINTENDO WORLD』の新エリアビジュアル＆新情報を公開！ 2021年10月29日閲覧

https://www.usj.co.jp/company/news/2021/0712.html 合同会社ユー・エス・ジェイ ニュースリリース 作品史上初の超体感"VRジェットコースター"『鬼滅の刃 XRライド』 2021年11月10日閲覧

https://www.teaconnect.org/images/files/TEA_369_18301_201201/pdf Themed Entertainment Association（TEA）公式ホームページより Theme Index Museum Index 2019 : Grobal Attraction Attendance Report. 2021年9月25日閲覧

http://www.meti.go.jo/stastics/tyo/tokusabizi/ 経済産業省「平成22年特定サービス産業実態調査」ホームページ 2013年12月13日閲覧

コラム10 ホテルもテーマパーク？

　ディズニー・アニマルキングダム（Disneys Animal Kingdom）[1] で 1 日楽しんだあと，ホテルに宿泊。翌日の朝，ベランダに出たら，目の前にキリンがいた。あなたは驚きと感動でいっぱいになる。パークを出てもあなたの感動は続くのである。

　このような驚きと感動を与えるホテルであるディズニー・アニマルキングダムヴィラ（Disneys Animal Kingdom Villas）[2] は，キダニ・ビレッジ（Kidani Village）とジャンボハウス（Jumbo House）の 2 つからなるヴィラタイプ（キッチン付きの客室）のホテルである（写真①）。

写真①　ディズニー・アニマルキングダムヴィラ
　　　キダニ・ビレッジ
（ディズニー・アニマル・キングダム　公式ホームページより）

　このホテルは，宿泊ビジネスでありながらもテーマパーク・ビジネスが提供するサービスを提供しているホテルである。両者のビジネスは感動という経験を提供することが重要であるといわれているが，その経験は顧客にとってさまざまな次元で捉えられる（Pine & Gilmore, 1999）（図 10 - 1）。

　図 10 - 1 に示した第一の軸である横軸は，顧客参加のあり方であり，それには受動的参加と積極的参加がある。受動的参加は，コンサートや映画を見に行くなど，顧客は製品やサービスに直接的に関わったり影響を及ぼしたりしない。積極的参加は，スキーやスケートをするなど，顧客が経験につながるイベントや行動に積極的に関わることをいう。第二の軸である縦軸は，顧客と経験を深く結びつける関係性，状況性であり，顧客が経験に吸収されている状態と，顧客が経験に投入されている状態がある。前者は，夢中になってテレビ番組を見ているなど，顧客がその経験に夢中になっている状態をさす。後者は，テーマパークでアトラクションに参加をするなど，顧客がその経験に，物理的にあるいはバーチャルに入り込んで経験の一部になりきっている状態をさしている。これらの 2 つの軸を組み合わせることで，経験の 4 領域が決まるとしている。

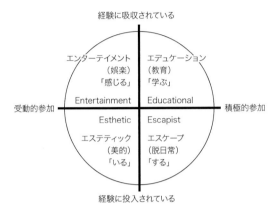

図10-1 経験の4領域

(Pine & Gilmore, 1999 より一部修正し作成, p. 57)

領域① エンターテイメント (Entertainment：娯楽)

演劇やダンスを見る，音楽を聴くなどを通して，楽しむ，癒されるなど感覚を受動的に吸収する経験をさす。「感じる」経験である。

領域② エデュケーション (Educational：教育)

美術館で絵画鑑賞の講習を受けたり，ガイド付きツアーに参加するなど，顧客が積極的に参加をして経験に吸収されており，「学ぶ」経験である。

領域③ エスケープ (Escapist：脱日常)

深く経験に入り込む状態である。たとえば，テーマパーク，カジノなどの代表的なエスケープ経験では，受動的に他の人がやることを眺めるのではなく，自分が登場人物になってイベントに参加する。「する」経験である。

領域④ エステティック (Esthetic：美的)

顧客自身が自らを投入する具体的なイベントや環境に影響を与えることはほとんどなく，美術館やテーマパークに行くなど，そこに「いる」経験である。

以上のように経験には4つの領域があり，顧客に思い出に残る感動を提供するには，4つの経験すべてを提供する努力が必要となるといわれている。それでは，ディズニー・アニマルキングダムヴィラでは，どのようにそれらの領域を経験できるようにしているのかを，以下の例から考えてみよう。

　動物好きのあなたが，マジックキングダムで，ライオンキングのダンスとアクロバットによるショーを観たあと，サファリトラックでサバンナをめぐり動物たちに出会い，すっかり興奮してパークでの滞在を楽しんだ。

　　そのあと，ホテルに戻り，アフリカンテイストのホテルのロビー（写真②）
を抜けレストランに行き，アフリカ料理を食べる。その後，アフリカのドラム
を聴いて，それに自分も参加をする（写真③）。その後あなたは，客室に戻る
途中で廊下のカーペットの隠れミッキーを発見（写真④，写真⑤）。客室のド
ア（写真⑥）をあけると，キッチンのテーブル（写真⑦）やベッドの上にはミ
ッキー（写真⑧）が，カーペットにも隠れミッキー（写真⑨）を発見した。テ
ラスを出ると，そこにはパークでみたようなサバンナヴューが広がり，動物た
ちを見ることができた（写真⑩）。
　上記の例からは，あなたが４つの経験をしていることがわかる（図10－2）。

写真②　キダニ・ビレッジ　ロビー

写真③　ドラム・カフェでの演奏

写真④　廊下

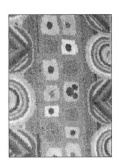

写真⑤　カーペットの
　　　　隠れミッキー

写真⑥　アフリカンテイ
　　　　ストの客室ドア

写真⑦　キッチンテーブルのミッキー

写真⑧　ベッドの上にタオルで作ったミッキー

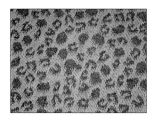

写真⑨　カーペットにも隠れミッキー

写真⑩　テラスから見える動物たち

（②〜⑩筆者撮影）

領域①　エンターテイメント 　　　　「感じる」経験 ショーを見て感動する ホテルの雰囲気に感動する ドラムを聴いて癒される，など。	領域②　エデュケーション 　　　　「学ぶ」経験 アフリカの動物について知識を得る アフリカのドラムのたたき方を学ぶ アフリカの民芸品について学ぶ，など。
領域④　エステティック 　　　　「いる」経験 テーマパークにいる ホテルのロビーにいる ベランダから動物をみる，など。	領域③　エスケープ 　　　　「する」経験 サファリツアーに参加する アフリカの料理を食べる ドラムをたたく 隠れミッキーを探す，など。

図10− 2　ホテルでの 4 つの領域の経験
（筆者作成）

　このようにホテルにおいてもテーマパークと同様の経験ができるように，デザインされているのである。このようにウォルト・ディズニー・カンパニーの挑戦は続く。

1 ）ディズニー・アニマルキングダムは，アメリカ，フロリダ州オーランドにあるウォルト・ディズニー・ワールド・リゾートで 4 番目にして最大のアニマルテーマパークの一つであり，250 種，1,700 匹以上の動物が暮らしているテーマパークである。1998 年 4 月に開業した。

2 ）このホテルは，ウォルト・ディズニー・カンパニーのオフィシャルホテルであり，ディズニー・アニマルキングダムから，シャトルバスで約 5 分のところに位置している。新型コロナウイルス感染症予防のため，スタッフのマスク着用，コンタクトレスチェックインとチェックアウトなど，さまざまな対策が行われている（2021 年 12 月時点）。本研究は，JSPS 科学費 24611018 の助成を受けた。

引用文献

ディズニーファン編集部　2013　大人のディズニーリゾート 2013　講談社

Pine Ⅱ　B. J., & Gilmore, J. H. 1999　*The Experience Economy*. Harvard Business School Press. 岡本慶一・小高尚子（訳）2013　【新訳】経験経済　脱コモディティ化のマーケティング戦略　ダイヤモンド社

参考 URL

https://disneyworld.disney.go.com/resorts/animal-kingdom-villas-kidani/?cmp=okc-273239_bp_wdw-resort_animalkingdomvillage_na ディズニー・アニマルキングダム・ヴィラ・キダニ・ビレッジ　公式サイト　2021 年 12 月 1 日閲覧

http://disneyparks.disney.go.com/jp/disneyworld/destinations/animal-kingdom/ ディズニー・アニマルキングダム　公式サイト　2021 年 12 月 1 日閲覧

https://disneyworld.disney.go.com/experience-updates/resorts/ Disney Resort Hotels : Know Before You Go.　2021 年 12 月 1 日閲覧

索　引

《著者紹介》

山口一美（やまぐち・かずみ）

立教大学心理芸術人文研究所　研究員
元文教大学国際学部　教授
立教大学大学院心理学博士後期課程修了。文学博士（心理学）
専門は，社会心理学，産業・組織心理学，観光学。研究テーマは，ホスピタリティ・マネジメント，顧客満足，顧客心理，従業員満足などに関心がある。

主要著書

『エアライン・ビジネスの魅力―夢に向かってキャリア・アップ―』（単著）創成社，2019 年

『改訂版　感動経験を創る！ ホスピタリティ・マネジメント』（単著）創成社，2019 年

『観光行動論（観光学全集・第4巻）』（共著）原書房，2013 年

『はじめての観光魅力学』（編著）創成社，2011年

『はじめての国際観光学』（編著）創成社，2010年

『なぜ人は他者が気になるのか　人間関係の心理』（共著）金子書房，2010 年

『観光の社会心理学　ひと，こと，もの― 3つの視点から』（共著）北大路書房，2006年

（検印省略）

2015 年 3 月 20 日　初版発行
2019 年 10 月 10 日　改訂版発行
2022 年 5 月 10 日　第 3 版発行　　　　　　　略称―ホスピタリティ

感動経験を創<small>つく</small>る
ホスピタリティ・マネジメント ［第3版］

著　者　山口一美
発行者　塚田尚寛

発行所　東京都文京区　　株式会社　創 成 社
　　　　春日 2-13-1

電　話　03（3868）3867　　ＦＡＸ　03（5802）6802
出版部　03（3868）3857　　ＦＡＸ　03（5802）6801
http://www.books-sosei.com　　振　替　00150-9-191261

定価はカバーに表示してあります。

©2015, 2022 Kazumi Yamaguchi　　組版：緑 舎　　印刷：エーヴィスシステムズ
ISBN978-4-7944-2601-7 C3034　　製本：エーヴィスシステムズ
Printed in Japan　　　　　　　　落丁・乱丁本はお取り替えいたします。

———————— 創 成 社 ————————